O DIA D
COMO A HISTÓRIA SE TORNOU MITO

Proibida a reprodução total ou parcial em qualquer mídia
sem a autorização escrita da editora.
Os infratores estão sujeitos às penas da lei.

A Editora não é responsável pelo conteúdo deste livro.
O Autor conhece os fatos narrados, pelos quais é responsável,
assim como se responsabiliza pelos juízos emitidos.

Consulte nosso catálogo completo e últimos lançamentos em **www.editoracontexto.com.br**.

ICLES RODRIGUES

O DIA D

COMO A HISTÓRIA SE TORNOU MITO

Copyright © 2023 do Autor

Todos os direitos desta edição reservados à
Editora Contexto (Editora Pinsky Ltda.)

Foto de capa
Robert F. Sargent (U.S. Coast Guard), 6 jun. 1944, Omaha

Montagem de capa e diagramação
Gustavo S. Vilas Boas

Coordenação de textos
Carla Bassanezi Pinsky

Preparação de textos
Lilian Aquino

Revisão
Mariana Carvalho Teixeira

Dados Internacionais de Catalogação na Publicação (CIP)

Rodrigues, Icles
O Dia D : como a história se tornou mito / Icles Rodrigues. –
São Paulo : Contexto, 2024.
336 p. : il.

Bibliografia
ISBN 978-65-5541-403-5

1. Guerra Mundial, 1939-1945
2. Guerra Mundial, 1939-1945 – Campanhas – França – Normandia
I. Título

24-0639 CDD 940.5421

Angélica Ilacqua – Bibliotecária – CRB-8/7057

Índice para catálogo sistemático:
1. Guerra Mundial, 1939-1945

2024

Editora Contexto
Diretor editorial: *Jaime Pinsky*

Rua Dr. José Elias, 520 – Alto da Lapa
05083-030 – São Paulo – SP
PABX: (11) 3832 5838
contato@editoracontexto.com.br
www.editoracontexto.com.br

A guerra sempre me interessou: não no sentido das manobras dos grandes generais – minha imaginação se recusava a seguir movimentos tão imensos, eu não os entendia – mas a realidade da guerra, a matança real. Eu estava mais interessado em saber de que maneira e sob a influência de qual sentimento um soldado mata outro do que saber como os exércitos estavam organizados em Austerlitz e Borodino.

Liev Tolstói

Sumário

Introdução 9

PARTE 1
O DIA D
A grande cruzada 17
Encontro marcado com o destino 35

PARTE 2
O EXCEPCIONALISMO MILITAR ESTADUNIDENSE
Os messias da cidade sobre a colina 71
O mito da "boa guerra" 101
O soldado real 121

PARTE 3
A INSTITUCIONALIZAÇÃO DO MITO
O Dia D após o 6 de junho 151
Rangers, Reagan e religião civil 179
A maior das mitificações 211

PARTE 4
A GLOBALIZAÇÃO DO MITO
Dia D *blockbuster* 243
Dia D interativo 275

Conclusão 299
Notas 305
Referências 325
O autor 335

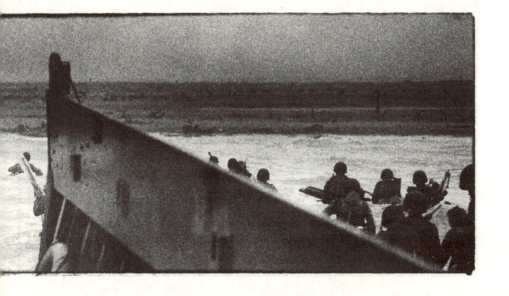

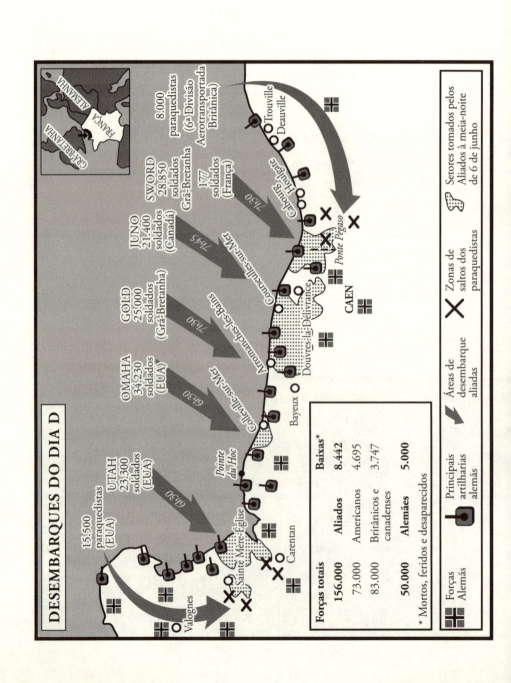

Introdução

Poucas batalhas foram tão incensadas, representadas e tomadas como exemplares das virtudes desejáveis em uma guerra como o Desembarque das Forças Aliadas na Normandia no dia 6 de junho de 1944, evento conhecido como Dia D.

O termo *Dia D* não foi cunhado para designar especificamente a invasão da Normandia. A letra "D" é uma abreviação de *day* (dia, em inglês), o que na prática faz com que a expressão signifique "Dia dia", designando o dia de um ataque. Contudo, ao final da Segunda Guerra Mundial, o termo acabou se estabelecendo como referente apenas ao dia em que a Operação Overlord resultou na chegada de centenas de milhares de soldados aliados ao litoral norte da França.

Além de ser um evento militar significativo, a invasão da Normandia se tornaria o principal evento histórico de exaltação militar por parte da cultura da mídia dos EUA e, consequentemente, dos países em que ela é popular. Um evento com verniz de abertura de uma vitória heroica na Europa, empreendida por soldados-cidadãos que não ansiavam conquistar nada, mas sim libertar povos oprimidos.

O livro que o leitor tem em mãos defende a ideia de que o Dia D, embora tivesse recebido alguma atenção durante as quatro décadas posteriores à operação, só passou a ser entendido como um evento salvador da Europa, da democracia ou mesmo do mundo inteiro, a partir do aniversário de 40 anos da Operação Overlord em 1984. Em meados

dos anos 2005, o Dia D já havia se consolidado nos Estados Unidos como um acontecimento mítico da Segunda Guerra Mundial.

Aqui, "mito" não é sinônimo de mentira ou falsidade. A mitificação é entendida como o processo de transformação de um evento histórico em uma história exemplar, condensadora das qualidades, virtudes e características definidoras da forma como uma nação se enxerga, inspirando gerações posteriores a seguir o exemplo daqueles que fizeram parte dele no passado. Para aqueles que acreditam no mito e o têm como guia moral não só individual, mas também nacional, o mito não é apenas uma ideia: ele ganha um verniz de realidade, mesmo que eventualmente sua aura gloriosa desabe sob a força de um escrutínio desapaixonado.

E como os Estados Unidos transformaram o Dia D em um mito de salvação do mundo?

Uma das chaves para o entendimento da mitificação do Dia D são os discursos presidenciais na Normandia, tradição iniciada por Ronald Reagan em 1984. Em momentos de guerra, é normal que presidentes e comandantes usem táticas retóricas que possam unificar as pessoas em torno do esforço de guerra. Contudo, em tempos de paz, nem sempre é fácil encontrar um inimigo em comum que contribua para a fabricação da unidade nacional. Nesse caso, os presidentes tendem a valorizar locais de batalhas e narrativas solidificadas na memória nacional, revigorando um senso de pertencimento, ressaltando a excepcionalidade de seu povo a partir da construção de uma identidade coletiva superior à soma das partes. Entre o fim do século XX e começo do XXI, presidentes estadunidenses vêm usando locais de batalhas – especialmente a da Normandia – como *souvenirs*, ancorando a memória nacional na materialidade. E é exatamente o que acontece com o eterno retorno ao Dia D, transformado em um tipo de bússola moral em relação ao que os estadunidenses deveriam ser e fazer.

Muito já foi publicado sobre o Dia D em si. Há diversos livros a respeito do assunto tanto em língua portuguesa quanto, e principalmente, em inglês. Pensando apenas nos livros trazidos para o Brasil, destacam-se *O Dia D*, de Antony Beevor, *Band of Brothers: companhia de heróis* e *O Dia D, 6 de junho de 1944: a batalha culminante da Segunda Guerra Mundial*, de Stephen E. Ambrose, e *O mais longo dos dias*, de Cornelius Ryan, isso sem contar os diversos livros gerais sobre Segunda Guerra Mundial que tratam do tema, uma vez que o 6 de junho de 1944 não pode ser deixado de lado por nenhuma obra geral sobre o conflito. Entre eles podemos citar *A Segunda Guerra Mundial*, de Antony Beevor, *A Segunda Guerra Mundial*, de Martin Gilbert, *Inferno: o mundo em guerra*, de Max Hastings, *A Segunda Guerra Mundial*, de Philippe Masson, *Segunda Guerra Mundial*, de Francisco Cesar Ferraz, e *Para entender a Segunda Guerra Mundial*, de Dennison de Oliveira, entre tantos outros. Fora esses, ainda há uma miríade de livros publicados em inglês, de autores como John Keegan, Will Fowler, Ralph W. Thompson, Tudor Edwards, Lauran Payne, Jonathan Mayo, Richard Holmes, entre outros.

No entanto, o foco aqui é menos a batalha em si e mais o entendimento de *como ocorre a mitificação do evento histórico* que ganhou magnitude, a partir do seu aniversário de 40 anos, por meio da atuação política de diferentes governos, da indústria cultural, do mercado editorial, das memórias publicadas de ex-combatentes e dos desdobramentos da memória coletiva.

Para entendermos isso, contudo, temos que entender esta batalha, especialmente do ponto de vista estadunidense. Assim, a primeira parte deste livro se dedica à invasão, com o capítulo "A grande cruzada" apresentando a virada dos Aliados contra o Eixo, a decisão de desencadear a Operação Overlord e seu intrincado planejamento, bem como a situação dos alemães na Normandia e o papel da Resistência Francesa, enquanto o capítulo "Encontro marcado com o destino" descreve a invasão de maneira resumida, com destaque para os dias 5 e 6 de junho.

O capítulo "Os messias da cidade sobre a colina" traz o debate sobre o excepcionalismo estadunidense e traça um histórico da sacralização do soldado como figura que se sacrifica por valores civis e nacionais, os quais recebem um verniz quase religioso, fazendo a conexão dessa trajetória com os conceitos de "religião civil" e de "soldado-messias". O capítulo "O mito da 'boa guerra'" discute o caráter de "boa guerra" atribuído à participação estadunidense na Segunda Guerra Mundial, senso comum nos Estados Unidos, mas questionado por diversos estudiosos.

O capítulo "O soldado real" colabora com a crítica da sacralização desumanizadora dos soldados ao falar sobre o cotidiano dos combatentes na guerra, seus medos, as relações de camaradagem estabelecidas, as posturas diante da violência e em relação às mulheres.

A atenção que o Dia D recebeu nos Estados Unidos por parte de seus presidentes e pelo cinema no caminho rumo ao aniversário de 40 anos da invasão é assunto do capítulo "O Dia D após o 6 de junho". Esse aniversário é o tema do capítulo "Rangers, Reagan e religião civil", que mostra como a administração Ronald Reagan deu o pontapé inicial para o esforço sistemático de mitificação do Dia D. No capítulo "A maior das mitificações", fica claro como foi nos anos 1990 que essa mitificação se consolidou a partir dos esforços de figuras como o historiador Stephen E. Ambrose, o jornalista e âncora de TV Tom Brokaw, o presidente Bill Clinton e, em uma escala muito menor, George W. Bush. O capítulo "Dia D *blockbuster*" foca a indústria do entretenimento e as produções que ajudaram na consolidação do Dia D como um mito tornando-o global. A maioria dessas produções é tributária do trabalho do cineasta Steven Spielberg, ele mesmo o maior responsável por essa globalização do mito, especialmente graças ao filme *O resgate do soldado Ryan* e à série de TV *Band of Brothers*. Por fim, o capítulo "Dia D interativo" trata do impacto de alguns jogos das franquias *Medal of Honor* e *Call of Duty* na popularização do mito do Dia D entre gerações mais jovens.

A natureza inerentemente política da guerra se reafirma não apenas no decorrer dos embates, mas também nos milhares de estudos existentes sobre as mais diversas guerras na história da humanidade, nas produções artísticas e culturais decorrentes delas e, principalmente, nas memórias e discursos que bebem do passado para fins políticos do presente. Essas memórias, os discursos e as produções se alimentam de eventos reais, mesmo quando são romanceadas ou distorcidas. Logo, eventos considerados cruciais na história militar de uma nação acabam sendo os eventos ideais para esse tipo de apropriação. Conhecer o que de fato ocorreu com o Dia D, desvendar a manipulação do evento, faz com que não sejamos simples peões em um jogo complexo.

★ ★ ★

As principais fontes utilizadas neste livro são: discursos presidenciais, focando especialmente nos de Ronald Reagan, Bill Clinton e George W. Bush, ainda que os de outros presidentes sejam mencionados, como Abraham Lincoln, Franklin D. Roosevelt, John F. Kennedy e Jimmy Carter; obras e falas públicas do historiador Stephen E. Ambrose e do jornalista e âncora televisivo Tom Brokaw, que cravaram a mitificação do Dia D no mercado editorial; os filmes *O Dia D* (1956), *O mais longo dos dias* (1962), *Agonia e glória* (1980) e *O resgate do soldado Ryan* (1998), por serem os filmes mais significativos nos quais o Dia D ganha destaque; a série de TV *Band of Brothers* (2001), uma das mais aclamadas e onde o 6 de junho tem um papel de destaque; jogos das franquias *Medal of Honor* e *Call of Duty* (cujos primeiros *games* de cada uma foram lançados respectivamente em 1999 e 2003), que embarcaram na onda da "maior das gerações" e favoreceram a mitificação do Dia D oferecendo experiências imersivas aos seus jogadores, além de levar o louvor ao 6 de junho para o restante do mundo, como fizeram os filmes e a série *Band of Brothers*; memórias de ex-combatentes da Segunda Guerra Mundial, especialmente de veteranos do Dia D; artigos de revistas e jornais, sobretudo os que ajudam a entender a recepção das obras audiovisuais aqui mencionadas; documentos diversos e fontes imagéticas.

O termo "cultura da mídia" segue aqui a definição do filósofo estadunidense Douglas Kellner, que o cunhou como uma alternativa a conceitos anteriores como "cultura de massa". De acordo com o autor, "cultura da mídia" é uma forma de enfatizar que "a mídia colonizou a cultura", a nossa cultura, por ser o principal veículo de distribuição e disseminação cultural, e "que os meios de comunicação de massa suplantaram os modos anteriores de cultura como o livro ou a palavra falada, que vivemos num mundo no qual a mídia domina o lazer e a cultura. Ela [a cultura da mídia] é, portanto, a forma dominante e o lugar da cultura nas sociedades contemporâneas".

No livro, o gentílico *estadunidense* será utilizado no decorrer do texto, exceto em casos de citação direta, onde o gentílico original da fonte será mantido.

PARTE I
O DIA D

A GRANDE CRUZADA

> *"Esta operação não está sendo planejada com quaisquer alternativas. Esta operação é planejada como uma vitória, e é assim que vai ser."*
>
> Dwight Eisenhower[1]

Na madrugada de 6 de junho de 1944, os C-47, que levam dezenas de milhares de paraquedistas de diferentes nacionalidades, decolam do solo inglês para dar início à operação que viria a culminar na maior invasão anfíbia da história. Em um dos aviões está Dick Winters, paraquedista da 101ª Divisão Aerotransportada dos Estados Unidos, integrante do 506° Regimento de Infantaria paraquedista e, até então, comandante de um pelotão. Lutando contra a sonolência causada pelas pílulas para enjoo tomadas antes da decolagem, Winters e os seus companheiros de voo tentam, sem sucesso, entoar canções que os mantenham alertas, procurando superar o barulho dos potentes motores do C-47 que atravessa a faixa oceânica que separa a Grã-Bretanha do norte da França. Na impossibilidade de aproveitar o canto, Winters prefere rezar.

Faltando pouco para o pulo, ele pode observar a quantidade imensa de embarcações que seguem para a invasão da Normandia. Conforme o C-47 se aproxima de terras francesas, Winters enxerga holofotes alemães buscando a ameaça que vem do céu, ouve explosões de baterias antiaéreas, testemunha a queda de aviões aliados.

Seu avião avança, o perigo aumenta. Dez minutos antes do momento previsto para os paraquedistas saltarem, uma luz vermelha se acende indicando que se preparem. Mesmo voando a cerca de 240 km/h, a aeronave é atingida na cauda. Pouco depois, uma luz verde é acesa, anunciando o momento do pulo. Não há mais tempo a perder. Winters salta.

Em solo francês, com armas faltando por conta da perda do saco de perna contendo a maioria do seu armamento, o comandante do pelotão procura seguir com a missão, juntamente com centenas de outros paraquedistas que conseguem aterrizar com vida. O Dia D havia começado, para eles e o restante do mundo.[2]

A VIRADA DE JOGO NA EUROPA

Falar sobre o dia 6 de junho de 1944 na costa da Normandia não é falar apenas sobre a icônica invasão, mas também de um planejamento que levou anos e que poderia ter fracassado no último momento, colocando a perder todo o esforço de preparo e os grandes recursos empregados para atingir os objetivos.

Entre o fim de 1942 e 1943, a maré da guerra deu demonstrações evidentes de mudança em favor dos Aliados. Em 19 de novembro de 1942, o Exército Vermelho lançou uma contraofensiva imponente contra os invasores do Eixo em Stalingrado, com mais de 3.500 canhões e morteiros bombardeando uma frente de 22 quilômetros. À esquerda da retaguarda do Estado-Maior alemão, ao longo do rio Don, estava o 3º Exército Romeno e ao sul, o 4º Exército Romeno, ambos mal armados, carentes de canhões anticarro. Seus soldados recebiam um soldo baixíssimo, eram por vezes agredidos por oficiais, humilhados por soldados alemães; boa parte deles nutria um profundo ódio ao marechal Ion Antonescu por ter "vendido a pátria à Alemanha".[3] Essas inexperientes forças romenas foram derrotadas na Operação Urano, que culminou com o aprisionamento de 65 mil soldados.[4] As forças húngaras e italianas que combatiam ao lado dos alemães também acabaram repelidas.

Devidamente informados dos planos alemães pela espionagem britânica que tinha quebrado a criptografia das mensagens inimigas, os russos também atacaram ao sul de Stalingrado com o objetivo ousado de cercar as forças alemãs que sitiavam a cidade. O general Von Paulus, entendendo o objetivo soviético, pensou em defender-se recuando as forças alemãs, mas Hitler rechaçou seu plano ordenando que Von Paulus e o 6º Exército resistissem até o fim.[5] A decisão de Hitler ajudou a condenar os alemães a uma derrota humilhante que se desenharia pelos próximos meses até a rendição em 2 de fevereiro de 1943.

No norte da África, o Eixo vinha sendo gradativamente encurralado. Entre 23 de outubro e 11 de novembro, o marechal de campo Erwin Rommel acabou derrotado na Segunda Batalha de El Alamein, depois de receber ordens de Hitler para resistir: "Só há uma opção a oferecer às suas tropas: a vitória ou a morte". O apoio aéreo e os recursos prometidos ao general não haviam chegado.[6] Em 28 de novembro de 1942, Rommel solicitou autorização para abandonar o teatro de operações da África: nada apontava para uma melhora na situação naval do Eixo, e os estadunidenses, já envolvidos nesse teatro, aumentavam ainda mais a pressão sobre os alemães e italianos no Mediterrâneo. Alegando necessidade política, Hitler recusou também esse pedido.[7] Em carta de 18 de dezembro à esposa, Rommel lamentou-se das dificuldades daquela luta com pouca chance de êxito, "uma vez que nos falta tudo", especialmente petróleo, "sem petróleo, nada se pode fazer".[8]

Rommel só deixaria a África em 9 de março, para se encontrar com Hitler no quartel-general Werwolf, na Ucrânia. O ditador ordenou que o general tirasse um período de descanso; ele não voltaria mais para o teatro norte-africano.[9] Lá, a luta se estendeu até 12 de maio, quando finalmente as forças do Eixo que defendiam Túnis se renderam. Foram capturados 238.243 soldados[10] e 12 generais.[11]

Poucos meses antes da derrota definitiva do Eixo no norte da África, iniciava-se em 14 de janeiro de 1943 a Conferência de Casablanca. Sem a presença de Stalin, que alegou a necessidade de permanecer na União Soviética com a Batalha de Stalingrado ainda em curso, a conferência contou com o presidente dos Estados Unidos, Franklin D. Roosevelt, o primeiro-ministro britânico, Winston Churchill, e os representantes do governo francês no exílio, Charles de Gaulle e Henri Giraud. Nesse encontro que durou dez dias, foi reafirmado o compromisso dos Aliados ocidentais em obter uma rendição incondicional da Alemanha e do Japão. Os líderes acordaram ainda que os bombardeios incessantes à Alemanha, dia e noite, fossem intensificados, tendo como objetivo "a destruição e a desagregação progressivas dos sistemas militar, industrial e econômico" dos inimigos, mas também "o desânimo do povo alemão até que toda a sua capacidade de resistência armada seja vencida".[12] Além disso, Estados Unidos e Grã-Bretanha se comprometeram a não iniciar qualquer invasão da Europa ocupada até o início do verão de 1944.[13]

Desde que o Eixo invadira a União Soviética em 22 de junho de 1941 na Operação Barbarossa, a diplomacia soviética vinha trabalhando incessantemente para convencer os britânicos – e, posteriormente, os estadunidenses – a abrir um segundo *front* que aliviasse a pressão que os soviéticos sentiam naquele momento, que poderia levar à queda da União Soviética. Os britânicos resistiam à pressa de Stalin. Justificavam-se afirmando que uma invasão anfíbia, naquele momento e na escala necessária, seria muito custosa do ponto de vista financeiro e material, mas também em número de vidas possivelmente perdidas. Embora a chamada Muralha do Atlântico (um conjunto de defesas empreendido pelos alemães da Noruega até costa francesa do Atlântico) não fosse tão poderosa quanto os nazistas tentavam fazer crer, o planejamento para tal invasão teria que ser muito minucioso. Sua preparação levaria muito tempo.

Os Aliados já tinham sentido o gosto de uma derrota humilhante em uma operação anfíbia quando, em 19 de agosto de 1942, tropas da Comunidade das Nações – especialmente canadenses – tentaram invadir o porto ocupado de Dieppe, na França. Com as forças aéreas e navais impossibilitadas de dar o devido apoio às tropas terrestres, com os blindados presos na praia e a infantaria sendo massacrada pelo fogo inimigo bem posicionado e defendido, a batalha durou menos de seis horas. Foi um desastre, ainda que autoridades britânicas posteriormente afirmassem que as lições aprendidas nessa invasão ajudaram a salvar vidas durante a Operação Overlord e contribuíram para seu êxito.

Especialmente para os britânicos, a possibilidade de perdas excessivas era considerada um grande problema, com possíveis implicações demográficas que despertavam os traumas da Primeira Guerra Mundial. De acordo com o historiador britânico James Holland, já em meados de 1943 os britânicos avaliavam a possibilidade de o país esgotar sua capacidade de oferecer homens para o serviço militar de acordo com a demanda que a guerra exigia.

> [...] não havia falta de mão de obra, mas o risco de que formas de planejamento existentes sobre como conduzir a guerra pudessem ser ameaçadas. Ao contrário da Alemanha nazista, onde as fábricas foram despojadas e os homens enviados para o front, a Grã-Bretanha simplesmente não estava preparada para correr o risco de massacrar outra geração de jovens.[14]

No caso dos Estados Unidos, ainda que o país tivesse um contingente humano muito superior ao da Grã-Bretanha, havia a dificuldade de convencer a população a manter-se em uma guerra de longa duração em outro continente e que não parecia tão relacionada ao sentimento revanchista após Pearl Harbor. Diante disso, mesmo com um contingente mais expressivo à disposição, não estavam dispostos a correr grandes riscos que levassem a muitas mortes.

Em dezembro de 1941, Churchill havia ido a Washington e sugerido a Roosevelt a operação que resultaria na campanha do norte da África como um primeiro passo para vencer o Eixo. O historiador Sidney Munhoz explica que, entre dezembro daquele ano e janeiro de 1942, durante a primeira Conferência de Washington (também conhecida como Conferência de Arcádia), Churchill teria se esforçado para convencer Roosevelt a concentrar os esforços aliados na África e deixar a ofensiva à França para 1943. Alguns militares de alta patente, como o general George C. Marshall e o almirante Ernest J. King, se opuseram a essa proposta e ameaçaram pedir demissão pela troca de prioridades Aliada.[15] Depois de muita insistência, o primeiro-ministro acabou aceitando que uma operação de invasão da França fosse programada para 1944, ainda que ele defendesse a possibilidade de uma invasão aos Bálcãs, temendo a perspectiva de um controle soviético da região conforme a União Soviética fosse derrotando as principais ofensivas do Eixo.[16]

Mas, antes disso, diante da enorme quantidade de forças Aliadas no norte da África, fez-se o cálculo de que a Sicília e, posteriormente, a península itálica, deveriam ser invadidas. Afinal de contas, por que não aproveitar as forças disponíveis no Mediterrâneo para atuar na região e tirar da jogada um dos principais aliados da Alemanha na Europa, que há muito demonstrava não ter grandes aptidões para permanecer na guerra? Esse era o cálculo do general britânico Alan Brooke, que precisou ser bastante persuasivo e contar com o apoio de Winston Churchill para demover o general George C. Marshall do seu plano de empreender a invasão do norte da França já em abril de 1943, pois entendia que os Aliados ainda não tinham nem os navios, nem as barcaças de desembarque, nem a experiência necessária para tal. Após convencer os estadunidenses, Brooke se dedicou a convencer sua própria equipe de planejamento de que a invasão à Itália deveria acontecer na Sicília, e não na Sardenha como os planejadores desejavam. Finalmente a proposta de Brooke foi aceita.[17]

Aguardando o ataque alemão esperado no saliente de Kursk, Stalin não escondeu seu desapontamento com a ideia dos Aliados ocidentais de invadirem primeiro a Itália ao invés da França, em mensagem conjunta enviada a Roosevelt e Churchill. O primeiro-ministro britânico havia dito a Stalin em fevereiro que pretendia lançar uma invasão à França em agosto. Contudo, a invasão não era factível naquele momento de intensas disputas políticas entre os Aliados quanto ao próximo passo na guerra. A atitude de Churchill reforçou no líder soviético a impressão de que os Aliados não estavam dispostos a demonstrar o comprometimento que ele cobrava desde 1941.[18]

Os britânicos tentaram facilitar a invasão a partir da Operação Mincemeat, largando um cadáver com um uniforme de oficial britânico na costa da Espanha com uma pasta contendo planos falsos de uma invasão aliada na Grécia e na Sardenha. Sendo simpáticos ao Eixo, tanto por sua proximidade ideológica quanto pelo apoio dado por Hitler e Mussolini às forças de Francisco Franco durante a Guerra Civil Espanhola, os espanhóis passaram as informações encontradas nos documentos para os alemães, que tiraram tropas da Sicília para enviar à Sardenha e à Grécia.

Os estadunidenses, por sua vez, empreenderam a Operação Submundo, que consistia em negociar com Charles "Lucky" Luciano, um dos maiores mafiosos dos Estados Unidos que, na época, estava preso, prometendo-lhe a comutação de sua pena, desde que ele aceitasse ser deportado para a Itália e intermediasse o contato entre a marinha estadunidense e seus mafiosos conhecidos na Sicília. A ideia é que os mafiosos sicilianos passassem aos Estados Unidos informações sobre as forças do Eixo na região, e enviassem seus capangas para as docas de Nova York para impedir a espionagem e eventuais sabotagens de italianos e alemães simpatizantes dos regimes fascistas de seus países.[19]

A invasão da Sicília e o bombardeio de Roma culminaram na queda de Mussolini, que viria a ser preso em uma estação de esqui ao norte de Roma conhecida como Gran Sasso, nos Apeninos. Hitler então enviou uma força de operações especiais da Wafen-SS com planadores para resgatar seu aliado. Os alemães o colocaram no poder de uma suposta *Repubblica Sociale Italiana,* uma espécie de Estado separado do resto da Itália que havia se rendido aos Aliados, dando a ilusão de que o Eixo ainda funcionava. Com isso, Hitler justificou sua invasão à Itália.[20]

O país que Churchill considerava a "barriga macia da Europa" se mostrou um obstáculo muito mais severo do que o esperado. A geografia acidentada italiana propiciava o ambiente ideal para a defesa alemã, que conseguia resguardar grandes territórios com efetivos muito menores que os dos Aliados, fazendo com que os avanços destes fossem extremamente lentos. Assim, a Itália não foi o segundo *front* capaz de aliviar os avanços alemães no leste e tranquilizar os soviéticos, mesmo que algumas forças alemãs tenham sido deslocadas de Kursk para o Mediterrâneo.

PLANEJANDO OVERLORD

Como vimos, a intenção de invadir o norte da França estava longe de ser uma novidade em 1944, uma vez que a abertura de um segundo *front* vinha há muito sendo discutida. No entanto, além do desastre da invasão de Dieppe, uma série de questões táticas, estratégicas, políticas e materiais se apresentava, o que fez com que só a partir de janeiro de 1944 a Operação Overlord passasse a ser discutida mais a sério, a despeito de algum avanço já feito pelo grupo chefiado pelo tenente-general Sir Frederick Morgan, conhecido sob o acrônimo COSSAC (Chief of Staff to the Supreme Allied Commander, ou Chefe do Estado-Maior do Comando Supremo Aliado). A falta de um comandante supremo dificultava a tomada das decisões mais urgentes. Isso viria a ser resolvido com o apontamento para o cargo de Dwight David Eisenhower, ou "Ike" para os mais íntimos.[21]

O COSSAC chegou a debater a possibilidade ou não de a Operação Overlord acontecer simultaneamente com a Operação Anvil, que seria a invasão anfíbia do sul da França, na região de Provença. Para Eisenhower, os investimentos pesados dos Estados Unidos no exército da França Livre levavam a buscar para ele uma entrada na Europa. Mas a constatação de que a escassez de barcaças de desembarque obrigaria esta operação a dividir os veículos disponíveis entre ambas as invasões convenceu Eisenhower a adiar a operação no sul da França.[22] Ela ocorreria futuramente sob o nome Operação Dragão.

Os Aliados tinham muitos receios com relação à Operação Overlord. De um ponto de vista estritamente teórico, levavam uma larga vantagem em termos de forças, especialmente com sua incontestável superioridade aérea. O general George C. Marshall, chefe de gabinete do Exército dos Estados Unidos, conseguiu ampliar o exército de 170 mil homens em 1940 para 7,2 milhões no começo de 1944, com 2,3 milhões deles presentes na Força Aérea do Exército.[23] Contudo, as operações anfíbias na Sicília, Salerno e Anzio flertaram com o desastre por conta do caos organizacional dessas invasões, que poderia vir a se repetir. A carnificina da Batalha de Anzio fez com que Churchill e o marechal de campo Alan Brooke temessem pela invasão do norte da França que, ao contrário das invasões anfíbias do ano anterior, encontraria posições fortificadas. Já os chefes das forças aéreas dos Estados Unidos e da Grã-Bretanha acreditavam que seria possível derrotar a Alemanha apenas com o contínuo emprego de bombardeios estratégicos, e que essa possibilidade seria afetada ao desviar um grande contingente de aeronaves para apoiar a invasão anfíbia. Para complicar ainda mais a questão, Churchill acreditava que o bombardeio de ligações ferroviárias na França causaria um número elevado de baixas entre civis franceses. O presidente dos Estados Unidos Franklin D. Roosevelt, o general Eisenhower e o general George C. Marshall acabaram rejeitando os argumentos do primeiro-ministro britânico. O chefe do Comando de Bombardeiros, Sir Arthur Harris, chegou a argumentar, com claro desdém pelo povo francês: "Pessoalmente, não me importaria em matar franceses. Deveriam travar a guerra por conta própria".[24] Churchill então pediu um limite de 10 mil mortos nos bombardeios, mas teve seu pedido negado. Apenas na véspera do Dia D aproximadamente 14 mil franceses já haviam morrido e outros 19 mil ficaram gravemente feridos.[25]

Outro ponto de debate foi o local da futura invasão. O local mais óbvio seria o Passo de Calais, uma vez que o ponto entre Dover e Calais é o mais estreito no canal da Mancha que separa Grã-Bretanha e França. Mas justamente por ser um local óbvio demais para uma invasão é que os Aliados questionavam se esse seria mesmo o melhor movimento. Hitler, confiante de que a invasão seria em Calais, chegou a ordenar a instalação de plataformas de lançamento de foguetes V-1 e V-2 no local. Os Aliados então decidiram, por eliminação, que a melhor opção seria a costa de Calvados, na Normandia. O porto de Caen, embora pequeno, poderia ser tomado rapidamente; acreditava-se que o aeródromo de Carpiquet, próximo à cidade de Caen, poderia ser capturado no primeiro dia com paraquedistas, assim como a própria cidade, que viria a ser alvo das forças do general Bernard Montgomery. Sua captura cortaria a ligação ferroviária entre Paris e Cherbourg, isolando a península de Cotentin e deixando-a mais vulnerável para ser tomada pelas forças estadunidenses, que teriam como um dos seus principais objetivos a tomada da cidade portuária de Cherbourg.[26]

E como uma invasão pelo Passo de Calais parecia muito óbvia, era necessário que Hitler continuasse acreditando nela. Para atingir esse objetivo, foi desenvolvida a Operação Fortitude, um dos mais bem-sucedidos casos de ação diversionária da Segunda Guerra Mundial.

A partir de 17 de abril foi imposta a censura à comunicação de diplomatas estrangeiros na Grã-Bretanha. O serviço de segurança britânico capturou agentes alemães no seu território, e a maioria deles foi "solta" para que mandassem informações enganosas aos seus controladores em um sistema de "duplo X", com o intuito de criar ruído e confusão nas informações inimigas.[27] Um notável agente duplo catalão chamado Juan Pujol, conhecido pelo codinome "Garbo", desempenhou um papel vital nesse sentido. Por meio de seu contato no serviço de segurança, Pujol construiu uma complexa rede com 27 subagentes fictícios, transmitindo um enorme número de informações cuidadosamente preparadas em Londres para a agência de espionagem alemã em Madri. Ao longo dos meses que antecederam o Dia D, foram enviadas aproximadamente quinhentas mensagens de rádio que, quando combinadas, formaram um intricado mosaico utilizado pelo Comitê Duplo X para convencer os alemães de que o principal ataque ocorreria exatamente no Passo de Calais.[28]

A Operação Fortitude tinha mais de uma frente. Uma delas era a Fortitude Norte, que criou um 6º Exército britânico falso estacionado na Escócia que supostamente invadiria a Noruega. Os alemães foram falsa e gradativamente informados de que havia um tráfego de trens acima do normal na Escócia, escudos de novas divisões vistos nas ruas de Edimburgo, aviões bombardeiros nos aeródromos escoceses (na verdade, aviões falsos de madeira) e até mesmo avanços à costa norueguesa para identificar estações de radar e coletar amostras do solo, como se preparassem uma invasão iminente.[29] Já a Fortitude Sul pretendia fazer os alemães acreditarem que a invasão da Normandia era uma ação diversionária para atrair o inimigo e tirar seu foco daquele que seria o local da verdadeira invasão, que ocorreria entre Boulogne e o estuário do Somme na segunda metade de julho. No sudeste da Inglaterra, os estadunidenses estariam se preparando para a invasão com o fictício "1º Grupo de Exércitos Americano", que seria comandado pelo general George S. Patton, o comandante estadunidense mais temido pelos alemães. Uma série de aviões e blindados infláveis, além de 250 navios de desembarque falsos, foram posicionados na região para que os alemães acreditassem se tratar de um grande contingente real de veículos. A 2ª Divisão Aeroterrestre britânica, completamente inventada, se misturava a divisões reais, e dois quartéis-generais falsos foram criados e se comunicavam constantemente por rádio para aumentar a impressão de autenticidade.[30]

A escolha de um general tão capaz como George S. Patton para ser o comandante de uma operação falsa foi um típico caso de "matar dois coelhos com uma cajadada só". Diante de sua completa falta de tato político e dotes diplomáticos, somados ao fato de ele ter agredido verbal e fisicamente soldados hospitalizados por "fadiga de batalha" (termo usado na época para o que hoje entendemos como Transtorno de Estresse Pós-Traumático), acusando-os de covardia, Patton foi preterido na escolha do comando do 1º Exército dos Estados Unidos pelo general Omar Bradley. Era mais uma derrota política, após perder o comando do 5º Exército para o general Mark Clark e o posto de comandante em chefe das forças Aliadas no teatro europeu para Eisenhower. Assim, Patton foi colocado como principal general da invasão falsa próxima ao Passo de Calais tanto como punição por seus erros quanto para que seu enorme prestígio fizesse o suposto plano de invasão parecer verossímil. Durante o primeiro semestre de 1944, ele ficou responsável por treinar as forças do 3º Exército estacionadas no Reino Unido.[31]

Os resultados da Operação Fortitude foram espetaculares. Ao final da primavera, Hitler optara por manter 13 divisões de exército, um contingente naval de 90 mil homens e cerca de 60 mil homens da Luftwaffe na Noruega. Os alemães acreditavam que os Aliados tinham 89 divisões, quando na verdade tinham 47, e que tinham embarcações o suficiente para o desembarque de 20 divisões na primeira onda de invasão, quando na verdade tinham a capacidade de desembarcar não mais do que 6. Os alemães tinham certeza de que os Aliados invadiriam a Noruega, fariam ações diversionárias no sul da França, na Normandia e na Baía de Biscaia e, depois, empreenderiam a "invasão verdadeira" no Passo de Calais com 20 divisões ou mais.[32]

Se o "onde" já tinha sido devidamente escolhido, o "quando" ainda era um problema. Apesar da onda de calor acompanhada de seca ocorrendo no sul da Inglaterra no fim de maio (com registro de 38ºC no dia 29), em poucos dias, a equipe meteorológica do quartel-general de Eisenhower passou temer pelo clima. O grupo era chefiado pelo escocês James Stagg, o maior especialista em clima do país, que vinha sendo testado desde abril para verificação de suas capacidades de previsão meteorológica. Eisenhower pedia que, às segundas-feiras, fossem feitas previsões para os três dias seguintes, que depois eram conferidas no decorrer da semana.[33]

No começo de junho uma onda de mau tempo acertou a região em cheio, piorando no dia 3. Enquanto os meteorologistas alemães previam que o mau tempo duraria por pelo menos mais três ou quatro dias, impossibilitando uma invasão,[34] os Aliados esperavam por qualquer possível brecha climática que permitisse o avanço naquele momento. Prevista para ocorrer no dia 5 de junho, começando na noite do dia 4, a invasão precisou ser adiada, frustrando as expectativas de soldados e paraquedistas.

Na noite do dia 4, Dwight Eisenhower se encontrou em Southwick House com Bernard Montgomery, Arthur Tedder, Walter Bedell Smith, Bertram Ramsay, Trafford Leigh-Mallory, Omar Bradley, Kenneth Strong e vários outros oficiais para, uma vez mais, decidir se a invasão deveria ocorrer logo ou ser adiada pelo mau tempo. Às 21h30 Stagg trouxe a notícia de que haveria uma brecha no clima inclemente, dando espaço a um período de tempo mais ou menos limpo e com ventos moderados que começaria pela manhã do dia 5, podendo durar por aproximadamente 36 horas em uma perspectiva mais otimista.[35] A decisão foi então tomada: no dia 5, os paraquedistas começariam a embarcar nos aviões; a invasão da Normandia ficou marcada impreterivelmente para o dia 6 de junho de 1944.

Ela começaria com o salto dos paraquedistas da 6ª Divisão Aerotransportada britânica logo após a meia-noite, com os objetivos de inutilizar uma bateria inimiga em Merville, capturar intactas as pontes sobre o rio Orne e o canal do Orne, explodir as pontes sobre o Dives e atuar como proteção no flanco esquerdo da invasão. A 3ª Divisão britânica invadiria a praia que recebeu o codinome Sword, atravessaria Ouistreham e teria como principais objetivos capturar o aeródromo de Carpiquet e Caen. A 3ª Divisão canadense deveria invadir a praia de codinome Juno e continuar avançando até a estrada entre Caen e Bayeux. A 50ª Divisão britânica, que invadiria a praia de codinome Gold, tinha um objetivo similar, além de ter que capturar o pequeno porto de Arromanches e a bateria em Longues-sur-Mer pela retaguarda. Na praia de codinome Omaha, a 1ª e a 29ª Divisões estadunidenses invadiriam focando em alcançar as vilas de Colleville, Saint-Laurent e Vierville, depois avançar território adentro. Na praia chamada de Utah, a 4ª Divisão de Infantaria dos EUA deveria cruzar a praia, estabelecer o controle da estrada na costa e se deslocar para oeste rumo ao território mais elevado, para além das áreas inundadas, preparando-se para atacar Cherbourg. A 101ª Divisão Aerotransportada deveria saltar próximo de Sainte-Mère-Église para garantir as passarelas e destruir as pontes na vizinhança de Carentan enquanto tomaria outras pontes para proteger o flanco sul de Utah. A 82ª Divisão Aerotransportada deveria saltar a oeste de Saint-Sauveur-le-Vicomte para bloquear o movimento de eventuais reforços inimigos da península de Cotentin.[36]

AS FORÇAS ALEMÃS

Em 1942, em uma conferência de cerca de três horas com a presença de Adolf Hitler, Hermann Göring, Albert Speer, Gerd von Rundstedt, Günther Blumentritt e outras autoridades, foi decidida a instalação urgente de fortificações fixas por grande parte da costa da Europa banhada pelo oceano Atlântico, cobrindo as costas de França, Bélgica, Países Baixos, Noruega e partes da costa da Alemanha e da Dinamarca. Suécia, Espanha e Portugal ficaram de fora, uma vez que eram países neutros. E a probabilidade de os Aliados tentarem invadir partes da Europa que exigissem a travessia do Estreito de Kattegat era mínima e, por isso, a costa leste da Dinamarca, partes da Alemanha, Polônia e os países banhados pelo mar Báltico não precisavam fazer parte da assim chamada Muralha do Atlântico. Sendo construída sob a premissa de que os Aliados teriam superioridade aérea e naval, as 15 mil fortificações pretendidas deveriam ser feitas de concreto e ocupadas por 300 mil homens. Na prática, com exceção de pontos prioritários, quase nada foi feito até o fim de 1943 pela simples impossibilidade causada pela falta de recursos.[37] Faltava concreto suficiente para os *bunkers* e baterias, uma vez que o ditador havia priorizado a construção de abrigos maciços para submarinos. Mesmo diante da derrota na Batalha do Atlântico, Hitler ainda imaginava que a nova geração de submersíveis em desenvolvimento seria capaz de reverter a supremacia no Atlântico.[38]

Apesar da extensão da tal muralha, em 1944 os alemães esperavam uma invasão próxima ao Passo de Calais, como vimos anteriormente. Nesse caso, as defesas da costa continental do canal da Mancha eram prioritárias, e Hitler delegou a tarefa a Erwin Rommel. A essa altura, Rommel já se encontrava desiludido com Hitler, mas sendo um militar de carreira, permaneceu buscando realizar suas tarefas com excelência.

Ao contrário de muitos de seus compatriotas, Rommel pensava que a Normandia poderia ser o alvo principal da invasão. Diante dessa possibilidade, ele fez várias visitas às defesas costeiras da região, e tendo a percepção de que a batalha seria decidida nos dois primeiros dias, ordenou que as torres de tanques franceses capturados em 1940 fossem fixadas em *bunkers* de concretos, chamados de "tobruques" por conta da Batalha de Tobruk na Líbia. Trabalhadores franceses e prisioneiros de guerra italianos ficaram encarregados de erigir grandes postes para atrapalhar o pouso de planadores nos locais mais propensos a isso. Essas estacas foram apelidadas de "aspargos de Rommel". Ele insistiu também na expansão massiva de campos minados. Posteriormente, um oficial britânico teria ouvido de prisioneiros que muitos dos campos minados eram falsos, marcados por ordem de oficiais alemães que queriam impressionar seu marechal de campo, uma vez que dificilmente Rommel faria a conferência de cada um deles.[39]

Mas todas essas defesas seriam apenas obstáculos se não fossem acompanhadas de tropas alemãs enfrentando os invasores. Contudo, o estado da Wehrmacht na Normandia não era dos melhores.

Por um lado, os alemães costumavam ter armas melhores que os Aliados. A eficiência das submetralhadoras MP40 era bastante conhecida, e a metralhadora MG42 era uma das armas mais temidas da guerra. Com uma cadência de 1.200 tiros por minuto, era considerada superior às Vickers e Brownings dos Aliados, especialmente por ser fácil de fabricar e permitir a troca de canos superaquecidos em cerca de cinco segundos, o que fazia toda a diferença em batalha. O Panzerfaust, uma arma anticarro, era mais mortal a curta distância do que as bazucas estadunidenses e os PIAT (sigla para "Projector, Infantry, Anti Tank") britânicos, e os alemães conseguiam produzir duzentas mil unidades por mês.[40]

Por outro lado, o Departamento de Guerra dos Estados Unidos descrevia os combatentes alemães como formados por tipos diferentes. O veterano "de muitas frentes e muitas retiradas" seria "um cínico envelhecido prematuramente, cansado da guerra, desencorajado e desiludido ou estupefato demais para ter qualquer pensamento próprio", mas experiente e capaz de desempenhar "suas funções com o mais alto grau de eficiência".[41] Já os recrutas recém-chegados, com exceção de membros de algumas unidades da SS (Schutzstaffel/Tropa de Proteção), eram considerados jovens demais ou velhos demais, comumente com a saúde debilitada, e tantos os jovens quanto os mais velhos seriam mal treinados. Os jovens compensariam sua falta de habilidade com seu fanatismo "beirando à loucura", enquanto os mais velhos o fariam com o medo gerado pela propaganda que lhes dizia o que aconteceria com sua pátria e sua família se os Aliados vencessem. Essas descrições faziam certo sentido, uma vez que a Wehrmacht diminuiu seus requerimentos físicos mínimos para, segundo Stephen Ambrose, "trazer mais alemães genuínos para a linha de frente".

> Homens com problemas estomacais e pulmonares foram enviados para o front. O tempo de convalescença foi reduzido, assim como o tempo de treinamento dos recrutas. Homens mais jovens e mais velhos foram convocados; de um exército de 4.270.000 homens em dezembro de 1943, mais de 1,5 milhão tinham mais de 34 anos; na 709ª Divisão, na Península de Cotentin, a idade média era de 36 anos; na Wehrmacht como um todo, a idade média era de 31 anos e meio (no Exército dos Estados Unidos, a idade média era de 25 anos e meio). Nesse ínterim, foram convocadas as turmas de 1925 e 1926.[42]

Parte das defesas da costa era formada pelos "batalhões de ouvido e estômago", formados por soldados que tinham sofrido ferimentos no abdome e por soldados que tinham perdido a audição.[43] Uma outra parte era formada pelos Ost-Bataillone (Batalhões do Leste), compostos de soldados recrutados entre prisioneiros de diferentes nacionalidades (soviéticos, poloneses, entre outros) e até mesmo alguns sujeitos que se voluntariavam para não morrer nos campos alemães. Seu emprego no leste não ofereceu grandes resultados, então a maioria acabou mandada para a França.⁴⁴ Na praia de Utah, no dia da invasão, o tenente Robert Brewer do 506º Regimento Paraquedista, da 101ª Divisão Aerotransportada, capturaria quatro soldados asiáticos com uniformes da Wehrmacht, identificados depois como coreanos. Possivelmente eles haviam sido recrutados pelo exército japonês, capturados pelos soviéticos durante os embates em Khalkhin-Gol em 1939, forçados a lutar pelo Exército Vermelho, capturados pelos alemães e forçados a lutar pelo exército alemão. Em junho de 1944, um em cada seis soldados alemães de infantaria na França era de um Ost-Bataillone.⁴⁵

Rommel, que tanto se esforçou para reforçar as defesas na costa de Calvados, acreditava ser impossível que os Aliados invadissem durante o mau tempo. Levando também em conta que, por algum motivo, os alemães tinham certeza de que seus adversários só atacariam durante uma situação de maré alta, o marechal de campo resolveu deixar a região e visitar sua esposa. Depois, Rommel pretendia encontrar Hitler e convencê-lo a disponibilizar um maior efetivo de blindados para defender a costa da França. Não imaginava uma invasão aliada justamente no dia do aniversário de sua esposa, 6 de junho.

A escassez de combustível assombrava os defensores da Normandia.

> Uma mensagem enviada pelo alto-comando da aviação alemã pouco antes da meia-noite de 5 de junho revelava a medida da fraqueza alemã no ar em resultado de sua crescente escassez de combustível. A mensagem enviava instruções ao 1º Exército de Paraquedistas, com base em Nancy, no sentido de pouparem todo o combustível que pudessem. "Dada a redução do combustível para aviões em virtude de ataques aliados", dizia a mensagem, "as necessidades essenciais de treino e a realização de planos produtivos mal podem ser cumpridas com as reservas de combustível disponíveis". Sempre que possível, explicava o alto-comando, os abastecimentos e "outras necessidades em geral" deveriam ser feitos por via férrea.⁴⁶

O abastecimento da região via estradas de ferro também estava severamente afetado, tanto no fornecimento de munição e suprimentos para as tropas quanto no de areia, cimento e outros materiais usados na expansão dos *bunkers*. O caos ferroviário tinha sido causado tanto pelos bombardeios aliados quanto pela atuação da Resistência Francesa.

A RESISTÊNCIA FRANCESA

Para o sucesso de sua invasão, os Aliados também contavam com a ação da Resistência Francesa. A vitória alemã sobre a França em 1940 dividira o país. No norte, o território foi ocupado pelos alemães, enquanto o sul permaneceu como um Estado francês governado pelo marechal Philippe Pétain a partir da cidade de Vichy. Muitos franceses ficaram insatisfeitos tanto com a ocupação alemã no norte quanto com o colaboracionismo de Pétain, e aos poucos se formou um movimento de resistência bastante heterogêneo, conhecido como *La Résistance*, composto tanto por franceses no exterior, atuando sob a liderança do governo no exílio (a "França Livre"), quanto por civis em território francês. Apesar de alguns objetivos em comum, a heterogeneidade dos membros da Resistência fazia com que ela fosse bastante fracionada, abrigando desde militares conservadores patriotas até comunistas, refletindo as grandes divisões de opinião existentes na França. Ainda assim, os diferentes grupos da Resistência tinham muitos objetivos em comum, além do principal: liberar a França do jugo alemão.

A Executiva de Operações Especiais (Special Operations Executive – SOE), criada pelos britânicos para fins de espionagem, sabotagem e reconhecimento na Europa ocupada pelos alemães, também apoiava movimentos de resistência. Dentro dela havia diferentes seções para trabalhar com os franceses: a RF, por exemplo, trabalhava só com a França Livre comandada pelo general Charles de Gaulle a partir de Londres.[47]

As principais formas de atuação da Resistência eram os trabalhos de sabotagem.

> No período de 1941 a 1943, [a sabotagem] consistiu em alfinetadas esporádicas e descoordenadas contra indústrias de guerra, ferrovias, canais e sistemas de telefonia e telégrafo. Não era de tal escala que causasse muita preocupação aos

alemães. Mas, a partir do início de 1944, depois que a SOE ficou sob o controle do SHAEF [Quartel General Supremo das Forças Expedicionárias Aliadas], a sabotagem ferroviária foi bastante acelerada e vinculada ao Plano de Transporte. Um membro da resistência que sabia onde colocar uma banana de dinamite em uma ponte poderia ser muito mais eficaz do que um B-17 lançando uma bomba de 500 libras de 15.000 pés no mesmo alvo. O homem no local também pode cronometrar a explosão para derrubar uma locomotiva quando a ponte subisse. Nos primeiros três meses de 1944, a Resistência destruiu 808 locomotivas em comparação com 387 danificadas por ataque aéreo. Após a entrada em vigor do Plano de Transporte, os números se inverteram: em abril e maio os bombardeiros colocaram 1.437 locomotivas fora de ação contra apenas 292 creditadas à Resistência.[48]

O Plano de Transporte previa o bombardeio estratégico contra pontes, centros ferroviários, estradas de ferro e outros pontos importantes no território francês, com o objetivo de atrapalhar o contra-ataque alemão à invasão da França. De qualquer modo, embora o impacto do Plano tenha sido superior aos resultados obtidos pelos resistentes, a Resistência foi mais eficiente por quilo de explosivos empregado do que os ataques aéreos.[49] Além disso, a Resistência colaborou com o sucesso da invasão cortando fios de comunicação e dificultando muito o contato dos alemães durante a Operação Overlord.[50]

Mas a principal colaboração da Resistência, especialmente na Normandia, foram as ações de espionagem. Sendo formada por civis que não haviam sido evacuados, ela passava informações que os aviões de observação aliados não eram capazes de descobrir, como a posição de forças camufladas e o estado da própria Muralha do Atlântico na região, majoritariamente construída por mãos francesas.[51] A SOE estimava que a Resistência contava, na primavera de 1944, com cerca de 350 mil integrantes, com aproximadamente mil deles tendo armas em boas condições, mas cerca de 100 mil deles com munição para apenas um dia de combate.[52] Assim, era esperado que o grande combate fosse iniciado e liderado pelos invasores. E a invasão deveria começar pelo ar.

ENCONTRO MARCADO COM O DESTINO

> *"Éramos inteligentes; não houve muito dessa coisa de exibicionismo heroico. Tínhamos aprendido que heroísmo era uma forma de morrer sem fazer o trabalho que precisava ser feito, e fazê-lo era mais importante."*
>
> Carwood Lipton[1]

Contradizendo os interesses de sua família com boas condições financeiras e influência o suficiente para evitar que o filho precisasse lutar como parte da infantaria, o jovem nova-iorquino David K. Webster fez questão de atuar na linha de frente na guerra que aterrorizava o mundo. Tendo formação universitária em Harvard e conhecimentos básicos do idioma alemão, Webster destoava de grande parte dos seus companheiros, em geral filhos de uma classe trabalhadora vitimada por uma década de recessão econômica e, em grande medida, sem instrução universitária. Além disso, diferentemente do padrão do soldado motivado a ir à guerra como revanche por Pearl Harbor ou pela declaração de guerra alemã, as razões de Webster eram outras: ele queria ser escritor. Noções de patriotismo ou heroísmo pouco importavam. Fortemente influenciado pela literatura da Primeira Guerra Mundial, o rapaz desejava a oportunidade de conhecer "o combate real" não apenas através de páginas de memórias e obras literárias. Tal qual Siegfried Sassoon, John Lucy, Ernst Jünger e Erich Maria Remarque, Webster queria ter uma experiência de guerra, e não simplesmente redigir relatórios na retaguarda aproveitando-se de seu letramento ou de privilégios de classe.[2] Tornou-se paraquedista.

Contudo, no momento em que a invasão da Normandia se aproximava, a excitação diante da possibilidade de ser um cronista destacado de um conflito ainda mais devastador que a Grande Guerra dos seus ídolos literários não parecia mais motivá-lo tanto. O relato de Webster, embora individual, é representativo da ansiedade dilacerante que tornava a espera dos que lutariam na Operação Overlord um verdadeiro tormento. "A única sensação comparável seria a daqueles últimos cinco dias no corredor da morte, quando todos estão quietos e atenciosos, te alimentam bem, te deixam dormir tarde, escrever cartas, te fazem pequenos favores e te dão pequenos confortos", escreveria Webster em suas memórias.

> O padre vem te ver, o diretor faz um discurso, e talvez você escreva uma carta para sua mãe. Se você tem uma mãe e ela ainda se importa [...]. Por mim, não há nada mais a fazer. Você come sua última refeição, coloca suas roupas e anda pelo corredor para o grande clarão. Você vai embora desse mundo do jeito que você veio: cercado de pessoas e totalmente sozinho.[3]

Mas não havia mais volta. A despeito de alguns atrasos e problemas, a invasão era inevitável.

"QUE MORRAMOS COMO HOMENS"

A questão do transporte dos paraquedistas, dada sua escala, apresentava desafios complexos.

> Os britânicos não tinham aviões especificamente projetados para transporte de tropas, nem tentaram criar um. Como alternativa, escotilhas foram adicionadas nas barrigas dos bombardeiros. Os bombardeiros, porém, haviam sido projetados para carregar bombas, não tropas. As longarinas, a falta de assentos e as escotilhas mal posicionadas mitigaram seu uso para o lançamento de paraquedistas. Então, a Grã-Bretanha

se voltou para os Estados Unidos, que estavam empregando Douglas DC3s ligeiramente adaptados. Essas aeronaves seriam o meio de levar a maioria dos paraquedistas aliados, americanos e britânicos. Os militares dos EUA os classificaram como C-47s, enquanto os britânicos os chamavam de Dakotas. Eles não receberam tanques de combustível autovedantes, algo que reduziria enormemente as chances de propagação de fogo ou de uma aeronave explodir e se tornar padrão na maioria das outras aeronaves de combate; nem receberam armas defensivas ou armaduras. Em junho de 1944, nenhum dos 1.176 aviões de transporte destinados ao lançamento de tropas aerotransportadas americanas fora atualizado. Cada um permanecia tão vulnerável como sempre havia sido, e suas tripulações sabiam disso. Circularam rumores de que elas eram consideradas dispensáveis e que altas baixas eram garantidas. Isso não ajudou o moral já frágil entre as alas de transporte.[4]

Durante as instruções que precederam o voo rumo à Normandia em algumas horas, o capitão responsável por elas declarou:

Nós vamos atravessar o canal a 150 milhas por hora. Quando alcançarmos a costa da Normandia, nós subiremos de 500 pés a 1.500, voaremos adentro da península na altura máxima, e desceremos a 700 pés para o salto. Os aviões então diminuirão a velocidade para 110 milhas por hora. [...] Setecentos pés a 110 milhas por hora: essas são as ordens para o corpo da Força Aérea. Nossos pilotos foram ordenados a não quebrar a formação, ou eles sofrerão corte marcial. Eles não devem usar nenhuma ação evasiva; eles devem manter a formação a despeito das antiaéreas e viabilizar um salto preciso e concentrado a todo custo. Linhas grandes pretas e brancas de identificação foram pintadas em todos os aviões e planadores, para que a frota da invasão não atire em nós enquanto passamos por cima.[5]

Do ponto de vista estratégico, a ordem de não quebrar a formação de aviões fazia algum sentido, seguindo a premissa de que essa quebra comprometeria a precisão dos saltos. Por outro lado, com aviões frágeis e não devidamente adaptados à missão voando em linha reta contra o fogo antiaéreo alemão, a perspectiva de um alto número de baixas era evidente.

Mas o perigo não se resumia aos ataques alemães. Os aviões foram pintados de última hora com listras brancas e pretas nas asas e na fuselagem para que os navios aliados abaixo pudessem identificá-los mais facilmente e evitar o fogo amigo, pesadelo que assombrara os Aliados em outros momentos da guerra, como em julho de 1943 na Sicília, em que os artilheiros da marinha estadunidense atacaram aviões de transporte dos EUA e os que rebocavam planadores. Os rebocadores soltaram os planadores para tentar escapar do fogo amigo, jogando-os no mar, e uma dúzia deles se perdeu. Contudo, os paraquedistas temiam que essa pintura facilitasse o trabalho da artilharia alemã: "Ficamos chocados ao ver as grandes listras largas pintadas nas asas e também na fuselagem. Parecia que ficaríamos lá em cima como patos, para todos os artilheiros em terra tentarem a sorte".[6]

Uma das dificuldades da missão era a obrigatoriedade de atuar de maneira discreta. Os paraquedistas foram orientados a saltar com as armas descarregadas, de modo que não se sentissem tentados a atirar do ar ou atirassem acidentalmente. Só podiam atirar se fosse absolutamente necessário. Deviam manter-se camuflados pela escuridão e pelos sons das baterias antiaéreas alemãs e demais meios de batalha, e, diante da inevitabilidade de matar inimigos, esperava-se que usassem apenas suas baionetas ou granadas.

Para localização dos seus companheiros no escuro após o salto foi combinado o uso de uma senha. Um soldado que visualizasse outro deveria falar *"flash"*, e quem ouvia essa expressão deveria responder *"thunder"*, para evitar serem confundidos com os soldados inimigos, que não conheceriam o código. Outro modo de identificação era um pequeno objeto de metal, chamado de *cricket* (grilo), que quando apertado emitia um som de clique que poderia se disfarçar entre os sons de grilo na noite.

A instrução mais importante: não fazer prisioneiros. A natureza da missão implicava a não aceitação de rendições, uma vez que não seria possível escolher ou prender prisioneiros em um contexto de invasão e movimentação atrás das linhas inimigas, além de todo o restante da logística implicada no ato de capturar inimigos. Apenas quando uma cabeça de praia fosse estabelecida, seria possível pensar nessa possibilidade, e isso seria responsabilidade daqueles que invadiriam as praias da Normandia horas depois, vindos do mar.

Depois do adiamento da invasão, os nervos estavam à flor da pele. Enquanto alguns combatentes comemoraram a chance de ter mais um dia garantido de vida, outros se consumiam pela ansiedade: já que a invasão era uma certeza, que ocorresse de uma vez! Quando a noite do dia 5 para o dia 6 chegou, eles souberam que não haveria escapatória. Naquele momento, David Webster pensou: "Nós pularemos esta noite, com vento ou sem vento, [contra] um alemão ou dez mil".[7]

O coronel "Jump" Johnson, comandante do 501º Regimento de Infantaria Paraquedista, entrou no hangar e, diante dos 2 mil homens do seu regimento, segurando uma grande faca de caça, declarou: "Antes de ver a aurora de um novo dia, quero enfiar essa faca no coração dos nazistas mais cruéis, sujos e imundos de toda a Europa". Um clamor se seguiu, com os homens levantando suas facas em resposta.[8]

Outros oficiais eram menos espetaculosos e mais austeros. Perto das 20h, o coronel Robert Lee Wolverton, comandante do 3º Batalhão do 506º Regimento, parte da 101ª Divisão Aerotransportada, ordenou que seus subordinados se juntassem para ouvi-lo. Primeiro, sugeriu que eles fizessem uma reunião após a guerra, com o que todos concordaram. Em seguida, mesmo admitindo não ser religioso, pediu a seus homens que o acompanhassem em uma oração:

> Deus todo poderoso! Em poucas horas estaremos em batalha com o inimigo. Nós não entramos em batalha com medo. Não pedimos favores ou indulgências, mas pedimos que, se quiser, nos use como seu instrumento para o bem e uma ajuda para devolver a paz ao mundo. Não sabemos ou buscamos o nosso destino. Pedimos apenas que, se tivermos que morrer, morramos como homens morreriam, sem reclamar, sem implorar e seguros no sentimento de que fizemos o nosso melhor pelo que acreditávamos ser o certo. Oh senhor! Proteja nossos entes queridos e esteja perto de nós no fogo que está à frente, e conosco agora enquanto cada um de nós ora ao senhor.[9]

Wolverton não realizaria seu desejo de se reunir com seus homens após a guerra, pois não sobreviveria. Seu paraquedas ficou preso em uma árvore e, antes que pudesse se soltar, foi atingido por fogo inimigo.[10] Wolverton tinha apenas 29 anos.

★ ★ ★

O general Eisenhower tinha em mãos dois textos. Um deles era a famosa Ordem do dia 6 de junho, que serviria para levantar o moral daqueles que horas depois colocariam sua vida em risco. O outro, menos conhecido, era um curto bilhete manuscrito elaborado pelo general para o caso de fracasso na operação:

> Os nossos desembarques na zona de Cherbourg-Havre não conseguiram obter uma base satisfatória e retirei as tropas. Minha decisão de atacar neste momento e local foi baseada nas melhores informações disponíveis. As tropas, o Ar e a Marinha fizeram tudo o que a bravura e a devoção ao dever podiam fazer. Se há alguma culpa ou falha nessa tentativa de desembarque, ela é somente minha.[11]

Dois detalhes chamam a atenção no manuscrito original. O primeiro deles é que o general riscou a parte que dizia "esta operação em particular" para escrever "Minha decisão de atacar". E, ao final do texto, grifou com força abaixo de "somente minha", demonstrando um notável senso de responsabilidade pessoal pelo eventual fracasso da operação, a qual autorizou diante de uma série de imprevistos, especialmente climáticos.

A Ordem do dia 6 de junho foi distribuída pouco antes do embarque dos paraquedistas nas aeronaves. Nela, o comandante se dirigia aos soldados, marinheiros e aviadores da Força Expedicionária Aliada evocando a ideia de que eles partiriam para uma "Grande Cruzada":

> A esperança e as orações das pessoas que amam a liberdade em todos os lugares marcham com vocês. Em companhia de nossos bravos aliados e irmãos de armas em outras frentes, vocês

causarão a destruição da máquina de guerra alemã, a eliminação da tirania nazista sobre os povos oprimidos da Europa e trarão segurança para nós em um mundo livre.[12]

O general Eisenhower reconhecia que seria uma batalha dura, contra um inimigo bem equipado, treinado e que lutaria de maneira selvagem, mas reforçava que, nos últimos anos, os Aliados tinham conseguido importantes vitórias sobre os alemães. Haviam destruído parte da capacidade do inimigo de empreender uma guerra terrestre graças à superioridade aérea aliada. E o *front* interno fornecia enormes quantidades de armas e munições, além de uma grande quantidade de homens capazes de participar daquela empreitada. Concluiu: "Tenho plena confiança em sua coragem, devoção ao dever e habilidade na batalha. Não aceitaremos nada menos que a Vitória total! Boa sorte! E imploremos a bênção de Deus Todo-Poderoso sobre esta grande e nobre empreitada".[13]

Perto das 22h, quando as últimas luzes da noite de verão em pleno hemisfério norte ainda podiam ser vistas, os 18 mil[14] paraquedistas que saltariam sobre a Normandia começaram a embarcar. Três divisões, repartidas em 1.200 aeronaves, partiram de Greenham Common em sequência. A 6ª Divisão britânica rumou para o leste do rio Orne, enquanto a 101ª e a 82ª Divisões estadunidenses seriam lançadas na península de Cotentin com o objetivo de capturar pontos importantes, principalmente as passarelas que cortavam as áreas inundadas no interior da praia de Utah.[15]

Assim que os alemães estacionados na costa da Normandia perceberam a chegada dos aviões, rajadas de tiros disparados pelas baterias antiaéreas vararam o céu já escuro. Aviões eram derrubados. Pilotos ignoravam ordens de manter rota e velocidade. Os tiros dos canhões Flak 88 mm explodiam ao redor dos C-47, causando turbulência e apavorando os soldados; explosões mais próximas os jogavam para fora de seus assentos. Entre os paraquedistas, imperava o pensamento de que praticamente qualquer destino que os esperava em terra seria mais desejável do que morrer no ar, sem qualquer chance de defesa. Webster ecoa esse sentimento em seu relato: "Eu não quero explodir no céu e queimar até a morte. Eu não quero morrer como um rato em uma lata de lixo pegando fogo. Eu quero morrer lutando. Vamos pular, vamos pular, vamos, vamos, vamos!". E continua: "A vida e a morte de um homem são decididas por forças contra as quais ele não pode lutar. Ele só pode questioná-las e se rebelar contra elas, mas, no fim, tem que ir com elas".[16]

Os lançamentos aéreos não ocorreram como o planejado. Quando os aviões transportadores começaram a ser atacados, as formações começaram a se separar. A navegação também apresentou muitos problemas: apenas uma minoria de paraquedistas conseguiu ser lançada nas áreas previamente designadas. Inúmeros paraquedistas, ao chegarem ao chão, tiveram que enfrentar marchas extenuantes de vários quilômetros para se reunir com suas unidades, enquanto outros acabaram caindo em território ocupado pelos alemães e perderam suas vidas. Não foram incomuns casos de quedas em rios ou áreas inundadas, que causaram afogamentos dos que não conseguiram se livrar do peso do equipamento e das cordas do paraquedas. No entanto, a ampla dispersão das tropas teve um efeito inesperado, confundindo os alemães sobre o verdadeiro objetivo da operação e confirmando a impressão de que os ataques faziam parte de uma grande manobra de distração na Normandia antes que o ataque principal ocorresse no Passo de Calais.[17]

Além dos saltos verdadeiros, a Royal Air Force montou a Operação Titanic com 40 Hudsons, Halifax e Stirlings, lançando bonecos que desciam em paraquedas e explodiam ao colidir com o solo, além de lançar tiras de alumínio que confundiam os radares inimigos.[18]

A Companhia D da 6ª Divisão britânica, comandada pelo major John Howard, foi a primeira a entrar em ação. O planador de Howard pousou exatamente onde o major queria, ao lado da ponte sobre o canal do Orne, apelidada de Pégaso, e os dois planadores seguintes, com o 2º e o 3º Pelotões, pousaram logo atrás, no pouso mais preciso de toda a Operação Overlord. Em questão de minutos, os homens de Howard tomaram a ponte e asseguraram os arredores, enquanto dois outros pelotões tomaram a ponte sobre o rio Orne, apelidada de Horsa, sem que um tiro sequer fosse disparado pelos seus defensores. À 00h21, seis minutos depois dos pousos, a Companhia D tomou seus objetivos.[19] Tendo tido apenas duas baixas durante a tomada das pontes, os britânicos precisaram lidar com algumas investidas alemãs que tentavam retomá-las, mas nada próximo do contra-ataque com blindados na escala esperada.[20] O sucesso na proteção das pontes permitiria que os blindados aliados que chegassem à costa pela invasão anfíbia pudessem operar a leste do rio Orne, enquanto a perda delas poderia cortar o contato entre as forças aerotransportadas e as terrestres que viriam horas depois.[21]

O 9º Batalhão de Paraquedistas tinha que tomar uma bateria na costa de Merville, que era menor que o esperado e foi destruída. O 3º Esquadrão Paraquedista de Engenheiros Reais acabou com algumas pontes. Duas brigadas da Divisão, a 3ª e a 5ª, ficaram espalhadas pela noite, com seus soldados lutando para se reagrupar com seus camaradas e ocasionalmente enfrentando patrulhas alemãs. Estima-se que não mais que 60% dos homens da Divisão que saltaram na França no Dia D conseguiram participar dos combates naquele dia.[22]

As duas Divisões estadunidenses, a 82ª e a 101ª, decolaram logo após os britânicos. Como seus aviões voavam baixo, cerca de 300 metros, estavam vulneráveis não só contra os canhões antiaéreos, mas também às metralhadoras alemãs. Quando os pilotos, temendo ser derrubados, faziam manobras evasivas, os paraquedistas eram jogados de um lado para o outro no interior da aeronave. Alguns vomitavam. Balas atingiam a fuselagem e soavam "como grandes pedras de granizo num telhado de zinco".[23] Pesadamente carregados, os paraquedistas esperavam a luz vermelha para se levantar e se preparar para o salto que se daria assim que acendesse a luz verde. Pelo medo de abate, em muitos casos, os saltos acabaram sendo feitos de aviões voando mais rápido do que o ordenado.

Os paraquedistas levavam consigo um saco de cerca de 35 quilos ou mais pendurado à perna por uma correia. Tal saco, que nunca tinha sido usado durante o treinamento, continha armas que seriam usadas por eles. Com o peso, correias arrebentavam durante a descida. Muitos combatentes perderam suas armas dessa maneira.[24] Outros quebraram pernas e tornozelos porque seus paraquedas mal abriram após o salto de aviões que voavam baixo demais. Alguns chegaram a quebrar a coluna e ficaram paralíticos. Houve quem explodisse no ar enquanto descia, provavelmente porque uma bala atingira a granada que levava consigo.

> Um paraquedista que teve sucesso no pouso ficou horrorizado quando o avião seguinte soltou tão baixo o seu grupo de 18 homens que nenhum paraquedas se abriu. Ele comparou o som surdo dos corpos atingindo o chão com "melancias caindo da traseira de um caminhão". Outro grupo lançado de altitude muito baixa, ao longo de uma pequena elevação, foi encontrado mais tarde, numa linha comprida, todos mortos, todos ainda presos aos tirantes e linhas dos paraquedas.[25]

A 101ª Divisão saltaria atrás da praia de Utah para assegurar as saídas da praia e preparar um avanço para Carentan. A 82ª saltaria de ambos os lados do rio Merderet e tomaria a cidade de Sainte-Mère-Église para bloquear a estrada e a ligação ferroviária com Cherbourg e preparar o avanço através da península de Cotentin.

> A primeira leva de paraquedistas, cerca de 13.000 homens, deveria ser lançada de 822 aeronaves C-47. Muitos pilotos não tinham experiência para sua tarefa exigente e, nas primeiras horas de 6 de junho, isso se tornou ainda mais difícil quando um banco de nuvens espessas os confrontou enquanto voavam do leste. Uma mistura de pouca visibilidade e fogo vindo do solo dispersou as aeronaves e, com elas, os paraquedistas que lançaram. Alguns foram soltos tarde demais e caíram no mar ou se afogaram em rios: outros bateram em árvores ou telhados. A maioria dos que pousaram com segurança estavam irremediavelmente perdidos e passaram a noite procurando por outros americanos, esbarrando em patrulhas alemãs, com perdas de ambos os lados, ou simplesmente dormindo.[26]

Conforme o planejado, a 82ª Divisão conseguiu saltar em Sainte-Mère-Église e arredores. Um dos paraquedistas, John Steele, ficou preso na torre da igreja e precisou se fingir de morto para sobreviver, enquanto os sinos tocavam para alertar possíveis reforços alemães e o ensurdeciam. A cidade, a primeira da França a ser libertada, tornou-se um ponto de concentração de muitos destacamentos paraquedistas que tinham ficado espalhados pela região.[27]

Uma força mista de aproximadamente 75 paraquedistas atacou a vila de Sainte-Marie-du-Mont, com metralhadoras nos flancos para cobri-los e avançando em escalões. Uma guarnição com uma bazuca correu pela rua principal e explodiu a porta da igreja. Uma dúzia de soldados alemães saiu de dentro dela com uma bandeira branca improvisada e com as mãos para cima. Em menos de uma hora a vila foi liberada, e a maioria dos alemães que escaparam fugiu para Carentan.[28]

A tomada da ponte e da passarela de La Fière foi bastante difícil, tendo até sido perdidas em um determinado momento. Na região a oeste de Merderet, os grupos espalhados encontraram pequenos destacamentos alemães escondidos em casas normandas, muitas delas feitas de pedra maciça, o que as tornava muito resistentes. A impossibilidade de comunicação efetiva entre os paraquedistas impediu a coordenação de todas as iniciativas.[29]

A 101ª Divisão tinha como um de seus objetivos ajudar o desembarque em Utah, suprimindo as baterias alemãs e tomando as passarelas que cruzavam os pântanos para além da praia de modo a viabilizar o avanço da 4ª Divisão de Infantaria. Deveria também capturar a eclusa do rio Douve em La Barquette e duas pontes a nordeste de Carentan, para que as tropas estadunidenses na península de Cotentin e a 29ª Divisão vinda de Omaha pudessem se unir.

Somente 21 dos 850 aviões de transporte que levavam os paraquedistas estadunidenses foram destruídos, e as perdas britânicas tinham sido ainda menores, com apenas 8 desaparecidos entre aproximadamente 400 aviões. Apesar de embates intensos, a invasão mal começara. Os paraquedistas sabiam que os alemães realizariam contra-ataques, e se a 4ª Divisão não conseguisse tomar Utah e cruzar as passarelas para se juntar a eles, estariam largados à própria sorte.[30]

A falta de precisão dos saltos, apesar dos percalços que trouxe, contribuiu com a invasão até certo ponto. A confusão dos alemães era tamanha diante de tantos saltos aparentemente aleatórios que acabou sendo difícil até mesmo entender a operação para movimentar reforços de maneira adequada.

"OS MORTOS E AQUELES QUE VÃO MORRER"

Durante a travessia do canal da Mancha na Operação Netuno, a fase naval da Operação Overlord, o maior receio das embarcações era sofrer ataques da Luftwaffe ou mesmo de submarinos alemães. No entanto, a travessia aconteceu quase sem incidentes, salvo poucas exceções.

> A Força-Tarefa Ocidental perdeu um contratorpedeiro, o USS *Corry*, atingido por uma mina, e a Força-Tarefa Oriental teve perda semelhante, mas devida ao torpedo de um *e-boat* alemão. Às 5h37, enquanto as embarcações menores seguiam para as posições de fogo, o contratorpedeiro norueguês *Svenner* foi atingido no flanco. [...] O *Svenner* se rompeu ao meio, com a proa e a popa se erguendo na água, formando um V, e depois afundou rapidamente. [...] Dois navios correram para recolher a tripulação na água. O HMS *Swift* conseguiu, sozinho, resgatar 67 sobreviventes, mas 33 homens morreram na explosão.[31]

O contingente de embarcações varia, dependendo do autor consultado. Segundo Stephen E. Ambrose, havia 2.727 embarcações e mais 2.606 barcaças de desembarque e outras embarcações pequenas demais para atravessar o canal sozinhas, com a armada totalizando 5.333 embarcações de todo tipo.[32] Conforme Richard Holmes, os dados são diferentes: 1.213 embarcações navais de combate, 4.126 navios e embarcações de desembarque, 736 navios e embarcações auxiliares e 864 navios mercantes, totalizando 6.939 embarcações. Desses, 79% eram britânicos e canadenses, 16,5% eram estadunidenses e 4,5% eram de outros aliados. Um total de 133 mil homens teria desembarcado na costa de Calvados pelas praias.[33]

A descida dos soldados para as barcaças era complicada, dado o peso dos equipamentos e vestuário, mas era ainda pior para os que carregavam lança-chamas e rádios. Com a pequena embarcação balançando no mar, um passo em falso poderia levar qualquer soldado a afogar-se no oceano, pois afundaria com o peso de sua carga individual. As barcaças que desciam com paus de carga eram mais seguras, mas um grupo do quartel-general de um batalhão da 29ª Divisão de infantaria teve uma péssima experiência com eles ao sair do navio britânico HMS Empire Javelin: os paus de carga enguiçaram e, durante 30 minutos, os soldados ficaram abaixo da latrina do navio. Um major presente na barcaça afirmou que "os intestinos da tripulação do navio aproveitaram ao máximo uma oportunidade pela qual os ingleses ansiavam desde 1776". E prosseguiu: "Xingamos, gritamos e rimos, mas aquilo não parava de cair. Quando seguimos para a praia, estávamos todos cobertos de merda".[34]

O generoso café da manhã que os soldados haviam recebido resultou em torrentes de vômito que tornou o chão das barcaças mais escorregadio que o normal, além de espalhar um odor desagradável. O efeito contínuo e agressivo do enjoo e dos vômitos deixou os soldados que dele sofriam exaustos.[35]

Esperava-se que os bombardeios na costa amolecessem as defesas alemãs, quebrassem o moral dos defensores e criassem uma série de crateras nas praias, que serviriam como trincheiras improvisadas para os soldados aliados se defenderem das metralhadoras inimigas, mas não foi o que aconteceu. Além da baixa visibilidade por conta do tempo que afetava a precisão dos bombardeiros, seus pilotos temiam causar um desastre com fogo amigo nas embarcações aliadas. Para evitar isso, empreenderam os bombardeios tarde demais, atingindo alvos após as praias.[36]

A operação contava também com a presença de tanques Sherman DD (*duplex-drive*, ou direção dupla) adaptados e impermeabilizados, com hélices e proteções infláveis, que deveriam ser liberados em barcaças de desembarque a 7.500 metros da costa. O problema é que o mar estava muito mais revolto do que os tanques estavam preparados para suportar. Enquanto o comandante ficava em pé na plataforma do motor atrás da torreta, o resto da guarnição ficava dentro do veículo, correndo o risco de morrer caso o tanque afundasse antes que pudessem evacuá-lo. Diante do mar revolto, os tanques acabaram sendo lançados bem mais próximos da costa. Seu lançamento foi um desastre. Em Omaha, dos 32 tanques lançados, 27 afundaram e só 2 chegaram à praia pela água, enquanto os demais foram levados até a areia pelas barcaças. Das guarnições presentes nos tanques, 33 integrantes morreram afogados. Os demais foram posteriormente resgatados.[37]

UTAH

Melhor sorte tiveram os tanques que desembarcaram na praia de Utah. Ela não era, a princípio, o lugar mais tentador para uma invasão. Era separada das outras quatro praias por rios e, por trás da praia, seu terreno baixo havia sido inundado pelos alemães com o objetivo de atrapalhar uma eventual invasão. Ainda assim, invadir o local era importante para permitir um avanço pela península de Cotentin. O major-general Raymond Barton, da 4ª Divisão do VII Corpo, ficou encarregado de coordenar o ataque, que acabou sendo o mais bem-sucedido entre todas as praias. Com grande parte dos campos minados do local tendo sido destruídos pelo canhoneio aliado, os invasores acabaram desembarcando perto de La Grand Dune, no estuário do rio Vire, cerca de 1.800 metros ao sul de onde deveriam ter chegado. Isso acabou sendo vantajoso por levá-los a um ponto menos protegido.[38] As águas de Utah, mais calmas que as de Omaha, permitiram que quase todos os tanques DD chegassem ilesos às praias, com exceção de quatro deles, cuja barcaça de desembarque onde estavam explodiu ao atingir uma mina.[39]

O número de baixas foi considerado bastante modesto, cerca de 200, e em menos de uma hora a praia estava limpa. A excitação e a adrenalina da invasão, somadas ao estranhamento da falta de defesas substanciais, fizeram com que muitos combatentes ficassem inquietos e cometessem sérios equívocos:

> Os aviões aliados atiraram em caminhonetes francesas movidas a carvão. Em Le Molay, ao sul de Omaha, os caças americanos picotaram a torre d'água com os canhões, talvez achando que fosse um posto de observação. Ela se transformou num imenso chuveiro, jorrando água em todas as direções até esvaziar os seus quatrocentos mil litros. Os soldados em terra e no mar também atiraram à toa. Vários aviões aliados foram derrubados por fogo amigo e, no dia seguinte, quando saltou de paraquedas, um piloto americano derrubado na praia Utah foi metralhado por um engenheiro de combate com excesso de empolgação.[40]

O DIA D 49

Soldados estadunidenses desembarcam na praia de Utah. Ao fundo é possível visualizar as carcaças de veículos destruídos.

POINTE DU HOC

Entre Utah e Omaha havia um objetivo: Pointe du Hoc. Tratava-se de um penhasco de aproximadamente 53 metros de altura, onde se acreditava que estavam posicionadas seis peças de artilharia de 155 mm defendidas por concreto. Seriam alvos muito difíceis de destruir com bombardeios e, ao mesmo tempo, teriam capacidade de atirar tanto nos invasores de Utah quanto nos de Omaha. Sua posição fazia com que o emprego de paraquedistas fosse impraticável, então a solução que restava era uma invasão frontal. Foi então que o 2º Batalhão de Rangers, formado pelas companhias D, E e F e comandado pelo tenente-coronel James E. Rudder, acabou designado para o serviço.

Os Rangers de Rudder desembarcaram aos pés do penhasco. Algumas das embarcações estavam preparadas para atirar ganchos com cordas para que eles pudessem iniciar a subida: algumas delas, inclusive, estavam até equipadas com escadas cedidas pelos bombeiros de Londres. Na ocasião, as cordas presas aos ganchos se molharam e ficaram pesadas, com isso, vários dos ganchos não chegaram a ficar presos na altura desejada ou caíram antes de chegar a qualquer lugar. Mas isso não impediu que os Rangers empreendessem sua missão. Em cima da hora, um ataque de bombardeiros B-26 e dos destroieres USS Satterlee e HMS Talybont amaciou as defesas alemãs e os ajudou. Porém, ao chegarem ao topo do penhasco, os Rangers descobriram que as peças de artilharia alemãs tinham sido deslocadas para o interior, para escapar do bombardeio aliado. Ainda assim, os homens de Rudder avançaram, encontraram as peças e as destruíram. Foram recebidos então por um violento contra-ataque alemão que os empurrou de volta para próximo do penhasco. Isolados, os homens de Rudder resistiram até o dia 8 de junho, quando finalmente conseguiram ser substituídos por reforços. Dos 225 Rangers que participaram da tomada de Pointe du Hoc, 135 morreram, 60% do grupo.[41]

OMAHA

Apesar dessa porcentagem alta de perdas em Pointe du Hoc, a maior carnificina do Dia D em números absolutos ocorreu na praia de Omaha. Depois da faixa de areia principal e de um dique baixo, havia um trecho curto de mato pantanoso que ficava logo abaixo de penhascos íngremes e arenosos. Esses penhascos, que variavam de 30 a 45 metros, eram extensos e cortados apenas por cinco vales íngremes, os únicos lugares por onde os veículos desembarcados poderiam subir, e as entradas de todos esses vales eram protegidas por fortificações com artilharia.[42]

A tarefa de tomar Omaha era da 1ª Divisão de Infantaria, que desembarcaria dois regimentos com a 116ª Infantaria da 29ª Divisão descendo à direita e a 16ª Infantaria à esquerda. Depois de assegurada a praia, esses regimentos deveriam avançar com reforços para objetivos mais adiante.[43]

Muito do que podia dar errado no preparo da invasão de fato ocorreu: o bombardeio naval foi curto demais para ser eficaz. Os bombardeiros, como dito anteriormente, não acertaram as defesas da praia e nem sequer fizeram crateras que pudessem ser usadas como trincheiras. A maioria dos tanques DD afundou. Além disso, os Aliados estavam mal-informados sobre a situação dos defensores.[44]

As defesas na praia de Omaha, especialmente no setor Dog Green, pegaram os aliados de surpresa. De acordo com as informações enviadas pela Resistência Francesa, o setor era defendido por cerca de 250 soldados de mais idade, mal equipados e indisciplinados da 716ª Divisão. Contudo, ele havia recebido reforços de mais 200 soldados jovens da 352ª Divisão de Infantaria. De acordo com Harold Baumgarten, que desembarcou justamente no setor Dog Green, a Resistência Francesa sempre enviava dois pombos-correios para os Aliados na Grã-Bretanha com mensagens idênticas, para o caso de um deles ser abatido pelos alemães, porém, quando ela enviou a mensagem atualizando sobre a chegada de novas forças ao setor, ambos os pombos foram abatidos. Desinformados quanto a esse aumento das defesas, os combatentes da primeira onda da invasão sofreram enormemente.[45]

Tropas desembarcam em terra a partir de uma barcaça de desembarque na praia de Omaha, em 6 de junho de 1944. A saída tranquila das tropas nas barcaças, os soldados na praia e as linhas de soldado marchando território adentro indicam que a foto foi tirada quando o setor em questão já estava livre de tropas inimigas.

Assim que as rampas das barcaças baixaram, os homens receberam o fogo das metralhadoras alemãs concentradas nas aberturas. Muitos homens saltaram em pontos onde a água não dava pé, sendo que vários deles sequer sabiam nadar e acabaram morrendo afogados. Outros simplesmente afundaram por não conseguir se livrar do excesso de peso que carregavam. Soldados foram atingidos ainda enquanto nadavam procurando sair da água.

Os que conseguiam chegar à praia precisavam correr muitos metros com roupas e botas encharcadas e pouca possibilidade de se defender dos tiros das metralhadoras inimigas. Quase todos os rádios foram danificados pela água salgada. Cerca de 80% das armas ficaram sem funcionar por conta da areia e da água.

As piores baixas foram as da Companhia A do 116º Regimento, que desembarcou diante da grota de Vierville, na ponta oeste de Omaha.[46]

> Um soldado escreveu: "Havia homens chorando, com medo, homens que se borravam. Deitei-me com alguns outros, petrificado demais para me mover. Ninguém fazia mais do que ficar deitado ali. Era uma paralisia coletiva. Eu não via nenhum oficial. A certa altura, algo acertou meu braço. Achei que era uma bala. Era uma mão de alguém, decepada por qualquer coisa. Era mais do que eu podia aguentar." Durante metade da manhã, o assalto a Omaha esteve à beira do fracasso; somente depois de várias horas de aparente impasse nas areias, pequenos grupos de homens determinados, em especial os Rangers, abriram caminho pelas ribanceiras, esmagando aos poucos os defensores.[47]

Os feridos que chegavam a ser atendidos por médicos, mas estavam condenados, recebiam morfina e eram deixados para trás. A maioria dos assistentes médicos nunca tinha visto ferimentos de combate.

> Um deles, que se viu cuidando de um *ranger* que recebera ferimentos terríveis na cabeça, não percebeu que o cérebro do soldado estava seguro apenas pelo capacete. Quando o removeu, o cérebro começou a cair. Ele "tentou empurrar o cérebro de volta no crânio, com pouco sucesso". O médico tentou assegurar ao horrorizado ordenança que o homem morreria de qualquer forma.[48]

Depois da primeira hora, a 116ª Infantaria conseguiu se firmar logo a oeste de Les Moulins e foi lá que o grupo de comando regimental sob o comando do coronel Charles D. W. Canham e o comandante assistente da divisão, brigadeiro-general Norman D. Cota, desembarcaram. A praia estava repleta de paralisados, e o general Omar N. Bradley, comandante do 1º Exército dos Estados Unidos, a bordo do USS Augusta, considerou brevemente redirecionar as unidades restantes para a praia de Utah.[49] Cota foi um dos oficiais de mais alta patente a liderar soldados em Omaha naquele dia, incentivando os inertes a avançar e ajudando a abrir caminho para os veículos saírem das praias, além de ordenar que seus homens usassem torpedos Bangalore e cortadores de arame para avançar sobre as defesas alemãs e tomar um posto de metralhadora. Pelos feitos, Cota receberia a Cruz de Serviço Distinto.

Com o incentivo de seus oficiais, soldados antes paralisados na areia começaram a avançar, catando armas dos mortos na esperança de que elas funcionassem em substituição às que ficaram inúteis. O coronel George Taylor, comandante do 16º Regimento de Infantaria da 1ª Divisão, andou de um lado para o outro procurando convencer seus homens a continuar a luta. A certa altura, disse: "Só quem fica nesta praia são os mortos e aqueles que vão morrer! Agora, fora daqui!".[50]

Houve então algum progresso na praia. Alguns grupos animaram-se a seguir adiante. Contratorpedeiros chegaram perigosamente perto da costa para enfrentar as defesas alemãs à queima-roupa. No final do dia, os americanos ocupavam uma estreita faixa de terra entre Saint-Laurent e Colleville. Contudo, careciam da maior parte dos recursos necessários para o avanço planejado para o interior. A praia de Omaha custou cerca de 3 mil baixas, mais do que as outras praias no total.[51] Dessas baixas, aproximadamente 800 pessoas morreram.[52]

GOLD

Ao lado de Omaha, a 50ª Divisão britânica, comandada pelo major-general D. A. H. Graham, desembarcou na praia de Gold, localizada entre

Arromanches e La Rivière, ajudando inclusive a aliviar a pressão sobre os estadunidenses no inferno ao lado. Como nas demais invasões pelas praias, a de Gold foi precedida de bombardeio aéreo e naval. Os cruzadores HMS Ajax e Argonaut mantiveram o fogo em uma bateria pesada na costa em Longues. Também houve uma tentativa de desembarcar tanques DD que, embora longe de ser perfeita, foi mais eficiente que na praia à direita a cargo dos estadunidenses.[53] A divisão deveria tomar Arromanches, local escolhido para a instalação de um porto Mulberry, uma espécie de porto temporário portátil para o desembarque rápido de cargas.[54]

À frente foram duas Brigadas, a 231ª pela direita e a 69ª pela esquerda, seguidas pela 56ª e pela 151ª nos mesmos sentidos, respectivamente. Os tanques DD acompanharam as Brigadas, indo à frente para limpar os mais de 2.500 obstáculos deixados pelos alemães, quase 900 toneladas de aço.[55]

Em Le Hamel, o 1º Batalhão do Real Regimento de Hampshire enfrentou um desembarque especialmente difícil. Entre as baixas, a do oficial comandante e de vários oficiais do quartel-general. Levou todo o dia para que a resistência alemã finalmente fosse eliminada. Enquanto isso, à esquerda, a 69ª Brigada avançou para o interior, na direção de Mont Fleury, encontrando alemães dispostos a se render imediatamente.

Em La Rivière, as defesas de concreto suportaram o bombardeio, mas os *Hobart's Funnies* ("brinquedinhos de Hobart") contribuíram muito com a vitória britânica.[56] Os Hobart's Funnies eram tanques especiais assim apelidados em homenagem ao general Percy Hobart da 79ª Divisão Blindada. Em março de 1943, o general ficara encarregado de desenvolver tecnologias para que os blindados pudessem oferecer maior ajuda em operações anfíbias, incluindo aí o ataque a posições fortificadas da Muralha do Atlântico. Foi ele o inventor dos tanques DD, cuja utilidade logo foi percebida pelos estadunidenses. Os demais tanques foram desdenhados pelo exército dos EUA. Entre eles estava o *Crab* (Caranguejo), que tinha um tambor giratório na frente com correntes de aço pesadas; quando ele andava, o tambor girava e as correntes iam detonando com segurança as minas em seu caminho. Outro dos Funnies bastante útil nas praias invadidas pelos britânicos foi o Churchill Crocodile,

Soldados da 50ª Divisão de Infantaria do
Exército britânico desembarcam na praia
Gold, próximo a La Rivière-Saint-Sauveur.

equipado com um lança-chamas e 400 galões de combustível, capaz de devastar *bunkers* e outras posições defensivas. Havia ainda tanques que carregavam pontes, tanques com escavadeiras, tanques que despejavam um rolo de estacas de madeiras em valas para preenchê-las, tanques com um carretel de lona de 3 metros de largura reforçado com postes de aço carregado na frente e desenrolado no chão, para formar uma passarela para si e para os veículos seguintes não afundarem na areia macia das praias durante o desembarque, entre outros.[57]

Após a conquista de Le Hamel, o Regimento de Hampshire prosseguiu para oeste em direção a Arromanches, onde o porto artificial Mulberry deveria ser instalado. Enquanto isso, o Comando nº 47 dos Reais Fuzileiros Navais, apesar de ter perdido três barcaças de desembarque devido a minas, seguiu ainda mais para oeste com a missão de capturar Port-en-Bessin. Este último e Arromanches foram capturados no cair da noite.[58] Os Green Howards avançaram rapidamente para Mont Fleury, onde receberam a rendição dos defensores alemães, abalados pelo intenso bombardeio naval. Em Crépon, contudo, enfrentaram uma forte posição alemã equipada com um canhão de campanha e metralhadoras MG 42, enquanto no centro continuaram avançando pela serra até Bazenville, onde travaram uma batalha feroz contra o Kampfgruppe da 352ª Divisão, liderado pelo tenente-coronel Meyer, que acabou sendo morto junto com a maior parte de sua tropa. Logo à direita, o 56º Grupo de Brigadas, com o 2º Batalhão do Regimento de Essex e os Rangers de Sherwood na linha de frente, tinha como objetivo tomar Bayeux, o que ocorreu no dia seguinte.[59] De acordo com o historiador militar Richard Holmes, as baixas foram de aproximadamente 400 homens.[60]

JUNO

A praia de Juno seria tomada pela 3ª Divisão canadense, comandada pelo major-general R. F. L. Keller, acompanhados do 6º e do 10º Regimentos Blindados. O ataque seria complicado pelo fato de que a costa era protegida por rochas expostas durante a maré baixa, exceto na boca do rio Seulles e no pequeno porto de Courseulles, onde os alemães tinham defesas mais robustas. A 7ª Brigada canadense deveria invadir Juno pela direita para tomar Courseulles, enquanto a 8ª Brigada invadiria pela esquerda em Bernières e Saint-Aubin-sur-Mer. As forças alemãs, muito espalhadas, eram formadas por aproximadamente 400 homens da 716ª Divisão, que não seriam páreo para os cerca de 2.400 homens e 76 tanques da primeira onda.[61]

Isso não significa que as baixas foram poucas. A 7ª Brigada canadense desembarcou nos dois lados do rio Seulles, em Courseulles. Os Fuzileiros Reais de Winnipeg realizaram a limpeza da margem esquerda e, em seguida, juntamente com o Regimento Escocês canadense, avançaram em direção a Vaux e Graye-sur-Mer. No entanto, a parte principal da cidade, na margem leste, se mostrou uma tarefa muito mais difícil para o Regimento dos Fuzileiros Regina, que sofrera pesadas baixas durante o desembarque. Courseulles estava dividida em vários blocos, cada um designado para ser atacado por companhias específicas. Mesmo com o apoio dos poucos Shermans anfíbios restantes, eles lutaram até a tarde para limpar completamente a cidade, pois, após serem expulsos de algumas casas fortificadas, os defensores alemães retornavam através de túneis e atacavam os canadenses por trás.[62]

A 8ª Brigada, por sua vez, desembarcou em Saint-Aubin-sur-Mer e enfrentou uma tenaz resistência, especialmente contra um *bunker* de concreto armado com metralhadoras, um canhão anticarro e morteiros de 81 mm. Só a chegada de um tanque AVRE (sigla em inglês para "Armoured Vehicle Royal Engineers"), um dos Hobart's Funnies, disparando seus petardos nos *bunkers* inimigos, deu fim à resistência. Em Bernières, os Fuzileiros Reais expulsaram os alemães logo cedo, e às 9h abriu-se um bar para os soldados comemorarem, a despeito dos avisos dos oficiais de que eles não deveriam aceitar comidas e bebidas dos franceses sob o risco de envenenamento. Os combatentes pouco se importaram com tal advertência; além do mais, a Resistência Francesa havia dito aos Aliados que, na verdade, os normandos esperavam ansiosamente pela libertação.[63]

Integrantes do regimento de infantaria canadense Royal Winnipeg Rifles em barcaças de desembarque rumo à praia de Juno.

A 9ª Brigada conseguiu, por fim, tomar o aeródromo de Carpiquet. A Luftwaffe falhou em destruir as instalações para impedir que os Aliados pudessem usufruir delas. Nas semanas seguintes, os alemães tentaram retomar Carpiquet várias vezes e, apenas pouco mais de um mês depois, a base ficou definitivamente em mãos aliadas.[64] No primeiro dia de invasão da praia de Juno, os canadenses tiveram um número próximo de mil baixas.[65]

SWORD

Na praia de Sword, desembarcou a 3ª Divisão britânica, composta do 1º Regimento do Sul de Lancashire e o 2º Regimento do Leste de Yorkshire, além dos tanques do 13º e do 18º Regimento de Hussardos e da Yeomanry de Staffordshire. Destes últimos, apenas 6 dos 40 blindados afundaram e, quando o 1º Regimento chegou à praia, os primeiros tanques DD já estavam atirando nas fortificações. Os tanques Caranguejo do 22º Regimento de Dragões limparam caminhos minados e conseguiram abrir passagens para fora das praias mais rapidamente que em outros setores. Já o 2º Batalhão do Leste de Yorkshire foi para o interior, virando à esquerda na direção do rio Orne para atacar Sole e Daimler.[66]

Embora a ocupação da praia de Sword tenha sido relativamente rápida, o avanço para o interior foi muito lento. Muitos soldados britânicos, cansados do combate e de se arrastar pelas ondas, decidiram parar para fumar e, em uma atitude deveras inglesa, tomar chá. "Tanto os canadenses quanto os americanos ficaram perplexos com a aparente incapacidade do Exército britânico de terminar uma tarefa sem uma pausa para o chá".[67]

Montgomery planejava capturar rapidamente Caen e as áreas adjacentes para permitir a construção de campos de pouso. No entanto, a resistência alemã, com metralhadoras e canhões anticarro bem posicionados, foi mais difícil de superar do que o esperado. A 21ª Divisão Panzer já estava presente na área de Caen, algo que a inteligência aliada não detectara. Houve ainda uma contradição dramática: Montgomery queria capturar Caen nas primeiras 24 horas, mas também ordenou

A 1ª Brigada de Serviço Especial do 2º Exército britânico desembarca em Sword no setor Queen Red em La Brèche d'Hermanville. Podemos ver Bill Millin com sua gaita de fole.

um ataque aéreo massivo que destruiu a cidade, dificultando o avanço dos atacantes e favorecendo os defensores. O ataque causou poucas baixas alemãs, mas causou grande sofrimento à população local.[68] Apesar da tomada da praia, o principal objetivo, que era Caen, revelou-se ambicioso demais para o primeiro dia. No total, as forças britânicas em Sword tiveram aproximadamente 630 baixas.[69]

SALDO FINAL

Apesar de uma série de contratempos, a Operação Overlord foi muito mais bem-sucedida do que os Aliados haviam imaginado. A eficiência da Operação Fortitude e os números insanos de soldados, blindados, aviões e embarcações sobrecarregou as forças defensivas alemãs de tal forma que não era sequer possível para a Wehrmacht matar tantas pessoas em um intervalo tão curto de tempo.

O número de mortos aliados, fora feridos e desaparecidos, foi de aproximadamente 3 mil, o que seria considerado um custo baixíssimo ao se levar em consideração a importância da Operação Overlord para os Aliados.[70] Em termos de comparação, o historiador Norman Davies calcula que aproximadamente 2.500 pessoas morreram apenas no primeiro dia do Levante de Varsóvia de 1944, sendo 80% delas integrantes do *Armia Krajowa*, o "Exército da Pátria", o principal movimento de resistência polonesa contra a ocupação alemã da Polônia.[71] Se compararmos a escala e a importância de cada evento no longo prazo, podemos dizer que as mortes aliadas no Dia D foram modestas, ainda que profundamente sentidas pelos camaradas, parentes e amigos daqueles que não sobreviveram.

Os blindados alemães se mostraram um problema muito menor do que se esperava. Na noite da invasão, Hitler havia tomado remédios fortes para dormir e proibira seus subordinados de o acordar. Quando a invasão pelas praias começou, o marechal de campo Gerd von Rundstedt ordenou que a 12ª Divisão Panzer e a Panzer Lehr fossem imediatamente para Caen, mas elas estavam nas reservas do Alto-Comando da Wehrmacht (Oberkommando der Wehrmacht, ou OKW). Pensando rápido, Rundstedt primeiro deu a ordem às divisões Panzer, depois pediu a aprovação do OKW, que foi recusada. O chefe do OKW, Alfred Jodl, informou ao marechal de campo que apenas Hitler podia dar essa ordem, e ele ainda estava dormindo. Continuaria adormecido até meio-dia, para desespero dos seus subordinados, e mesmo depois de acordado, a confusão causada pela Operação Fortitude fez com que o ditador ficasse em dúvida sobre se o desembarque na Normandia era ou não uma ação diversionária. Quando ele autorizou a atuação das divisões, já era cerca de 16h, e as nuvens no céu já tinham dado uma trégua, o que permitiu que os caças-bombardeiros dos Aliados destroçassem boa parte dos blindados alemães enviados como reforços.[72]

Pelo mar, os alemães em terra não receberam ajuda. Apesar de ter autorizado algumas divisões Panzer para reforçar as defesas da Normandia, Hitler tendia a acreditar que a invasão principal viria por outro local, portanto não empenhava todas as suas forças naquele combate. A Kriegsmarine, a Marinha alemã, recebeu ordens de não enviar unidades para a costa de Calvados, para que elas ficassem de prontidão para ataques surpresa em outros locais. A mensagem com tais ordens foi decifrada pelos serviços britânicos na mesma noite, oferecendo a segurança para os comandantes aliados de que, ao menos nos primeiros dias, os alemães não enviariam suas forças navais.[73]

Contudo, nas semanas que se seguiram, os blindados alemães deram trabalho, uma vez que eram, em geral, superiores aos dos Aliados. Mesmo tendo mais blindados à disposição, os Aliados não obtinham vantagem significativa, pois seus projéteis ricocheteavam nos Panther e Tiger alemães, enquanto os tiros destes destruíam os Shermans, Churchills e Cromwells com certa facilidade.[74]

Os Aliados levaram cerca de 20 dias para conquistar Cherbourg, que, desde o começo da operação, era um dos objetivos mais importantes. A conquista de Caen levaria dois meses.

As perdas francesas foram enormes. Na véspera da invasão, a cidade de Saint-Lô esperava que os bombardeios aliados fossem precisos, mas às 20h do dia 6 de junho toda a cidade foi bombardeada e destruída sistematicamente, com o objetivo de bloquear os principais cruzamentos e estradas para atrasar os reforços que os alemães decidissem enviar para conter a invasão. Os avisos por rádio e panfletos alertando os civis ou não foram recebidos, ou não foram levados a sério.

> "As janelas e portas voavam pelos cômodos", recordou um cidadão, "o relógio do avô caiu de frente, as mesas e cadeiras dançavam balé." As famílias aterrorizadas fugiram para o porão e algumas foram enterradas vivas. Os velhos soldados da Primeira Guerra Mundial se recusaram a se abrigar debaixo da terra. Tinham visto muitíssimos camaradas sufocarem sob a terra das trincheiras bombardeadas. O ar ficou irrespirável com o pó da alvenaria estilhaçada. Durante essa "noite do grande pesadelo", os moradores viram as torres duplas da pequena catedral recortadas contra as chamas. Alguns caíram em lágrimas ao ver a cidade em ruínas.[75]

No total, cerca de 300 civis morreram. Os que haviam fugido para o campo escapando dos bombardeios voltaram para uma cidade em ruínas e tomada pelo cheiro dos cadáveres.[76]

A destruição não se resumiu a Saint-Lô.

> Assim como Saint-Lô, Caen e Falaise, Lisieux, a leste, sofreu dois grandes bombardeios. "A cidade está em chamas e parece completamente abandonada", afirmou um relatório enviado a Paris, que também exigia que o Comissário de Polícia fosse punido por fugir do posto durante a noite, enquanto a cidade ardia. Tantos bombeiros foram mortos e tanto equipamento se perdeu no primeiro ataque que foi impossível combater as chamas quando mais bombeiros retornaram. Ao sul, tanto Argentan quanto Ecouché foram descritas como "quase destruídas". Em Argentan, "todos os *gendarmes* [foram] mortos ou feridos". O bombardeio provocou um pânico terrível e a destruição generalizada dos lares. No total, cerca de 100 mil moradores de Calvados se tornariam refugiados.[77]

Em Caen, como dito anteriormente, o bombardeio empreendido com o intuito de retardar o avanço de reforços iniciado às 13h45 destruiu a cidade. Os panfletos lançados pela manhã avisando sobre o ataque fizeram pouco efeito, e apenas algumas poucas centenas de cidadãos fugiram antes do bombardeio. Os civis, logicamente, se ressentiram.

> "Com frenesi bestial", escreveu um deles, "as bombas evisceraram a cidade sem pena". Outro descreveu o bombardeio como "tanto inútil quanto criminoso". Nunca houvera mais de trezentos alemães na cidade, escreveu, e mesmo que o propósito fosse desorganizar os transportes, os bombardeiros não conseguiram acertar nenhuma ponte.[78]

A população de Caen, que antes da invasão era de 60 mil habitantes, reduziu-se a 17 mil.[79]

Mas não foi apenas a destruição das cidades nos arredores do canal de Calvados que indignou os civis, ainda que muitos estivessem felizes pela libertação que se seguiria.

> Os soldados dos Aliados chocaram a população com seu desprezo pela propriedade civil; uma unidade de Assuntos Civis notou em Ouistreham: "Saques por soldados foram bastante comuns. Prestígio britânico caiu aqui hoje." [...] uma francesa descreveu o roubo à sua casa em Colombières por canadenses: "Foi um assalto a toda a aldeia. Com carrinhos de mão e caminhões, os soldados roubaram, pilharam, saquearam tudo [...]. Houve disputas sobre quem ficaria com o quê. Surripiaram roupas, botas, provisões, até dinheiro de nosso cofre. Meu pai não pôde impedi-los. Os móveis desapareceram; roubaram até minha máquina de costura." Os saques foram uma prática universal e quase impune entre os exércitos de Eisenhower durante toda a campanha.[80]

As estimativas de baixas entre civis causadas por Aliados oscilam: algo entre 11 e 19 mil normandos morreram apenas nos bombardeios, enquanto outros cerca de oitocentos morreram apenas nos dois primeiros dias da invasão.[81]

Como veremos, o Dia D acabaria sendo mitificado a ponto de ser tratado como o evento que salvou a Europa, a democracia e mesmo o mundo inteiro, dependendo de quem escreve ou discursa sobre ele. Porém, essa leitura é bastante controversa quando se compara a Operação Overlord com os esforços empreendidos pelo Exército Vermelho durante anos para derrotar a Alemanha nazista. Em menos de um mês após a Operação Overlord, os soviéticos desencadearam a Operação Bagration, iniciada em 22 de junho para coincidir com o aniversário da Operação Barbarossa. Em cerca de dois meses, o Grupo de Exércitos Centro da Alemanha sofreu perdas irreparáveis.

Além do fato de os soviéticos terem derrotado as três maiores ofensivas alemãs da guerra, incluindo a Operação Barbarossa, o coronel estadunidense David M. Glantz, pesquisador do conflito entre soviéticos e alemães na Segunda Guerra Mundial, afirma que aproximadamente 80% de todos os soldados alemães mortos, desaparecidos ou tornados inválidos durante a Segunda Guerra Mundial foram baixas de enfrentamentos contra o Exército Vermelho – dado que corrobora a opinião de historiadores que defendem ter sido o papel da União Soviética o mais relevante na derrota alemã.[82]

Para além dessa questão, há também um debate em torno da demora na abertura do segundo *front*. As questões logísticas, o receio de uma repetição do desastre de Dieppe, a falta de barcaças de desembarque e a insistência de Churchill em focar no Mediterrâneo já foram devidamente apresentadas aqui. Mas por que Churchill insistiu tanto em mudar os rumos dos alvos aliados?

Para o historiador Sidney J. Munhoz, o esforço de Churchill em protelar a Operação Overlord, mesmo diante do risco de os soviéticos passarem a dominar grande parte da Europa, se justifica por um possível cálculo de que era mais urgente garantir as possessões do Império Britânico. Isso explicaria por que o primeiro-ministro insistiu tanto em uma campanha no norte da África e, depois, na libertação da Itália, além de ter aventado a invasão dos Bálcãs: para os interesses imperiais britânicos era imperativo um Mediterrâneo livre de ameaças e um canal de Suez controlado firmemente pelos britânicos.[83]

Alguns debates em torno da importância do Dia D jamais resultarão em consenso. Essa impossibilidade é ainda mais evidente quando expandimos nossa análise para além de junho de 1944, e é o que este livro busca fazer. No decorrer dos próximos capítulos, o leitor será levado por uma viagem de décadas de percepções, comemorações, produtos culturais, apropriações políticas, memórias prostéticas e todo tipo de elemento que fez com que o Dia D se tornasse um mito. Afinal de contas, como a Operação Overlord foi transformada na "batalha que salvou o mundo"?

Soldados feridos após
desembarque em Omaha.

PARTE 2
O EXCEPCIONALISMO MILITAR ESTADUNIDENSE

OS MESSIAS DA CIDADE SOBRE A COLINA

"Nosso governo não faz sentido a menos que esteja fundamentado em uma fé religiosa profundamente sentida – e eu não me importo qual seja [...]."

Dwight Eisenhower[1]

Em 21 de março de 1630, o advogado puritano John Winthrop se preparava para uma empreitada naquele tempo bastante ousada: viajar para o Novo Mundo com o objetivo de fundar uma comunidade. Os futuros colonos, presentes na igreja de Holyrood, em Southampton, Inglaterra, teriam ouvido atentamente o sermão proferido por Winthrop, intitulado "Um modelo de caridade cristã". Nele, o advogado evocava a proteção do "Deus de Israel" e, sobre o projeto que acalentavam, declarava: "devemos considerar que seremos como uma cidade sobre uma colina, os olhos de todas as pessoas estão sobre nós".[2] Winthrop e seus seguidores acabariam criando uma colônia na baía de Massachusetts, cujo território abrangeria áreas dos atuais estados de Massachusetts, Maine, New Hampshire e Connecticut, nos Estados Unidos da América.

Em 9 de janeiro de 1961, o presidente eleito que viria a assumir o cargo 11 dias depois, John F. Kennedy, discursava para a Corte Geral de Massachusetts quando afirmou:

> Fui guiado pelo padrão que John Winthrop estabeleceu diante de seus companheiros no navio capitânia Arabella 331 anos atrás, quando eles também enfrentaram a tarefa de construir um novo governo em uma fronteira perigosa. "Devemos sempre considerar", disse ele, "que seremos como uma cidade sobre uma colina – os olhos de todas as pessoas estão sobre nós". Hoje, os olhos de todas as pessoas estão verdadeiramente voltados para nós – e nossos governos, em todos os ramos, em todos os níveis, nacional, estadual e local, devem ser como uma cidade sobre uma colina, construída e habitada por homens conscientes de seu dever e de suas grandes responsabilidades.[3]

Em 3 de novembro de 1980, na véspera da eleição que o faria presidente dos Estados Unidos, Ronald Reagan proferiu o discurso "Uma visão para a América", onde dizia que havia lembrado as palavras de John Winthrop diversas vezes em sua campanha e se justificava: "eu acredito que os americanos em 1980 estão tão comprometidos com aquela visão da cidade brilhante em uma colina como estavam aqueles colonos de anos atrás".[4] Ao final de seu mandato, no discurso de despedida, lá estava novamente "a cidade brilhante sobre a colina", a mesma imagem evocada em discursos de diversas figuras proeminentes da política estadunidense, como Barack Obama, Mitt Romney, Ted Cruz, Mike Pompeo, Amy Klobuchar, entre outros.

A despeito de não existir nenhum registro contemporâneo do sermão proferido no século XVI ou sequer um relato de alguém que o tenha ouvido em Southampton, o fato é que esse texto adquiriu, com o passar do tempo, um verniz de marco zero do excepcionalismo dos Estados Unidos. Isso ocorreu mesmo não sendo Winthrop um estadunidense e sem que o próprio Estado moderno que hoje chamamos de Estados Unidos da América existisse sequer como um plano concreto na cabeça de qualquer indivíduo em 1630.

O que seria esse tal "excepcionalismo estadunidense" e por que essa ideia é relevante para entendermos as representações em torno do Dia D?

Segundo explica o historiador e jornalista Godfrey Hodgson, a ideia de excepcionalismo parte do pressuposto de que os Estados Unidos não são apenas o mais rico e poderoso país do mundo: esse país seria também superior aos demais em termos políticos e morais. Suas contribuições para a evolução da democracia e das leis seriam vastamente superiores às de todas as outras nações do mundo. Por isso, o país teria o dever de expandir seu poder e a influência de suas instituições para o restante do mundo, desde a democracia representativa até o capitalismo, ambos sob a ideologia liberal.[5] Além de uma obrigação moral, essa expansão seria também um destino manifesto. Sua independência em 1776, por exemplo, serviria de inspiração para outras independências pelo continente americano. O sucesso do "destino manifesto" civilizacional dos Estados Unidos no século XIX em seu próprio território seria exemplo de como a própria história endossaria esse excepcionalismo.

Por sua vez, a cientista política e internacionalista Hilde E. Restad afirma que o excepcionalismo estadunidense é parte intrínseca de uma identidade nacional. Ele seria formado por três ideias: em primeiro lugar, a crença de que os Estados Unidos são distintos do Velho Mundo, e que são inerentemente superiores; em segundo, que o país tem um papel único e especial na história do mundo, o que justifica a certeza moral que está na base de suas intervenções ao redor do globo; em terceiro, que os Estados Unidos são resistentes às "leis da história", como a de que todo grande poder acaba tendo uma trajetória de ascensão e queda. Os Estados Unidos são imunes a essa inevitável queda que afeta as demais entidades estatais com influência global – a única nação na história capaz de tal feito.[6] Assim, esse excepcionalismo tem tanto um caráter exemplar quanto missionário; exemplar no sentido de que os Estados Unidos seriam um exemplo a ser seguido, um experimento nacional único e especial; missionário no sentido de que o país entende ser parte de sua sina histórica espalhar a palavra de sua excepcionalidade pelo mundo.[7]

Voltando a Godfrey Hodgson:

> No início do século XIX, os Estados Unidos se expandiram para o que os americanos contemporâneos viam como um vácuo deixado pela conquista dos nativos americanos e mexicanos. Eles viam sua sociedade como um experimento ousado de governo democrático e também como um campo de igualdade de oportunidades sem precedentes, pelo menos para a maioria

dos homens brancos. Depois de enfrentar e resolver na Guerra Civil o dilema apresentado pela escravidão e as forças poderosas que defendiam o sistema escravista, os Estados Unidos rapidamente se tornaram um modelo de desenvolvimento capitalista, a princípio quase desregulado. No final do século XIX, os Estados Unidos haviam se tornado a nação mais produtiva do mundo e potencialmente a mais poderosa. Líderes americanos como Theodore Roosevelt e Woodrow Wilson estavam conscientes desse fato. Eles conseguiram persuadir muitos de seus concidadãos a compartilhar sua convicção de que era hora de o país fazer seus desejos serem sentidos no mundo.[8]

No decorrer do século XX, os Estados Unidos adquiriram uma superioridade econômica e militar incontestável sobre as demais potências mundiais, passando a exercer uma influência política, econômica e cultural sem precedentes sobre o planeta. Nesse meio tempo, ainda que isso não fosse uma crença generalizada e incontestada no país, muitos estadunidenses passaram a ver sua nação como responsável pela redenção de um mundo pecador.[9] Durante toda a Guerra Fria, havia a certeza de que a missão de "expurgar o mundo do comunismo" era justa. Quando o bloco socialista no Leste Europeu se dissolve, o triunfalismo pós-Guerra Fria faz com que essa crença se solidifique ainda mais no imaginário estadunidense. O excepcionalismo estadunidense agora era uma certeza, a prova definitiva de que o país era "a cidade sobre a colina" supostamente profetizada por John Winthrop há quase quatro séculos. Assim, de Samuel Huntington a Francis Fukuyama, um considerável nicho da intelectualidade acadêmica se destacou por defender esse excepcionalismo, às vezes de maneira mais velada, às vezes explicitamente.

Quando o país foi atacado nos atentados de 11 de setembro de 2001, a noção de cidade sobre a colina poderia ter erodido. No entanto, quando George W. Bush decidiu revidar, na autoproclamada "Guerra ao Terror", com o objetivo expresso de empreender uma "nova Cruzada" contra o terrorismo, especialmente com raízes no Oriente Médio, o país transformou o abalo da vulnerabilidade diante dos atentados em um reforço moral do seu excepcionalismo. Isso demonstra o quão facilmente as autoridades estadunidenses conseguem encontrar meios de reforçar essa ideia, independentemente dos rumos da geopolítica em diferentes momentos históricos.

Não há nada fora do comum nessa crença. A maioria esmagadora das nações propagandeiam suas qualidades únicas, afirmando o quanto são especiais e distintas. Isso é um componente de qualquer nacionalismo politicamente organizado ou discursivamente sintetizado. Mas o excepcionalismo estadunidense não se relaciona apenas à economia ou à política, está intrinsecamente ligado à religião e ao militarismo, onde entram em cena os conceitos de "religião civil" e de "soldado-messias".

"RELIGIÃO CIVIL" E OS "SOLDADOS-MESSIAS"

Para entender a futura mitificação do Dia D é preciso compreender dois conceitos em particular: o conceito de "religião civil", do sociólogo estadunidense Robert N. Bellah, e o de "soldado-messias", do professor do Departamento de Religião da Universidade de Illinois e ex-combatente Jonathan H. Ebel, sendo este último conceito um desdobramento direto do primeiro e ambos conectados diretamente com a crença estadunidense de sua excepcionalidade.

O conceito de religião civil não é novo, embora não seja comparável ao que se entende por religião cívica na Antiguidade, como no caso grego, em que as cidades tinham seus próprios deuses, aos quais pediam auspícios. Seus primórdios, ao menos da forma como entendemos hoje, podem ser encontrados em Rousseau, que escreve no capítulo 8 do quarto livro d'*O contrato social*:

> Há, pois, uma profissão de fé meramente civil, cujos artigos o soberano deve fixar, não exatamente como dogmas de religião, mas como sentimentos de sociabilidade, sem os quais é impossível ser bom cidadão ou súdito fiel. Sem poder obrigar ninguém a acreditar neles, pode banir do Estado quem quer que não creia neles; pode bani-los, não como ímpios, mas como insociáveis, como incapazes de amar sinceramente as leis, a justiça, e de imolar, em caso de necessidade, sua vida ao dever.[10]

A forma como Rousseau trata a ideia de religião civil não possui um caráter de exclusivismo impositivo em relação a outras formas de culto religioso ou cívico. Ao invés disso, a religião civil seria apenas "o testemunho simbólico de sua adesão ao contrato social".[11]

No entanto, lidamos aqui neste livro com o conceito que deriva de formulações mais recentes, mais precisamente do conhecido artigo "Civil Religion in America", do sociólogo Robert N. Bellah. Neste artigo, publicado originalmente na revista *Dædalus, Journal of the American Academy of Arts and Sciences* em 1967, mas disponível em um site dedicado ao autor, Bellah argumenta que, nos Estados Unidos, a separação entre Igreja e Estado não excluiu certa dimensão religiosa ao universo político. A despeito de as crenças religiosas serem consideradas assuntos privados, há certos elementos de orientação religiosa em comum que norteiam a maioria dos estadunidenses. Tais elementos teriam um papel crucial no desenvolvimento das instituições no país e continuariam dando uma dimensão religiosa para os mais diversos aspectos da vida nos Estados Unidos, incluindo aí a esfera política. A dimensão religiosa pública, definida em um conjunto de crenças, símbolos e rituais, é que o Robert N. Bellah chama de "religião civil americana".[12]

Alguns dos elementos da história dos Estados Unidos que são vistos como pedras angulares não apenas de sua fundação, mas da forma como a nação enxerga a si mesma, seriam a Constituição, a Declaração de Independência e a Declaração dos Direitos dos Estados Unidos. De acordo com o sociólogo Anthony Squiers, elas são elementos integrantes do que chama de "políticas do sagrado", ou seja, "a tentativa de definir e ditar o que está de acordo com o religioso sagrado civil e o que não está [...] o que pode e o que não pode ser e o que deveria ou não deveria ser tolerado e aceito na comunidade, baseado na sua relação com aquilo que é sagrado para aquela comunidade".[13]

Um vislumbre do papel da religião civil pode ser encontrado na resposta que o sociólogo Bellah formulou ao ser acusado por críticos de apoiar uma forma de autoidolatria nacional estadunidense. Bellah afirmou que concebia a tradição de uma religião civil nacional

> não como uma forma de autoidolatria nacional, mas como a subordinação da nação a princípios éticos que a transcendem em termos nos quais deve ser julgada. Estou convencido de que toda nação e todo povo chegam a alguma forma de autoentendimento religioso, quer os críticos gostem ou não. Em vez de simplesmente denunciar o que parece inevitável, é mais responsável buscar dentro da tradição religiosa civil os princípios críticos que minam o perigo sempre presente da autoidolatria nacional.[14]

Bellah busca, portanto, a compreensão das práticas de autoidolatria civis com trânsito entre o laico e o religioso.

> O que temos, então, desde os primeiros anos da república, é uma coleção de crenças, símbolos e rituais relacionada a coisas sagradas e institucionalizadas em uma coletividade. Essa religião – não parece haver outra palavra para ela –, embora não seja antitética e, de fato, compartilhe muito em comum com o cristianismo, não era nem sectária, nem especificamente cristã. Em vez disso, a religião civil expressou o que aqueles que criaram seus precedentes consideravam apropriado sob as circunstâncias. Ela refletia suas visões privadas e públicas. A religião civil também não era simplesmente "religião em geral". Enquanto a generalidade foi indubitavelmente vista como uma virtude por alguns [...], a religião civil era suficientemente específica quando se tratava do tópico da América. Precisamente por causa dessa especificidade, a religião civil foi salva do formalismo vazio e serviu como um genuíno veículo de autoentendimento religioso nacional.[15]

Uma das razões do sucesso da religião civil é sua natureza ampla e elástica. Seu hibridismo, entre religião tradicional e nacionalismo, dá a ela uma flexibilidade ideológica que se assenta em situações diversas, do passado ou do presente.

E, embora os principais elementos que materializam as mentalidades em torno da religião civil estejam diretamente relacionados ao processo de independência dos Estados Unidos, presente em textos de autores estadunidenses sobre a "Revolução Americana" (e Bellah não é uma exceção), é no tema da "Guerra de Secessão", ou "Guerra Civil Americana", que a religião civil ganha novos patamares.

> Até a Guerra Civil, a religião civil americana concentrava-se acima de tudo no evento da Revolução, que era visto como o ato final do êxodo das antigas terras através das águas. A Declaração da Independência e a Constituição eram as escrituras sagradas e Washington, o Moisés divinamente nomeado, que tirou seu povo das mãos da tirania. A Guerra Civil [...] foi o segundo grande evento que envolveu o autoentendimento nacional tão profundamente que exigiu expressão na religião civil.[16]

A Guerra de Secessão deu à religião civil novos tópicos de morte, sacrifício e ressurreição, definidos inicialmente, em tons quase messiânicos, com a morte do presidente Abraham Lincoln. Nesse momento surge um novo texto – ao qual Bellah se refere como uma espécie de "novo testamento" – na forma do discurso de Lincoln em Gettysburg, palco de uma das mais sangrentas batalhas da guerra em questão. Ocorrida entre os três primeiros dias de julho de 1863, a Batalha de Gettysburg resultou em aproximadamente 50 mil baixas, entre mortos, feridos e desaparecidos. Discursando no local em 19 de novembro de 1863, Lincoln declarou:

> Viemos para dedicar uma parte desse campo como um local de descanso final para aqueles que aqui deram suas vidas, para que essa nação possa viver. É totalmente adequado e apropriado que façamos isso. Mas, em um sentido mais amplo, não podemos dedicar, não podemos consagrar – não podemos santificar – esse terreno. Os homens valentes, vivos e mortos, que lutaram aqui o consagraram muito acima do nosso parco poder de acrescentar ou depreciar. O mundo notará pouco e nem lembrará por muito tempo o que dissemos aqui, mas nunca poderá esquecer o que eles fizeram aqui. [...] resta a nós, os presentes, dedicarmo-nos à importante tarefa que temos pela frente – que estes mortos veneráveis nos inspirem a um maior apego à causa pela qual ofereceram o derradeiro e mais elevado ato de devoção – que todos nós aqui presentes solenemente admitamos que esses homens não morreram em vão, que esta Nação, com a graça de Deus, renasça na liberdade e que o governo do povo, pelo povo e para o povo jamais desapareça da face da Terra.[17]

A Guerra de Secessão foi a guerra mais brutal na qual os Estados Unidos se envolveram; seu número de mortos varia dependendo das estatísticas e metodologias utilizadas. Em estimativas mais modestas, o número de mortos é quase tão grande quanto a soma de todos os mortos de todas as outras guerras nas quais o país se envolveu *combinadas*.[18] Suas consequências são fortemente sentidas até hoje, e é compreensível que um evento traumático dessa magnitude tenha deixado marcas nas próprias noções de nacionalidade e pertencimento, sejam elas ligadas ao país ou à região. Nesse momento, na religião civil estadunidense, se solidifica a ideia de que a morte pela nação – ou por ideais, laicos ou não, que a representam – é um componente de consagração. Se ela não era exatamente nova – uma vez que o mesmo discurso permeava as guerras revolucionárias francesas e estava diretamente ligado aos mitos fundadores dos Estados Unidos –, a Guerra de Secessão a consolida.

A consolidação ocorre no século XIX. No XX, ela ganha um caráter sagrado. Diante das duas maiores guerras da história da humanidade, os Estados Unidos enviam seus soldados-cidadãos para combater nos campos da Europa sob discursos de luta pela liberdade, reforçados pela indústria do entretenimento através de filmes, músicas, livros de ficção, quadrinhos, entre outras produções. Cemitérios são erigidos em homenagem aos soldados caídos, com planejamentos arquitetônicos e visuais específicos para fomentar sentimentos de piedade, admiração e até mesmo contrição naqueles que visitam seus entes caídos, ou mesmo para aqueles que não procuram homenagear alguém em especial, mas, de alguma maneira, identificam no sacrifício dos soldados um vínculo de pertencimento a algo maior do que si mesmos, seja a nação em si ou os valores que o senso comum identifica como verdadeiramente nacionais.

De acordo com o historiador estadunidense Raymond Haberski Jr., a Segunda Guerra Mundial foi responsável por "refazer o senso de moralidade nacional americano", ou seja, reorganizou a leitura do senso comum a respeito de quais valores seriam de fato representativos da nação e quais valores e comportamentos trairiam esses princípios.[19] É a partir da Segunda Guerra Mundial, por exemplo, que a ideia de um isolacionismo pragmático antibelicista perde prestígio na sociedade estadunidense em prol de uma mentalidade mais belicista, justificada pela defesa de valores como a liberdade, a propriedade privada, a democracia, entre outros. E nesse contexto, após um conflito de tamanhas proporções, em que a nação se acreditava moralmente superior, foi que o presidente Harry Truman e os líderes militares viram ser necessário mobilizar os estadunidenses e coordenar um esforço nacional de grande porte para defender o país no contexto da Guerra Fria e, se possível, evitar um conflito armado derivado dela.[20] Nesse momento, a religião civil é instrumental na criação de uma espécie de idolatria da imagem de soldados como homens de prontidão para defender a nação.

Dando seguimento aos estudos de Bellah, Jonathan Ebel faz um recorte mais específico do conceito de religião civil aplicado à guerra. Em *G.I. Messiahs: soldiering, war and American civil religion* ("Soldados Messias: ser soldado, guerra e religião civil americana", em tradução livre), Ebel usa o termo "soldados-messias" (*G.I. Messiahs*)[21] para se referir à forma arquetípica como a população estadunidense é levada a ver seus combatentes: soldados salvadores. Para Ebel, a religião civil estadunidense é extremamente ligada à ideia dos soldados que se sacrificam pelo seu país, ou ao menos se dispõem a tal, ao se alistarem e efetivamente irem para o campo de batalha, e passa a haver um esforço contínuo de encorajamento dessa visão entre a população comum, apartada dos negócios militares. O soldado-messias defende a nação como entidade geopolítica ao derrotar seus inimigos globais, supostamente impedindo que estes cheguem ao território dos Estados Unidos, evocando a ideia amplamente circulante no léxico do cidadão estadunidense comum de que "a liberdade não vem de graça".[22]

E essa máxima dá a Washington a legitimidade necessária diante da opinião pública para empreender guerras e manter seu sistema imperial. Para Raoul Girardet:

> Todo poder pode, em última análise, aparecer como legítimo quando, para a grande massa da opinião e no segredo dos espíritos e dos corações, a manutenção das instituições estabelecidas é reconhecida como uma evidência factual, escapando a toda contestação, ao abrigo de todo questionamento.[23]

O soldado que se sacrifica é um mártir, e narrativas de martírio são muito valorizadas culturalmente no Ocidente. No mundo cristão, a ideia do guerreiro mártir dialoga diretamente com a do martírio das figuras sagradas, como Inácio de Antioquia, São Sebastião, São Bartolomeu e o próprio Jesus Cristo, possivelmente o mártir mais conhecido da história. Para o historiador israelense Yuval Harari:

> Essas várias narrativas e imagens, e sobretudo a imagem de Cristo na Cruz, eram os objetos mais importantes de devoção religiosa e meditação. O final da Idade Média testemunhou uma crescente devoção ao sofrimento corporal de Cristo, uma tendência que foi formulada pelo catolicismo moderno nos cultos do Sagrado Coração, das Cinco Chagas e da Via Sacra, e popularizada através das encenações da Paixão e das imagens da Pietá.[24]

Segundo o historiador britânico Keith Lowe em seu livro *Prisoners of History: what monuments tell us about our history and ourselves* ("Prisioneiros da História: o que monumentos nos contam sobre nossa história e nós mesmos"), os estadunidenses "às vezes parecem considerar seus heróis de guerra como se não fossem humanos, mas figuras lendárias ou mesmo santos".[25] O autor, que profere palestras sobre a Segunda Guerra Mundial em diferentes países, nota que, quando elas ocorrem na Europa, os estudantes acham engraçadas certas crenças da população estadunidense.

> Os europeus muitas vezes zombam da visão insular dos Estados Unidos sobre o mundo, mas eles mesmos são muitas vezes igualmente ignorantes sobre os Estados Unidos. Eles não querem ser desrespeitosos; eles simplesmente não conseguem acreditar que alguém está falando sério quando falam sobre seus veteranos de guerra daquela maneira. Mas os americanos levam isso muito a sério. Na consciência americana, o papel que seus soldados desempenharam durante a Segunda Guerra Mundial passou a representar tudo o que há de melhor em seu país.[26]

Os monumentos na Europa e nos Estados Unidos são também diferentes; enquanto os europeus são mais melancólicos, os estadunidenses são mais heroicos e idealistas. Para Keith Lowe, isso acontece porque os estadunidenses não compreendem a perspectiva europeia, já que seu país não sofreu nem de longe os enormes danos que grande parte da Europa sofreu durante a guerra, tendo apenas noções muito básicas a esse respeito a partir de fotos e vídeos. Já os europeus têm dificuldade de entender que os sentimentos que pautam as narrativas dos estadunidenses vêm não de um senso de história, mas de identidade; nos Estados Unidos, a guerra era uma tela onde os cidadãos projetavam seus ideais e emoções.[27] Um contexto perfeito para a sacralização dos soldados.

Para compreender de maneira mais efetiva os antecedentes históricos do "soldado-messias", é preciso observar o processo histórico da criação e do desenvolvimento do modelo de exército contemporâneo e da consequente sacralização do sacrifício do soldado em mais de dois séculos de mudanças substanciais na forma como a sociedade civil enxerga os combatentes.

AS ORIGENS DA SACRALIZAÇÃO

Iniciado nos tempos da Revolução Francesa, o modelo de exército contemporâneo detentor de valores nacionais desenvolveu-se com mais força no século XIX com a explosão dos nacionalismos – especialmente na Europa – e ganhou ainda mais força na Primeira Guerra Mundial. Para o historiador estadunidense George L. Mosse, autor de *Fallen soldiers: reshaping the memory of the World Wars* ("Soldados caídos: remodelando a memória das guerras mundiais"), é nesse momento que surge o que chama de "mito da experiência de guerra".

> A realidade da experiência de guerra foi transformada no que poderia ser chamado de *mito da experiência de guerra*, que rememorou a guerra como um evento significativo e sagrado. [...] O mito da experiência de guerra foi designado para mascarar a guerra e legitimar sua experiência; foi concebido para deslocar a realidade da guerra. A memória da guerra foi moldada em uma experiência sagrada que proporcionou à nação uma

> nova profundidade de sentimento religioso, colocando à sua disposição santos e mártires sempre presentes, locais de culto e uma herança a imitar. A imagem do soldado caído nos braços de Cristo, tão comum durante e depois da Primeira Guerra Mundial, projetou a crença tradicional no martírio e na ressurreição para a nação como uma religião civil abrangente. O culto do soldado caído se tornou uma peça central na religião do nacionalismo após a guerra, tendo seus maiores impactos políticos em nações como a Alemanha, que perdeu a guerra e foi levada à beira do caos pela transição da guerra para a paz. [Grifo nosso.][28]

Até a Revolução Francesa, a maioria dos exércitos no Ocidente era formada por mercenários e sujeitos que eram pagos para lutar por reis, imperadores, famílias, dinastias; eles eram vistos com desconfiança pela maior parte da população. Não se tratava de "exércitos nacionais", haja vista que a noção moderna de nação é oriunda desse mesmo contexto do fim do século XVIII; desde os exércitos das províncias italianas durante a Era Moderna aos exércitos britânicos lutando para submeter os colonos que viriam formar os Estados Unidos da América à Coroa britânica, os exércitos eram pagos para cumprirem tarefas. O *esprit militaire* sempre fora valorizado no campo das ideias, mas, no campo da materialidade, as deserções eram comuns e a disciplina militar era frequentemente ignorada. Ainda assim, de acordo com George Mosse, não havia grande interesse em empreender esforços para encorajar os soldados a se identificar com as causas das guerras em que lutavam.[29]

Isso mudaria a partir da Revolução Francesa, segundo George Mosse, quando a melhora no *status* social deixou de ser a única razão pela qual indivíduos tornavam-se soldados. As guerras que se seguiram à Revolução não eram mais guerras dinásticas, direcionadas para a manutenção do poder de monarcas e sem conexão com os anseios das classes despossuídas, e o exército formado pelos *sans-culottes* – patriotas revolucionários – seria o exemplo mais emblemático.[30] Os *sans-culottes* defendiam e acreditavam na unidade patriótica do povo, nos ideais de fraternidade da Revolução e seu caráter de hostilidade em relação a ricos e nobres, sendo um movimento democrático baseado na ideia de "povo", imbuídos da noção de igualdade. Sob a bandeira tricolor e o hino "La Marseillaise", esses soldados passaram a ser vistos como heróis e louvados pela República. Tinham um papel muito importante nos festivais da Revolução, eventos necessários para a criação de uma representação da nação.

> Uma proposta feita por uma comissão oficial para redesenhar o cemitério central em Paris em 1792 enfatizava este ponto: todos os caminhos, traçados por túmulos, deveriam levar a uma praça central. Lá, dentro de uma pirâmide, as cinzas dos soldados caídos em serviço da pátria deveriam ser misturadas às cinzas dos grandes homens franceses. O soldado entrou no panteão da nação. Esse foi, de fato, o começo do culto do soldado caído, que se tornou central no mito da experiência de guerra.[31]

A chegada de Napoleão ao poder na França e a ascensão de uma consciência nacional contribuíram ainda mais para transformar o ofício do soldado em uma profissão respeitável. O soldado deixava para trás o estereótipo de mercenário, vagabundo, oportunista e um sujeito não confiável; agora ele era um soldado-cidadão, sendo a maioria desses guerreiros oriunda das classes mais pobres, menos favorecidas. Com essa mudança, criam-se mitos e símbolos "que escondiam a dura realidade da morte e da batalha".[32]

E assim como a Revolução Francesa e o desenvolvimento da ideia moderna de Estado-nação foram determinantes para transformar a imagem pública do soldado e sua valorização como agente social e político, a forma como os próprios soldados entendiam a experiência de guerra também mudou.

Em *The ultimate experience: battlefield revelations and the making of modern war culture* ("A experiência definitiva: revelações do campo de batalha e a criação da cultura moderna de guerra"), do historiador Yuval N. Harari, encontramos a afirmação de que as histórias ocidentais modernas sobre experiências de guerra carregam a ideia de que elas são experiências de revelação, onde o soldado supostamente aprende a verdade sobre si mesmo e sobre o mundo, tendo uma vivência que nenhuma pessoa que não compartilhou da mesma experiência que ele jamais seria capaz de compreender.³³ No entanto, ao analisar um enorme número de memórias de ex-combatentes desde o fim da Idade Média até o ano 2000, Harari concluiu que essas narrativas de revelação diante da guerra e da morte em campo de batalha passaram a existir e se consolidaram entre 1740 e 1865. A aparente inexistência de relatos desse tipo no século XVII não significa que combatentes não tivessem momentos de desilusão ou suposta revelação em campo de batalha. O mais plausível é que esse tipo de foco narrativo não era social e culturalmente relevante para os ex-combatentes a ponto de entrar nas memórias existentes até aquele século.³⁴

Para Harari, é na segunda metade do século XVIII e através do século XIX que os soldados começam a ver a guerra como uma fonte de revelação, por influência do iluminismo, da cultura da sensibilidade e do romantismo, especialmente a ideia romântica do "sublime". "O romantismo destacava as experiências 'sublimes' como fontes privilegiadas de conhecimento e autoridade, e a experiência da guerra encaixava-se perfeitamente na definição romântica do sublime".³⁵

Não por acaso, esse intervalo de tempo selecionado por Harari é o momento histórico em que ocorre na Europa a gradativa consolidação do Estado-nação. A autobiografia militar moderna se desenvolveu originalmente no contexto do Estado centralizador e era majoritariamente escrita por uma elite militar a serviço de uma monarquia, sendo modelada principalmente a partir da influência de figuras como Júlio César em seu relato sobre a conquista da Gália. Já era comum e bastante consolidada entre os soldados da Era Moderna a composição de "relatos de serviços prestados" para seus empregadores e memórias militares escritas por generais, nobres e oficiais militares como histórias de campanhas em que participaram, mas nessas memórias a profundidade da experiência pessoal e o sentimento de revelação estavam ausentes. "As memórias militares foram escritas desacreditando-se que a experiência pessoal da guerra pudesse, por si só, ser digna de registro para uma audiência pública".³⁶

A mudança começa gradativamente no século XVII, impulsionada por eventos como a Guerra dos Trinta Anos (1618-1648) e a Guerra Civil Inglesa (1642-1651), em que a maioria dos textos escritos por nobres e aristocratas divide espaço com alguns escritos de oficiais subalternos e soldados comuns. No século XVIII, esse soldado sem patentes elevadas e títulos de nobreza passa a finalmente ganhar destaque. A Guerra de Independência Estadunidense (1775-1783), as Guerras Revolucionárias Francesas e as Guerras Napoleônicas que se seguiram (1792-1815) deram a essas memórias um ímpeto jamais visto.[37] O desenvolvimento da ideia de nação dá aos sujeitos que as escrevem um senso de pertencimento, identidade e objetivo em comum que alguns conflitos do passado não tinham condições de fornecer, ao menos não com tamanha intensidade.

Harari identifica o ano de 1865 como um momento-chave, por ter sido o ano de publicação de *Guerra e Paz*, de Liev Tolstói – livro que teria consolidado o mito da experiência reveladora da guerra como algo canônico na literatura de guerra ocidental.[38]

Com o fim da Primeira Guerra Mundial, as memórias atingiram novos patamares, uma vez que o número de soldados com educação formal era maior que em guerras anteriores e, dessa forma, mais combatentes estavam aptos para escrever sobre o que passaram. Um enorme número de memórias, diários e coleções de cartas foi publicado após esta guerra, e de acordo com o historiador Philip Dwyer, esses trabalhos tinham um vigor literário que as obras de soldados de guerras anteriores não possuíam.[39]

Para o historiador Michael R. Dolski, a noção de comemoração da guerra no Ocidente surge após a Batalha das Termópilas em 480 a.e.c., enquanto o louvor ao sacrifício surge com a ascensão e a difusão das memórias de guerra. A cultura da Cristandade medieval daria contornos religiosos a ele, e séculos depois, após a Primeira Guerra Mundial, o ideal do soldado heroico que se sacrifica pelo bem comum se consolida. De acordo com Dolski,

> muitos desses projetos [...] encontraram sustentação em um culto contemporâneo do medievalismo, ele próprio descendente do romantismo vitoriano. Assim, tendo experimentado recentemente um século de nacionalismo laico vitoriano, que substituiu o culto a Deus pelo culto ao Estado, e tendo agora convocado o corpo do cidadão a serviço daquele Estado, americanos e europeus assimilaram a morte e destruição da Primeira Guerra Mundial na experiência nacional através da ideia de sacrifício.[40]

Dwyer identifica uma diferença substancial entre as memórias escritas sobre a Primeira Guerra e as escritas após a Segunda Guerra Mundial: um estilo menos literário em prol de uma abordagem mais direta. No caso de obras de ex-combatentes estadunidenses, essa abordagem era mais nítida nas memórias de veteranos do Pacífico, nas quais o componente do racismo e um maior número de atrocidades cometidas entre combatentes criava um ambiente menos propenso a romantismos e floreios literários.[41]

Mas como essa mentalidade acerca do papel dos soldados, da morte em combate e do autossacrifício teria chegado e/ou se desenvolvido nos Estados Unidos? Podemos localizar suas origens, em grande parte, nas memórias do processo de independência.

Em seu estudo focado no caso europeu, George Mosse não investiga a historicidade do culto ao sacrifício dos soldados em outros locais do mundo, como o continente americano. Ocorre que a América também foi afetada pela ascensão dos nacionalismos e dos discursos românticos que os acompanhavam. No caso dos Estados Unidos, o discurso nacionalista ressoou com facilidade, haja vista a efervescência de mitos relacionados ao processo de independência dos Estados Unidos. Segundo o historiador Ray Raphael, autor de *Mitos sobre a fundação dos Estados Unidos*:

> A adoração de heróis que se fez passar por História no início do século XIX serviu aos interesses de um nacionalismo em formação. Contar a história tinha por si só importância histórica: as histórias compartilhadas da Revolução ajudaram as pessoas a se sentirem como "americanos".[42]

A luta pela emancipação das 13 colônias envolveu a participação de diversos cidadãos tornados soldados pelas circunstâncias. Ainda que a máxima "dai-me a liberdade ou dai-me a morte", supostamente proferida por Patrick Henry em 23 de março de 1775 em Richmond, tenha sido inventada na primeira metade do século XIX,[43] é válido supor que a disposição ao sacrifício quando da luta pelas independências locais em relação à Coroa britânica é um precedente verossímil, especialmente quando comparamos a Guerra de Independência com a Revolução Francesa. Ambas são fruto de contextos semelhantes, ainda que repletos de distinções e particularidades.

O desdobramento desses processos, em ambos os casos, contudo, foi diferente. Na Europa, dado seu longo histórico de conflitos internos, disputas de poder e a ameaça constante de que conflitos em grande escala pudessem continuar a ocorrer – as Guerras Napoleônicas provaram que o receio era plenamente justificado –, o contexto propiciou a formação de exércitos regulares, exigindo treinamento e preparo contínuos. Lado a lado no campo de batalha haviam estado o cidadão chamado às armas e o soldado profissional, considerado, em um momento posterior, uma necessidade da nação em seu modelo moderno.

Uma das consequências da Guerra de Independência dos Estados Unidos foi a consolidação de um ideal de exército-cidadão, formado no calor da necessidade, em oposição a um exército permanente, visto por algumas das cabeças proeminentes das 13 colônias como algo indesejado. George Washington, no seu discurso de despedida da presidência em 17 de setembro de 1796, afirmou que "A regra essencial de conduta que temos de seguir no tocante às nações estrangeiras é estender nosso intercâmbio comercial mantendo, ao mesmo tempo, o mínimo de relações políticas".[44] No mesmo discurso, Washington criticou as organizações militares permanentes: "Organizações militares grandes demais são, em qualquer forma de governo, um mau presságio para a liberdade e devem ser vistas como particularmente hostis às liberdades republicanas".[45]

James Madison, um dos arquitetos da Constituição dos Estados Unidos, fez um comentário ainda mais contundente sobre a questão dos exércitos e da guerra:

> De todos os inimigos da liberdade pública, a guerra é o mais temível, porque compreende e nutre o germe de todos os demais. A guerra gera os exércitos; deles procedem as dívidas e os impostos; e guerras, dívidas e impostos são os instrumentos que colocam a maioria sob o domínio de uns poucos.[46]

Já Thomas Jefferson ressaltou em correspondência a James Monroe, em 1813, a necessidade "de obrigar cada cidadão a ser um soldado. Esse era o caso dos gregos e romanos e deve ser o de qualquer Estado livre".[47]

O historiador militar Adrian R. Lewis discorda por compreender, a partir de uma visão pragmática, o fato de que a configuração geopolítica contemporânea era diferente da do início do século XIX.

> Os Estados Unidos têm estado pouco preocupados com sua habilidade de produzir soldados, pressupondo que todos os homens americanos podem servir igualmente bem. Essa, no entanto, é uma falácia perigosa. Nem todos os homens podem servir efetivamente como soldados em combate, um fato que é contrário aos princípios culturais americanos sobre masculinidade, igualdade e serviço militar – princípios que tiveram sua origem no período de formação da história nacional, quando se acreditava que a milícia formada por cidadãos possuía os meios de lutar e vencer guerras contra soldados regulares franceses e britânicos.[48]

Apesar das diferenças evidentes entre os contextos da Europa central e dos Estados Unidos, ambos compartilham da ideia de soldados não como vagabundos e indesejáveis, mas como um pilar fundamental da sobrevivência e prosperidade nacionais, sejam esses soldados regulares ou mobilizados em tempos emergenciais, por uma questão pragmática de sobrevivência estrutural dos Estados-nação modernos.

Para que um governo consiga o engajamento da população em um contexto de guerra de maneira mais eficiente, é necessário que haja no senso comum um entendimento sobre os (supostos) aspectos definidores dos princípios, das divisões internas (sobre quem é ou não patriota, por exemplo) e das dinâmicas culturais identificados com a nação. Além de existir variação desses elementos de nação para nação, o espírito marcial, a disposição para o engajamento militar e o autossacrifício não são constantes, podendo mudar drasticamente de um momento para o outro, por conta de diversos fatores. A frequência com a qual as guerras ocorrem, fatores geográficos, geopolíticos, econômicos e históricos estão diretamente relacionados à forma como esses fatores ganham ou perdem espaço em uma sociedade. Enquanto o engajamento humano nos conflitos armados for necessário, o espírito marcial será fundamental para a sobrevivência de qualquer Estado-nação. Entender a própria habilidade de gerar combatentes ajuda o Estado a maximizar suas estratégias e doutrinas de guerra.[49]

OS SOLDADOS-MESSIAS ESTADUNIDENSES

Quando levamos em consideração o fato de que todos os principais conflitos nos quais os EUA se envolveram foram precedidos de uma intensa retórica de autodefesa, o princípio da necessidade de se gerar engajamento público com o esforço de guerra torna-se ainda mais evidente. Na guerra conhecida como "Guerra Hispano-Americana", a entrada dos EUA no conflito deu-se após o afundamento do navio Maine. Na Primeira Guerra Mundial, cerca de dois anos após o afundamento do Lusitânia, os esforços do Comitê de Informação Pública, conhecido como "Comissão Creel" conseguiram, em apenas seis meses, "transformar uma população pacifista em histéricos beligerantes, determinados a destruir tudo o que fosse germânico, esquartejar alemães, ir à guerra e salvar o mundo".[50] Na Segunda Guerra Mundial, o ataque japonês a Pearl Harbor arrastou o país à guerra rapidamente, enquanto os conflitos que se seguiram, durante a Guerra Fria, eram justificados pela necessidade de deter o avanço do comunismo. A partir desta época, algumas mudanças ocorreram na cultura de guerra estadunidense.

A escalada de eventos durante a Guerra do Vietnã e a crescente divisão interna a respeito da validade do conflito levaram a administração

Nixon a encerrar o alistamento obrigatório, enterrando a ideia de um exército de cidadãos prontos para o combate que fazia referência direta aos *minutemen*[51] do período da luta por independência. O Vietnã era uma situação de guerra limitada, e tudo o que concerne à justificativa para o conflito era mais frágil. "Na guerra limitada, os americanos acham difícil justificar o retorno do seu investimento. A relação direta entre segurança nacional e os sacrifícios exigidos na guerra não era evidente",[52] afirma Adrian Lewis. Enquanto as promessas de uma vitória rápida e fulminante com a ajuda do dinheiro e da tecnologia convenceram a maioria da população, foi possível manter uma atitude positiva diante do conflito. Conforme ele se arrastou e sua natureza foi ficando cada vez mais evidente à opinião pública, um fato se tornava cada dia mais incômodo:

> A natureza destrutiva da guerra, a dor e o sofrimento que ela causa, o ato hediondo de matar e a resposta emocional à morte e à carnificina, fazem as pessoas dos dois lados do campo de batalha acreditarem que elas não são as agressoras, mas as agredidas; faz com que elas projetem qualidades únicas e desumanizantes no inimigo; e faz com que elas busquem remédios em deuses, armas milagrosas, "tecnologias invencíveis", leis de guerra, corpos internacionais, "doutrinas invencíveis" e homens extraordinários. As crenças culturais americanas sobre homens e guerra, e a fé na ciência e na tecnologia os iludem a respeito da real natureza da guerra, fazendo-os constantemente se prepararem para a guerra errada e para subestimar a vontade, a tenacidade e as capacidades dos povos de Estados-nação em desenvolvimento. Na realidade, mesmo os maiores impérios, os maiores líderes, os exércitos mais bem-sucedidos, as armas mais avançadas e as doutrinas mais efetivas caíram sob o peso do tempo através da guerra.[53]

Ora, se as consequências da Guerra do Vietnã de alguma forma teriam abalado a percepção pública a respeito da relevância da guerra para a sobrevivência da nação, por que nos parece que uma mudança de percepção, fruto desse abalo, não se manteve no longo prazo?

Entendemos que o "soldado-messias" é fundamental para a permanência desse *ethos* de sobrevivência nacional estadunidense. A valorização dos indivíduos que se sacrificam pela salvação da nação e que merecem gratidão eterna por seu sacrifício, segundo Jonathan Ebel, é potente e atemporal, porque sobrevive a partir de uma premissa em particular: as guerras mudam, os armamentos e veículos mudam,

> mas o soldado – sempre jovem, forte, corajoso e até muito recentemente sempre masculino – parece resistir aos efeitos corrosivos da história. O corpo militar estabiliza o que está constantemente mudando na memória de guerra; miniaturiza, simplifica e personaliza o que há de grandioso e complexo na política externa americana; torna tangíveis, visíveis e aparentemente atemporais as virtudes da honra, coragem e sacrifício.[54]

A noção de heroísmo atrelada à guerra se constrói de maneiras diferentes, dependendo da sobrevivência ou não do soldado.

> o herói se torna o herói através do encontro direto com a morte em combate. Tendo suportado o ritual da Guerra, os soldados-símbolo vivos atestam seu poder redentor. Tendo dado suas vidas na guerra, os soldados-símbolo caídos, embora sem voz, atestam a santidade da nação e da causa.[55]

O historiador militar Michael Stephenson, em *The last full measure: how soldiers die in battle* ("A medida definitiva: como soldados morrem em batalha"), lê essa necessidade de maneira bastante pragmática quando afirma que mesmo que as ações que levam à morte de um soldado não sejam consideradas heroicas é necessário que sua morte seja redimida por um propósito, algum vestígio de significado que dê sentido ao sacrifício, uma vez que a morte gratuita e sem sentido não será aceita pela sociedade de onde partiram os caídos em combate, ainda que isso tenha acontecido tantas vezes na história.[56]

No entanto, apesar de a razão para o sacrifício não necessitar ser essencialmente heroica, dar a ela um verniz de heroísmo é conveniente para amortizar o impacto social do alto preço em vidas humanas perdidas em combate. Assim, a mitificação do Dia D responde à necessidade de trazer sentido à carnificina. Além disso, colabora para a exibição do modelo ideal do caráter e da resiliência do soldado-messias como um homem providencial, que vai até as últimas consequências para fazer o que é considerado certo por seus pares.

A administração do governo Ronald Reagan sabia que os estadunidenses desejavam ouvir algo grandioso que apagasse da memória nacional, entre outras coisas, as imagens da evacuação de Saigon e dos 53 funcionários da embaixada dos Estados Unidos no Irã feitos reféns pelo governo provisório daquele país. Como afirma o historiador Douglas Brinkley:

> Os Estados Unidos *queriam* ser libertadores como no Dia D novamente no Vietnã, mas dessa vez, por inúmeras razões geopolíticas obscuras, as forças dos EUA se tornaram invasoras indesejadas. É por isso que Reagan voltou até a Segunda Guerra Mundial – e à Normandia em particular – para promover seu Novo Patriotismo durante um ano eleitoral. Era muito difícil vender o triunfalismo do Vietnã. Mas o Dia D? Essa foi uma história completamente diferente.[57]

Daí o importante discurso em 1984, no aniversário do Dia D, proferido por Ronald Reagan, sobre o qual falaremos mais.

Os atos mitificados do modelo, o homem providencial, são evocados em diferentes momentos históricos em que atores políticos julgam ser necessário incentivar seus contemporâneos a fazerem sacrifícios em nome de uma determinada causa. Para Raoul Girardet, este homem providencial

> aparece sempre como um lutador, um combatente. Sempre ameaçado, sempre resistindo à beira do precipício, recusa submeter-se ao destino. Quer restaure a ordem estabelecida ou a subverta, quer organize ou anuncie aquela que está por vir, é sempre sobre uma linha de ruptura dos tempos que se situa seu personagem. É na manifestação do presente imediato – presente de decadência, de confusão ou de trevas – que ele se afirma e se define; com ele, graças a ele, o "depois" não será mais como o "antes".[58]

E se a transformação de uma batalha em mito funciona tão bem, é porque ela se assenta parcialmente na materialidade histórica. "O mito jamais deixa [...] de enraizar-se em uma certa forma de realidade histórica".[59] O mito é, portanto, "uma espécie de revelador ideológico, o reflexo de um sistema de valores ou de um tipo de mentalidade."[60]

A sobrevivência desse modelo – que tanto se origina dessa religião civil quanto se alimenta dela – se dá através de cemitérios, monumentos e cerimônias públicas, como vemos nos casos das comemorações do Dia D e dos discursos presidenciais nelas proferidos. Contudo, não podemos esquecer que a indústria cultural tem um papel crucial na sobrevivência desse mito. Essa indústria também se alimenta dos elementos da religião civil estadunidense ao mesmo tempo que a alimenta, dando ao público produções que reforçam estes valores e crenças. Como argumenta o professor, veterano dos Fuzileiros Navais e fundador do Instituto William Joiner para o Estudo da Guerra e Consequências Sociais da Universidade de Massachusetts, Paul Atwood:

> A televisão comercial, a música pop e Hollywood substituíram amplamente a leitura como fonte de "informação", e aqueles que controlam esses canais garantem que o menu de escolha envolva muito pouco que possa explicar aos espectadores o mundo que herdaram, menos ainda fornecer qualquer análise ou discussão sobre quais alternativas podem ser possíveis.[61]

Produções midiáticas ou artísticas – sejam elas ligadas a quaisquer tipos de oficialidade ou não – solidificam modelos ideais de moralidade, masculinidade, comportamento, identidade, desejo e crença. Nesse ponto concordamos com o filósofo estadunidense Douglas Kellner quando afirma:

> Há uma cultura veiculada pela mídia cujas imagens, sons e espetáculos ajudam a urdir o tecido da vida cotidiana, dominando o tempo de lazer, modelando opiniões políticas e comportamentos sociais, e fornecendo o material com que as pessoas forjam sua identidade. O rádio, a televisão, o cinema e os outros produtos da indústria cultural fornecem os modelos daquilo que significa ser homem ou mulher, bem-sucedido ou fracassado, poderoso ou impotente. A cultura da mídia também fornece o material com que muitas pessoas constroem o seu senso de classe, de etnia e raça, de nacionalidade, de sexualidade, de "nós" e "eles". Ajuda a modelar a visão prevalecente de mundo e os valores mais profundos: define o que é considerado bom ou mau, positivo ou negativo, moral ou imoral. As narrativas e

> as imagens veiculadas pela mídia fornecem os símbolos, os mitos e os recursos que ajudam a constituir uma cultura comum para a maioria dos indivíduos em muitas regiões do mundo de hoje. A cultura veiculada pela mídia fornece o material que cria as identidades pelas quais os indivíduos se inserem nas sociedades tecnocapitalistas contemporâneas, produzindo uma nova forma de cultura global.⁶²

Para além do senso comum de autopreservação inerente ao enfrentamento de qualquer agressão que venha do exterior – seja ela real ou fruto de propaganda política –, há de se levar em consideração que, no que tange ao contexto militarista, cada nação tem princípios culturais próprios. Enquanto um Estado é uma entidade política, uma nação é, principalmente, uma entidade cultural, e o Estado-nação moderno combina essas duas formas de organização em uma entidade única e sólida.

> A cultura torna o mundo objetivo compreensível inculcando estruturas e construtos. Ela influencia o comportamento dando aos agentes sociais estratégias e estabelecendo limites entre o normal e o anormal, entre o permissível e o não permitido. Torna possível uma comunicação mais completa do que seria possível apenas com a linguagem. Comportamento, disposição, expressões faciais, vestimenta e outras formas não verbais de comunicação são culturalmente aprendidas, e muitas vezes comunicam mais do que palavras. A cultura cria coesão entre povos, e barreiras entre outras culturas, outras comunidades, tribos e nações. A cultura, em parte, cria a disposição mental que permite a algumas pessoas se sacrificarem pelo bem da unidade cultural maior – tribo, nação ou serviço.⁶³

Dado tudo o que foi exposto, entendemos que há uma articulação que perpassa diferentes segmentos da cultura da mídia que levam à valorização do "soldado-messias" dentro de um contexto de religião civil. Nessa articulação, insistimos uma vez mais, estão presentes os discursos oficiais de autoridades, as memórias de ex-combatentes, os discursos veiculados nas diferentes formas de mídia jornalística, nas memórias de ex-combatentes, nos filmes, nas séries, nas músicas, nos jogos eletrônicos e nas mais diversas manifestações da sociedade civil, incluindo aí todas as instâncias em que a dissidência de um discurso assertivo – porém difuso – de "apoio às tropas" resulta em repúdio popular, uma vez que a expressão "eu apoio as nossas tropas" se tornou com o tempo praticamente um dogma dessa religião civil estadunidense.

De acordo com o historiador e especialista em estudos religiosos Edward T. Linenthal, autor de *Sacred ground: the Americans and their battlefields*:

> Essas formas de veneração [dos soldados americanos e seus campos de batalha] são tanto uma articulação da ortodoxia patriótica quanto uma defesa simbólica contra várias formas de contaminação ideológica (heresia) e contaminação física. A retórica patriótica adverte persistentemente que o perigo de se afastar dos ideais dos heróis culturais que morreram em batalha está sempre presente, e o enfraquecimento da determinação patriótica, claramente aparente em qualquer relutância em obedecer ao chamado da nação às armas, é considerado uma evidência clara de indiferença ou hostilidade para com o bem-estar da nação. Inevitavelmente, adverte a retórica patriótica, tais atitudes são heréticas: tornam sem sentido o sacrifício de sangue de gerações passadas de guerreiros americanos. Aqueles preocupados em manter a pureza do ambiente sagrado lutam contra outras formas de contaminação enquanto trabalham para proteger os locais contra a inautenticidade em exposições de museus e shopping centers, por exemplo – que ameaçam penetrar os limites e alterar permanentemente (portanto, profanar) o solo sagrado. Para alguns, a tentativa de redefinir o significado da batalha é percebida como um ato de heresia.[64]

A REABILITAÇÃO DO SOLDADO PÓS-VIETNÃ E O "APOIO ÀS TROPAS"

Ainda procurando compreender a *persistência* da ideia do "soldado-messias" e do apoio incondicional às tropas, não podemos nos esquecer de um momento histórico que ajudou nessa persistência (ou *reabilitação*, conforme se entende os efeitos culturais da Guerra do Vietnã): a Guerra do Golfo.

Em 1990, o Iraque, governado à época por Saddam Hussein, invadiu o Kuwait, o que permitiria ao invasor adquirir as reservas petrolíferas do adversário invadido e um acesso mais eficiente ao mar, o que melhoraria o escoamento do petróleo iraquiano pelo oceano Índico. Imediatamente, os Estados Unidos se posicionaram contra a invasão, e não levou muito tempo para que se desenhasse uma imensa pressão midiática com o objetivo de solidificar na mentalidade estadunidense a ideia de que Hussein era um monstro sedento de poder que ameaçava uma suposta estabilidade no Oriente Médio ao atacar um país pequeno e indefeso. Assim que a invasão ocorreu,

> o governo americano começou imediatamente a criar consenso para a intervenção armada e, depois, a fazer propaganda da solução militar para a crise, no que a grande mídia agiu como cúmplice dócil. Quando o governo Bush enviou um grande contingente para a região, a grande mídia aplaudiu e transformou-se em canal de mobilização de apoio para a ação norte-americana.[65]

Ao contrário do que a mídia estadunidense informava – e as mídias de outros lugares do globo influenciados por ela –, Saddam Hussein percebeu o problema de uma represália por parte dos Estados Unidos e propôs tentar resolver a questão diplomaticamente. Washington não aceitou.[66] Nesse contexto, a propaganda teve um papel fundamental para convencer corações e mentes da ameaça iraquiana, ocultando o interesse de Saddam Hussein em resolver a situação diplomaticamente e afirmando, entre outras coisas, que o Iraque desejava invadir a Arábia Saudita. A situação chegou a um ponto em que teve início uma "autocensura" dentro dos veículos midiáticos que resultou na demissão de diversos repórteres que expuseram opiniões críticas à atuação estadunidense diante da situação,[67] algo que fere os próprios princípios de liberdade de expressão tão defendidos pelas autoridades do país e a maioria de sua população – quando convém, é claro.

No entanto, como ocorre em qualquer guerra onde um país invade o outro, houve manifestações e vozes discordantes entre a própria população dos Estados Unidos. Logo, a mídia local passou a retratar essas pessoas como antipatrióticas, por vezes comparando-as a manifestantes árabes que queimavam a bandeira estadunidense.

> Os manifestantes americanos eram retratados como uma turba indisciplinada, marginais cabeludos; seu discurso raramente era citado, e a reportagem focalizava mais a repetição de *slogans*, ou imagens de passeatas, cujos contexto e interpretação eram fornecidos pela fala do repórter. Os principais jornais e revistas também deixaram de cobrir o novo e fervilhante movimento antibélico. Portanto, assim como a mídia construiu simbolicamente uma imagem negativa dos manifestantes antibélicos dos anos 1960, mostrando-os como irracionais, antiamericanos e anarquistas, também as redes de TV apresentaram o movimento antibélico que surgia nos anos 1990 com uma aparência predominantemente negativa.[68]

Nesse contexto, o governo de George H. W. Bush ajudou a popularizar a ideia de que os veteranos da Guerra do Vietnã, ao voltarem da guerra, haviam sido tratados com hostilidade pelo movimento antiguerra, a ponto de receberem cusparadas. O sociólogo e veterano do Vietnã Jerry Lembcke debruçou-se sobre o tema na obra *The spitting image: myth, memory, and the legacy of Vietnam* ("A imagem cuspida: mito, memória e o legado do Vietnã"), onde afirma que, embora a narrativa que "lembrava" a rejeição dos veteranos não fosse exatamente nova, uma vez que a administração Nixon já a havia utilizado para fazer uma forte propaganda contra o movimento antiguerra, foi na administração Bush, durante um esforço de demonização do movimento antiguerra contrário à Guerra do Golfo, que a imagem dos veteranos cuspidos por cidadãos contrários à guerra, supostamente antipatrióticos, foi popularizada.

> A imagem do veterano do Vietnã cuspido tinha uma qualidade mítica que dependia da crença de que os veteranos que eram solidários com o movimento antiguerra não eram reais. Veteranos "reais" do Vietnã teriam sido rejeitados, não abraçados, pelo movimento antiguerra. Eles teriam sido tratados com hostilidade pelo movimento, e até cuspidos. A existência desses veteranos patrióticos e pró-guerra foi "provada"

pelo "fato" de que ativistas antiguerra estavam cuspindo em alguém. Em quem, senão em veteranos pró-guerra, eles estavam cuspindo? A imagem do veterano do Vietnã cuspido, então, serviu a uma função de conjuração. Isso trouxe à mente a imagem do "bom" veterano pró-guerra como contrapeso à imagem do "mau" veterano antiguerra.[69]

Ao tentar encontrar evidências de incidentes reais de veteranos recebendo cusparadas de manifestantes, Jerry Lembcke se deparou com um cenário complexo:

> Houve relatos na imprensa, por exemplo, de atos de cusparada ocorridos em comícios antiguerra. Conforme relatado, o cuspe quase sempre voou de direitistas pró-guerra para ativistas antiguerra. Mas, fora do contexto, esses relatos poderiam ter sido invertidos e transformados em histórias sobre o oposto. Também houve incidentes reais de veteranos do Vietnã sendo tratados de forma abusiva, mas em todos os casos documentados foram pessoas pró-guerra que cometeram os abusos.[70]

A propaganda do governo Bush em torno dos veteranos cuspidos teve apoio de alguns veteranos que se apresentaram como vítimas de cusparadas e desprezo dos manifestantes antiguerra. Sobre eles, Lembcke afirma:

> Quase todos esses relatos vieram anos depois que os incidentes teriam ocorrido, ao passo que no momento em que os homens voltavam do Vietnã tais relatos não existiam. Quando alguém tenta validar as histórias por meio de pesquisas, muitas dessas reivindicações se dissolvem rapidamente e, em outras, encontram-se detalhes que denunciam a falta de autenticidade.[71]

Para Lembcke, o cinema foi o principal responsável por criar o ambiente onde o esforço de difamação do governo Bush pareceu fazer sentido à população, com filmes como *Amargo regresso*, *Rambo: programado para matar* e o primeiro filme a mostrar animosidade entre manifestantes antiguerra do Vietnã e veteranos, lançado logo após a guerra: *Tracks*, de 1976. Segundo Lembcke, esse filme "contém a primeira inferência clara de que ativistas antiguerra cuspiram em veteranos do Vietnã".⁷² O fato é que, na maior parte dos filmes sobre a Guerra do Vietnã, mesmo nos mais críticos à guerra, os veteranos são sempre vistos como vítimas, seja da guerra, seja dos civis críticos à guerra ou de ambos.

E aqui voltamos às questões do "apoio às tropas" e do verniz de santidade civil dos soldados, usados como blindagem às críticas feitas ao esforço de guerra na época da Guerra do Golfo, uma vez que a própria guerra e os soldados a ela enviados são mesclados de maneira que os discursos críticos tenham dificuldade em desassociá-los. "Os efeitos da guerra sobre as famílias americanas foi um tema constante; o patriotismo e o apoio às tropas eram um refrão permanente dos comentadores",⁷³ aponta Douglas Kellner. Já Noam Chomsky vai mais além:

> *Slogans* de relações públicas como "apoie nossas tropas" não significam nada. Significam tanto quanto saber se você apoia as pessoas de Iowa. É claro que existe uma questão por trás disso que é a seguinte: você apoia nossa política? Mas essa é uma pergunta que não pode ser feita porque você não quer que a população reflita sobre isso. [...] Portanto você mantém as pessoas ocupadas discutindo sobre o apoio às nossas tropas. Quem seria capaz de dizer: "É claro que eu não apoio as nossas tropas."?⁷⁴

E o apoio às tropas é ainda maior quando a guerra é considerada justa. No caso da Segunda Guerra Mundial, ela é vista não apenas como justa, mas também como uma "boa guerra". Mas seria esse o caso?

O MITO
DA "BOA GUERRA"

> *"Todos estes grandes generais falam*
> *sobre a guerra como se fosse um jogo de futebol,*
> *e talvez seja para eles, com as suas tabelas,*
> *mapas e códigos secretos. Nunca ouvi falar de alguém*
> *morto em um jogo de futebol."*
>
> David K. Webster[1]

O processo de construção do soldado-messias, que chegara ao ápice na Segunda Guerra Mundial, fez com que a cultura e a identidade nacional passassem a girar em torno da ideia dos patriotas extraordinários que protegem a nação por um senso de honra, amor e dever. Os atos de matar e morrer tornam-se exemplos absolutos de bravura e parte integrante de uma memória coletiva, e a ideia do soldado-messias se assenta tanto nas narrativas heroicas quanto nas de perda e remorso.[2]

E nada solidifica mais na cabeça do grande público do que a ideia de um soldado mártir messiânico e seu sacrifício, tido como necessário toda vez que o país precisa entrar em uma nova guerra. É essa necessidade presentista que suporta o processo de mitificação.

> [O mito] não pode deixar, por outro lado, de depender ele próprio, em sua forma como em seu conteúdo, das circunstâncias, historicamente delimitadas, nas quais é elaborado. Todo processo de heroificação implica, em outras palavras, uma certa adequação entre a personalidade do salvador virtual e as necessidades de uma sociedade em um dado momento

de sua história. O mito tende, assim, a definir-se em relação à função maior que se acha episodicamente atribuída no herói, como uma resposta a uma certa forma de expectativa, a um certo tipo de exigência.[3]

Ao longo de sua história, os Estados Unidos se envolveram em diversas guerras, com diferentes graus de apoio popular. Assim, a lembrança de algumas delas é politicamente mais conveniente que a de outras quando o objetivo é buscar no passado eventos que possam ser instrumentalizados a favor de interesses do presente. E nenhuma guerra é mais relevante para o messianismo militar atrelado à religião civil do que a Segunda Guerra Mundial, também chamada de a "boa guerra", pois lutada contra os males do nazifascismo e do genocídio.

O senso comum de que os Estados Unidos lutaram em uma "boa guerra" quando se trata da Segunda Guerra Mundial é um tema sobre o qual diferentes autores se debruçaram, com ênfase maior ou menor.[4] A premissa de que os Estados Unidos são moralmente superiores, pacíficos e heroicos, tendo entrado nessa guerra apenas para lutar contra os males do nazifascismo e o violento imperialismo japonês que atacara o país gratuitamente, sem que tenha havido nenhuma provocação, permeia praticamente todas as narrativas a respeito desse conflito no imaginário estadunidense. Na Segunda Guerra, o país e seus guerreiros defenderiam as "quatro liberdades", e os estadunidenses seriam salvadores ao derrotar os alemães para libertar os judeus do jugo de Hitler e para esmagar o fascismo por sua ameaça como ideologia, tendo aberto um segundo *front* assim que possível para ajudar os aliados soviéticos, salvando enfim a Europa. Seu povo estaria engajado e fundamentalmente unido, tanto no *front* interno quanto no campo de batalha, onde o soldado-cidadão teria lutado com bravura sem abandonar seus princípios morais cristãos e tipicamente estadunidenses. Quaisquer condutas condenáveis, casos de covardia, desinteresse ou atitudes tidas como falha de caráter seriam apenas casos isolados.

Essa é a narrativa dominante. Mas até que ponto os estadunidenses travaram mesmo uma "boa guerra"?

As justificativas de caráter moral para lutar, como vimos até aqui, existem desde o início da guerra e permanecem de pé até hoje. Contudo, diversos autores rejeitam ou ao menos relativizam a ideia de que foi absolutamente uma "boa guerra", tanto por razões políticas e macroscópicas quanto por ter levado a riscos e mortes. Tentaremos explicar por que a narrativa dominante, com suas alegações quase mitológicas sobre a excepcionalidade dos Estados Unidos e seus cidadãos na guerra, não condiz com a realidade quando entendemos a geopolítica por trás do conflito, os interesses dos beligerantes e o comportamento dos soldados reais. A ideia aqui não é realizar um esforço de demonização superficial dos Estados Unidos durante essa guerra, mas sim demonstrar ao leitor que guerras não são eventos românticos de definição de caráter nacional; elas são, essencialmente, a realização de interesses políticos através da força quando a política tradicional e a diplomacia falham. Assim, é a partir da ótica dos interesses nacionais que a questão do significado da guerra deve ser analisada, não através da memória e do romantismo.

OS ESTADOS UNIDOS E A SEGUNDA GUERRA MUNDIAL

Pearl Harbor ofereceu uma justificativa moral para a entrada do país na guerra. Contudo, alguns autores apontam para uma participação mais ativa dos Estados Unidos nesse assunto, ao terem sido diretamente responsáveis por criar as condições que precipitaram o ataque japonês, especialmente quando se leva em conta a ameaça que o Império Japonês oferecia à hegemonia estadunidense no Pacífico. De fato, havia o medo de que os japoneses tomassem conta de mercados estratégicos para a potência americana.

Em 1938, ano seguinte à invasão da China por parte do Império Japonês e as atrocidades cometidas pelo exército contra a população civil chinesa, o governo de Franklin D. Roosevelt passou a atuar no sentido de coibir a ação japonesa. Entre suas ações, estava um embargo sobre o Japão referente ao petróleo e ao aço, além do congelamento de ativos nipônicos nos bancos estadunidenses. O ultimato de Roosevelt era claro: os japoneses deveriam se retirar da China e da Indochina. Não se tratava de mera preocupação humanitária com os milhões de pessoas que sofreram diante da violência das forças armadas japonesas. O grande problema para a administração de Washington era o impacto que o expansionismo imperialista japonês poderia ter nos seus planos econômicos no Pacífico. Após a vitória inquestionável e humilhante dos japoneses sobre os russos em 1905, os oficiais da marinha dos EUA ficaram temerosos do que isso poderia significar no futuro para as relações nipo-estadunidenses, então foram reforçadas as bases militares no Havaí e nas Filipinas. O Japão não poderia crescer demais.

Após a Primeira Guerra, as aquisições de ilhas no Pacífico por parte do Japão foram limitadas, e o país foi forçado a aceitar possuir uma força naval inferior. Essa situação, vista pelos japoneses como humilhante, contribuiu para a ascensão do ideário de inspiração fascista no seu governo. Entre 1931 e 1932, o Japão invadiu e anexou a Manchúria, retirou-se da Liga das Nações e, em 1937, invadiu novamente a costa da China, empreendendo uma conquista extremamente violenta. Em 1941, o Japão invadiu a Indochina Francesa, afirmando o objetivo de criar uma "Doutrina Monroe para a Ásia" e foi nesse momento que os interesses de Japão e Estados Unidos efetivamente se chocaram.[5]

O mercado chinês era muito visado comercialmente pelos Estados Unidos, e o avanço japonês significava perdê-lo. Como afirmava um editorial da revista *Fortune* da época: "Com uma população de mais de 400 milhões, a China é o maior mercado potencial do mundo. Uma China forte, capaz e disposta a proteger o princípio do mercado aberto no Extremo Oriente, valeria bilhões de dólares para os Estados Unidos".[6]

Além do mais, havia um profundo componente racista na oposição aos japoneses. As elites estadunidenses, em geral, desprezavam a "raça amarela", considerada "inferior". A perspectiva de perda do lucrativo mercado asiático para os "japas" ("*japs*", em inglês) era, também por isso, inaceitável. Da parte dos japoneses, também havia preconceito contra os estadunidenses. O racismo mútuo permeou toda a guerra desenvolvida no Pacífico e abriu brechas para algumas das maiores atrocidades cometidas entre soldados de nações rivais.[7]

No entanto, os Estados Unidos não poderiam *iniciar* uma guerra contra o Japão. Dado o número de isolacionistas no Congresso e o desinteresse público no envolvimento com a guerra em andamento, o governo precisava de um pretexto, uma agressão japonesa. Entre os estratagemas para atingir esse fim estavam o envio de navios para as proximidades das águas japonesas, por vezes até ultrapassando essa fronteira, possivelmente na esperança de que uma situação fosse criada. Mas o que viria a funcionar foram as sanções econômicas e congelamento de ativos já mencionado. Os embargos contaram ainda com a colaboração do Reino Unido e dos Países Baixos, estes últimos detentores das ricas reservas de petróleo da Indonésia, que se tornaram objeto de cobiça por parte do Japão na sua expansão para o Pacífico Sul.[8]

A situação se deteriorou de vez no outono de 1941,

> já que Washington também desafiou Tóquio em relação à sua política exclusivista na China, exigindo uma "porta aberta" para os negócios americanos naquele país. Tóquio respondeu oferecendo-se para aplicar na China o princípio de relações comerciais não discriminatórias com a condição de que os americanos fizessem o mesmo em sua própria esfera de influência na América Latina. No entanto, Washington queria reciprocidade apenas na esfera de influência de outras potências imperialistas, e não em seu próprio quintal. A oferta japonesa foi rejeitada.[9]

Para o governo japonês, recuar não era uma opção, pois isso seria visto como uma enorme humilhação e criaria as condições ideais para um golpe militar no país. Washington sabia disso, o que indica interesse por parte dos Estados Unidos de que os japoneses reagissem.[10]

No seu "Discurso sobre o Estado da União", de 6 de janeiro de 1941, quase um ano antes do ataque japonês, o presidente estadunidense já indicava a aproximação do momento em que seria necessário ao país entrar em combate, segundo justificava, para "a defesa das liberdades individuais", enquanto pedia autorização ao Congresso para aumentar a produção do que pudesse ser necessário enviar "para os países agredidos". Esse pedido daria origem ao programa de *Lend-Lease*, assinado em março daquele ano com o objetivo de ajudar os Aliados com armamentos, veículos, munições e demais suprimentos, enfatizando que todos eles deveriam pagar pelo que fosse fornecido, ainda que houvesse alguma tolerância em relação ao pagamento por conta da situação de guerra. E nesse mesmo discurso em que o presidente explicava quais eram as "quatro liberdades" pelas quais era imperioso lutar, ele afirmava, como em uma preparação para uma guerra vindoura:

> Assim como os homens não vivem só de pão, não lutam só com armamentos. Aqueles que armam nossas defesas e aqueles por trás deles que constroem nossas defesas devem ter o vigor e a coragem que vêm da crença inabalável no modo de vida que estão defendendo. A ação poderosa que estamos pedindo não pode ser baseada em uma desconsideração de todas as coisas pelas quais vale a pena lutar.[11]

Paul L. Atwood, em seu livro *War and empire* ("Guerra e Império"), questiona, de maneira sagaz:

> Roosevelt teria escolhido a guerra, como certamente fez, se acreditasse que a maioria de nossas cidades estaria em ruínas? De todos os beligerantes, os Estados Unidos perderam, de longe, o menor número de vidas. Os tomadores de decisão estariam dispostos a aceitar baixas civis em uma escala como Dresden, Tóquio, Hiroshima ou mesmo Londres durante a Blitz? O objetivo estratégico das elites americanas na Segunda Guerra Mundial era expandir seu poder e alcance global, aproveitando a ruína e o declínio que todos os outros combatentes sofreriam, inimigos e aliados. Os EUA travaram a guerra de forma a subir na hierarquia global, não a afundar, e chegaram ao topo.[12]

Como vimos até aqui, a despeito de condenarmos veementemente a atuação do Japão imperial na Segunda Guerra Mundial, não é possível afirmar, sob nenhuma circunstância, que o ataque japonês ocorreu sem qualquer provocação prévia. No entanto, a guerra dos EUA não se resumiu ao enfrentamento contra o Japão. Interesses econômicos estavam em jogo também na ajuda dada aos rivais da Alemanha e, posteriormente, ao enfrentá-la pela força das armas.

Para explicar o caminho até a declaração de guerra alemã contra os Estados Unidos, que precipitou o começo oficial das hostilidades entre ambos, é necessário entender o processo que começou em um isolacionismo desinteressado por parte do povo, passou pelos interesses de empresas estadunidenses na Alemanha nazista e chegou até a participação efetiva na guerra travada na Europa.

EMPRESAS ESTADUNIDENSES E A ALEMANHA NAZISTA

Inicialmente, as elites conservadoras tanto dos EUA quanto da Alemanha viam Hitler com maus olhos: um plebeu rude cuja ideologia recebia o nome de *nacional-socialismo*, que falava sobre uma mudança "revolucionária" e cujo partido se colocava como sendo "dos trabalhadores alemães". Mas não demorou muito para que ambas percebessem que esse tipo específico de fascismo, como todas as suas outras variantes, era conservador e, em alguns pontos, explicitamente reacionário. O *establishment* alemão passou a apoiar Hitler financeira e politicamente de forma massiva, entendendo que alguma perda de força política em detrimento da ascensão de Hitler era um bom negócio. Em outras partes do mundo – incluindo os EUA –, o novo regime capitaneado por Hitler também obteve apoio em certos grupos, com destaque para alguns empresariais.[13]

Algumas empresas estadunidenses estavam presentes na Alemanha desde a década de 1920 através de subsidiárias ou empresas parceiras, mas, com os nazistas no poder, suas relações com o regime tomaram novos e interessantes rumos. Entre elas estavam a fábrica de garrafas da Coca-Cola em Essen, a fábrica de automóveis Opel da General Motors em Rüsselsheim, a Ford-Werke da Ford em Colônia, a IBM em Berlim e a IG Farben, parceira da Standard Oil.[14]

Embora os industriais estadunidenses e alemães não fossem em sua maioria nazistas convictos e apaixonados, eles entenderam que, na Alemanha, seria muito lucrativo endossar os nazistas diante de suas promessas de destruir as esquerdas alemãs a partir de uma nova legislação, que congelava as remunerações e os salários aos níveis do verão de 1933 e deixava os ajustes futuros nas mãos de avaliadores regionais do trabalho, que tinham respaldo a partir da Lei de Regulamentação do Trabalho Nacional, de 20 de janeiro de 1934. O resultado disso foi que os níveis nominais dos salários a partir de 1933 eram muito mais baixos que os de 1929.[15]

É verdade que, embora os salários nominais tivessem diminuído em relação a 1929, o mesmo aconteceu com os preços, e a depressão acabou não aliviando muito o custo real dos salários para os empresários como se esperava. O que de fato fez essa desoneração possível para as elites alemãs foram as demissões em massa e a manutenção dos trabalhadores que restaram sob regime temporário. Somando isso ao congelamento dos salários, a destruição dos sindicatos trabalhistas e a vista grossa à cartelização das empresas, a perspectiva de lucro sob o jugo de Hitler era muito atrativa.[16]

> E o que talvez seja mais importante é que o regime de Hitler prometia libertar as empresas alemãs da gestão de seus assuntos internos, ao livrá-las da supervisão de sindicatos trabalhistas independentes. No futuro, aparentemente, os salários seriam determinados pelos objetivos de produtividade dos empregadores e não pelos ditames da negociação coletiva.[17]

Assim como as elites na Itália fascista cerca de uma década antes, as elites alemãs e mesmo as estadunidenses viam no nazismo uma vantagem inestimável: seu antagonismo feroz contra o comunismo – ou qualquer coisa que fosse julgada como tal. Para os industriais, o comunismo era uma ameaça muito maior do que quaisquer problemas que os fascismos carregavam, e eles não tiveram grandes pudores em abraçar o fascismo para exorcizar a "ameaça vermelha". As atitudes das elites em relação ao fascismo só podem ser entendidas de maneira mais plena quando entendemos as atitudes delas para com o comunismo.[18] Dentro do campo político da direita, nenhum grupo era mais virulentamente antiesquerda e anticomunista que o nazifascista.

E essa aproximação foi extremamente lucrativa. Em uma cotação de câmbio de 2,5 reichsmarks para um dólar,[19] não apenas as empresas alemãs se beneficiaram dos programas de obras e rearmamento do Estado alemão, mas também as estrangeiras. A subsidiária da Coca-Cola aumentou suas vendas de 243.000 fardos em 1934 para 4,5 milhões em 1939, com o impulso do Estado para o consumo de refrigerantes cafeinados por parte dos trabalhadores alemães, de modo a substituir a cerveja por algo não alcoólico e que lhes permitisse um melhor rendimento. Já a Ford-Werke, subsidiária da Ford, viu seus lucros anuais escalarem vertiginosamente após uma queda no início dos anos 1930, de 63 mil reichsmarks em 1935 para 1.287.800 reichsmarks. Isso se deu tanto pelos contratos com o governo no contexto do rearmamento, como também pela eliminação dos sindicatos e partidos efetivamente operários, cortando os custos trabalhistas de 15% do volume dos negócios em 1933 para apenas 11% em 1938. Além disso, seus ativos foram de 25,8 milhões de reichsmarks em 1933 para 60,4 milhões em 1939. A Opel, subsidiária da General Motors, aumentou sua participação no mercado alemão de 35% em 1933 para 50% em 1935. Em 1938, o lucro da empresa era de 35 milhões de reichsmarks, e um ano depois o valor da Opel foi estimado em 86,7 milhões de dólares, mais que o dobro do que os 33,3 milhões que a General Motors investiu na empresa uma década antes. A Opel e a Ford juntas passaram a controlar 70% do mercado automotivo e supriam o exército alemão com todo tipo de equipamento que podiam oferecer para o vindouro esforço de guerra.[20]

Por fim, é relevante apontar que a IBM, importante indústria da área de tecnologia, deu aos nazistas, através de sua subsidiária Dehomag, os recursos tecnológicos de automação de produção na Alemanha, que depois viriam a ser usados para facilitar a execução do Holocausto. A IG Farben, parceira da Standard Oil, muito lucraria com o esforço de guerra, tanto através da verba estatal como através do trabalho escravo de prisioneiros de campos de concentração.[21]

OS ESTADUNIDENSES DIANTE DO ANTISSEMITISMO E DO HOLOCAUSTO

Para além das relações comerciais entre representantes da iniciativa privada estadunidense e o Estado alemão, entrava na equação uma certa indiferença com relação ao nazismo, um desdém popular para com as consequências das perseguições raciais promovidas pelo Terceiro Reich. Pesquisas da época indicaram que muitos cidadãos dos Estados Unidos chegavam a sentir afinidade para com as ideias de hierarquia racial germânicas. O antissemitismo de Hitler também não era visto como um grande problema nos Estados Unidos, uma vez que esse sentimento era relativamente popular nos anos 1930 não apenas na Alemanha, mas em vários outros países. Empresários antissemitas, por exemplo, acusavam o *New Deal* bancado por Roosevelt de ser um esquema judeu socialista para interferir na economia, e inclusive o apelidaram de *"Jew Deal"*. O próprio presidente chegava a ser tratado de "criptocomunista". Banqueiros estadunidenses visitando a Alemanha em 1934 reclamaram ao embaixador do seu país em Berlim que a administração Roosevelt estava "cheia de judeus".[22]

Essa tolerância – e até certo ponto adesão – ao racismo institucional germânico faz bastante sentido se entendermos o contexto de discriminação racial institucionalizada nos Estados Unidos com as infames "Leis Jim Crow" vigentes na época. Mas também há de se levar em conta que uma parte significativa da população estadunidense era formada por descendentes de origem europeia que trouxeram com eles, além da força de trabalho e a busca por uma vida melhor, o antissemitismo culturalmente entranhado em vários lugares do seu continente natal. Os escritórios do Departamento de Estado eram cheios de integrantes de famílias de classe média alta de origem anglo-saxã que acreditavam nas ideias de superioridade racial dos "nórdicos", com muitos de seus oficiais ativamente bloqueando propostas de ajuda ou resgate de imigrantes e refugiados vindos da Europa.[23]

Um caso particularmente infame foi o ocorrido com a embarcação SS St. Louis. Em 1939, esse navio, que contava entre seus passageiros com judeus vindos da Alemanha, chegou à costa de Cuba. Ao todo eram 937 passageiros, em sua maioria judeus que teriam recebido documentos governamentais de Cuba que permitiriam seu desembarque como refugiados.[24] Contudo, o país – na época um protetorado dos Estados Unidos – se recusou a aceitá-los, contrariando o que havia sido combinado previamente. Eles tentaram conseguir autorização para desembarcar na Flórida, mas esta também foi recusada. Muitos acabaram tendo que voltar para a Alemanha. Alguns eventualmente receberam permissão para desembarcar em Antuérpia, conseguindo asilo na Bélgica, Países Baixos, França e Grã-Bretanha.[25] Pesquisas históricas apontam que a maioria desses judeus morreria nos campos de extermínio, incluindo 300 crianças.[26]

Mesmo no final da guerra, notícias sobre os campos de extermínio nazistas foram recebidas por muitos estadunidenses com enorme desconfiança, ainda que desde 1942 o Congresso Mundial dos Judeus já tivesse denunciado que cerca de 1 milhão de judeus haviam sido mortos pelo Terceiro Reich. No entanto,

> os americanos acharam difícil aceitar relatos de um grande número de mortes em campos de extermínio. Robert H. Abzug acredita que há duas razões para isso. Primeiro, muitos americanos se lembraram dos excessos de propaganda da Primeira Guerra Mundial e suspeitaram que o número de mortes citadas para os campos tinha sido inflado para fins de propaganda. Ainda em janeiro de 1945, a [revista] *Collier's* concluiu que "muitos americanos simplesmente não acreditam nas histórias de execuções em massa nazistas..." [...]. A segunda razão pela qual os americanos tiveram problemas em lidar com as revelações do campo de extermínio foi que, como Abzug coloca, "relatos de genocídio nazista levaram a imaginação ao limite." A escala deste evento foi tão vasta, tão inacreditável, tão incompreensível.[27]

Para alguns, foi preciso ver para crer.

Os soldados tinham um ouvido especialmente apurado para [identificar] uma peça de propaganda, mas ver os campos por si mesmos os fez acreditar neles. Um sargento americano admitiu: "Antes disso, você teria dito que essas histórias eram propaganda, mas agora sabemos que não eram. Lá estão os corpos e todos aqueles caras estão mortos. Eu nunca tive tanta certeza do porquê exatamente eu estava lutando".[28]

Posteriormente, diante dos relatos e registros do Holocausto, desenvolveu-se uma memória de que uma das maiores prioridades dos Estados Unidos na invasão da Europa tinha sido eliminar os nazistas com o intuito de salvar os judeus do seu extermínio sistemático. Ocorre que o governo Roosevelt já sabia há muito tempo sobre o que acontecia e deliberadamente tentou esconder do público a escala do horror.

> Apesar das crenças populares de que os campos de extermínio de Hitler eram desconhecidos até os últimos estágios da guerra, a administração FDR sabia deles já em 1942. Apesar das súplicas dos líderes judeus americanos, FDR se recusou a resgatar judeus da Europa ocupada pelos nazistas ou bombardear os campos de extermínio e crematórios para frustrar a "solução final" de Hitler. Há também a questão terrivelmente feia da cumplicidade corporativa americana na ascensão dos nazistas antes da guerra e o emprego moralmente pior de criminosos de guerra nazistas e japoneses após a vitória para seu uso na nova Guerra Fria contra os soviéticos.[29]

Sobre a possibilidade de bombardeio dos campos nazistas:

> Foram feitas propostas para bombardear os campos de extermínio argumentando que, como os presos morreriam de qualquer maneira, a destruição das ferrovias que levam aos campos, às câmaras de gás e aos crematórios provavelmente resultariam em mais vidas salvas do que perdidas. Oficiais militares alegaram que as aeronaves não poderiam ser poupadas de objetivos militares, mas muitas campanhas de bombardeio foram realizadas contra refinarias de petróleo e outros alvos perto dos campos mais infames, especialmente Auschwitz, mas nenhuma bomba foi disponibilizada para destruir as câmaras de gás. Foi apenas no último ano da guerra que o governo dos EUA fez algum movimento no sentido da salvação de judeus.[30]

Mesmo depois da chegada aos campos de prisioneiros, não se pode dizer que estes ficaram imediatamente livres do inferno dos campos, ainda que a administração aliada não tivesse políticas de tortura e extermínio, pois muitas das pessoas que lá se encontravam foram mantidas nos campos, sendo sistematicamente negligenciadas. Apenas quando o presidente Harry Truman admitiu em 1946 que alguns daqueles judeus haviam sido tratados "da mesma forma que os nazistas os trataram" é que eles passaram a ter suas situações resolvidas por ação dos administradores.[31]

DETERIORAÇÃO DAS RELAÇÕES EUA X ALEMANHA

Apesar das relações vantajosas entre industriais dos EUA com o nazismo, do antissemitismo presente na sociedade estadunidense e da sua indiferença ou tolerância para com o racismo germânico institucionalizado, as relações entre Estados Unidos e Alemanha acabariam se deteriorando até que uma guerra contra a Alemanha passasse a interessar à administração Roosevelt. Como isso ocorreu?

Um dos fatores agravantes da Grande Depressão foi o fato de que os Estados Unidos produziam muito mais do que seu público era capaz de absorver, obrigando que o excedente fosse exportado. E na década de 1930 o que tínhamos em formação era um bloco multipolar com grandes mercados de difícil inserção comercial, atrapalhando os anseios dos Estados Unidos quanto à fórmula "liberalismo para vocês, protecionismo para mim" que costuma condenar certas nações à dependência econômica de outras mais poderosas. Caso os Estados Unidos não conseguissem reordenar o sistema mundial para atender às suas necessidades, corria-se o risco de haver no país um contexto favorável a manifestações e sublevações populares.[32]

Em 1934, a Alemanha adotou uma política comercial que restringia as importações para tentar obter certa autossuficiência, política essa dirigida especialmente aos Estados Unidos, Grã-Bretanha e, em menor grau, a França. A dívida germânica para com os Estados Unidos, sozinha, consumia "600 milhões de *reichsmarks* além do grande déficit bilateral, que, em 1929, montava em quase 800 milhões de *reichsmarks*".[33] O déficit caiu para 230 milhões entre 1933 e 1934, mas "ao ritmo de 800 milhões de *reichsmarks* por ano, o total do rombo no balanço de pagamentos da Alemanha, por conta das obrigações para com os Estados Unidos no serviço da dívida e nas importações líquidas, era claramente insustentável".[34]

A Alemanha passou então a trabalhar ativamente para desvincular sua economia da dos Estados Unidos, criando relações comerciais bilaterais com diferentes nações, algo que batia de frente com a estratégia econômica impulsionada por Washington. Como o valor do dólar finalmente tinha parado de cair, os Estados Unidos criaram em 1934 a Lei de Acordos Comerciais Recíprocos, que "procurava pôr em prática reduções seletivas nas tarifas norte-americanas como forma de abrir o empacado sistema internacional de comércio".[35] Os acordos comerciais com a Alemanha se deterioraram ainda mais, fazendo esta mudar seu foco comercial para o Leste Europeu e para a América Latina, em busca daquilo que não seria mais possível obter dos Estados Unidos. Entre outras coisas, os alemães conseguiram do Chile o acesso a salitre e cobre. Do Brasil, conseguiram café e algodão.[36]

Em razão disso, entre 1933 e 1938, as exportações estadunidenses para a Alemanha despencaram, indo de 8,4% para 3,4%; em 1938, o valor dessas exportações foi de 406 milhões de dólares, muito menos do que os cerca de 2 bilhões de dez anos antes. Para as corporações que possuíam subsidiárias na Alemanha, o impacto dessas mudanças não foi grande – e como vimos, algumas até se beneficiavam daquele contexto –, mas as corporações sem esta vantagem e os políticos que acreditavam ser a prosperidade dos Estados Unidos dependente do comércio exterior ficaram extremamente incomodados com o andar da carruagem.[37]

Por conta de todas essas questões econômicas nas quais a Alemanha aparecia como uma pedra no sapato, mesmo antes de entrar oficialmente na guerra contra a Alemanha, os Estados Unidos já estavam aliados à Grã-Bretanha no esforço de guerra no Atlântico Norte, inclusive ordenando à sua marinha que atirasse em qualquer submarino alemão avistado, no intuito de ajudar as embarcações britânicas e possivelmente na esperança de que algum eventual ataque pudesse servir de pretexto para declarar guerra à Alemanha.

> Embora os submarinos nazistas disparassem contra navios americanos, matando militares americanos, logo foi revelado que os americanos haviam disparado primeiro, e isso produziu uma reação daqueles que eram contra a entrada na guerra. Esse estratagema desonesto falhou. Apenas o ataque total dos japoneses ao Havaí derrubou a oposição americana à entrada na guerra. Este "Dia da Infâmia" foi certamente uma surpresa para o público, mas o ataque foi antecipado na Washington oficial.[38]

Em 11 de dezembro de 1941, poucos dias após o ataque japonês a Pearl Harbor, o governo alemão se viu obrigado a declarar guerra contra os Estados Unidos por conta de sua aliança com o Japão. Washington finalmente estava em guerra contra as duas potências que mais ameaçavam sua hegemonia econômica no mundo.

O que foi exposto até aqui explica de maneira minimamente satisfatória os problemas dos argumentos supostamente morais dos Estados Unidos para classificar a Segunda Guerra Mundial como uma "boa guerra", ao menos de um ponto de vista político e de um ponto de vista macroscópico. Mas é necessário também observar mais de perto a mentalidade popular e o engajamento da população para com esta guerra.

"POR QUE LUTAMOS?"

Nos anos em que a guerra ocorria, boa parte da população estadunidense apresentava dúvidas com relação aos motivos de se engajar nela, mesmo após o ataque a Pearl Harbor. Isso não significa que milhões de cidadãos não entendessem a gravidade da situação e a necessidade de se derrotar o fascismo, mas "tais perspectivas eram apenas parte de uma vasta discussão pública sobre como entender o que estava acontecendo e como enquadrar a turbulência sem precedentes no mundo que a guerra trouxe".[39] A maioria dos cidadãos não queria que o país se envolvesse diretamente na guerra em 1941, e normalmente os motivos dos que queriam giravam em torno do revanchismo precipitado pelo ataque a Pearl Harbor, não pelo idealismo então propagandeado pela Casa Branca. Mesmo em 1944, uma pesquisa mostrou que 40% dos estadunidenses afirmavam não ter certeza pelo que estavam lutando; a maioria dos civis estadunidenses nem sequer sabia direito qual o sentido da guerra.[40] O Office of War Information (OWI) constatou em 1942 que 1/3 dos estadunidenses gostaria que seu país negociasse uma paz em separado com a Alemanha.[41] A pesquisa que trouxe essa conclusão mostrou que 40% dos civis não faziam ideia do motivo de o seu país estar envolvido na guerra e apenas 7% sabiam nomear ao menos uma das "Quatro Liberdades" pelas quais a propaganda oficial dizia ser a luta. "Para o povo americano, a guerra não foi uma cruzada pela liberdade e pela democracia, mas simplesmente, como escreveu a revista *Fortune*, 'uma necessidade dolorosa' – um infortúnio deplorável, mas inevitável".[42] Outra pesquisa, dessa vez realizada pela Divisão de Informação e Educação do exército, concluiu que "além da aceitação da guerra como uma necessidade imposta aos Estados Unidos por um agressor, houve pouco apoio às tentativas de dar significado à guerra em termos de princípios e causas envolvidas, e pouco desejo aparente por tais formulações".[43]

Arthur Miller, trabalhador de um estaleiro durante a guerra, observou "a quase ausência entre os homens com quem trabalhei... de qualquer compreensão do que o nazismo significava – estávamos lutando contra a Alemanha essencialmente porque ela se aliou com os japoneses que nos atacaram em Pearl Harbor".[44] Mais de 60% dos combatentes veteranos em atividade, quando questionados sobre se alguma vez já tinham tido a sensação de que não valia à pena lutar naquela guerra, responderam que sim, e a pesquisa concluiu que "quanto mais de perto os homens se aproximavam do verdadeiro negócio da guerra, mais provável era que questionassem seu valor".[45]

A despeito do revanchismo suscitado por Pearl Harbor, os soldados não viam a guerra como algo desejável, parte de uma cruzada por liberdade, justiça e democracia. Eles "lutaram para sobreviver, para vencer a guerra, para acabar com ela, para poder deixar o exército, para poder voltar para casa. Quando ouviam uma explicação idealista para a guerra, geralmente respondiam com um enérgico 'Besteira!'".[46]

Samuel Stouffer, que ajudou a dirigir uma das maiores pesquisas entre os soldados, concluiu ao fim do processo que havia uma "unanimidade básica" de que a guerra era inescapável, mas parecia haver certa dificuldade na sintetização de um sentido para ela. Em sua pesquisa de 1942 realizada com cerca de 6 mil soldados, Stouffer percebeu que 91% concordavam com a afirmação de que "nós temos que lutar agora se quisermos sobreviver". Em 1943, observou que 13% dos homens em combate conseguiam nomear ao menos três das "Quatro Liberdades", e cerca de 1/3 falhou em dar qualquer resposta sobre o porquê de os Estados Unidos estarem em guerra. Um quarto dos grupos analisados em 1943 afirmava estar lutando para defender a nação, mas apenas 16% afirmavam estar lutando por "liberdade" ou "democracia", e cerca de 15% sustentavam a necessidade de "livrar o mundo do fascismo".[47]

As ideias de luta pela liberdade ou pela democracia faziam ainda menos sentido prático entre os soldados de grupos minoritários, especialmente negros. A mesma sociedade que os discriminava, e onde políticas de segregação racial eram toleradas com o aval de Washington, chamava esses homens para a guerra alegando a necessidade de um esforço conjunto para que os inimigos fossem derrotados. E, ainda assim, nas próprias Forças Armadas essas pessoas sofriam discriminação, sendo que a norma era a existência de unidades segregadas para negros, até mesmo no *front*, ao menos até 1945.

> Aqueles consignados a formas de cidadania de segunda classe [...] se perguntavam como poderiam lutar por ideais liberais no exterior quando lhes foi negado tratamento justo em seu próprio país. Muito antes de Pearl Harbor, eles já haviam encontrado inúmeras razões para suspeitar das autoridades e questionar descrições virtuosas da nação que habitavam.[48]

Contudo, foi feito todo um esforço por parte das autoridades para que os negros também lutassem. Doris Miller, um taifeiro que trabalhava no USS West Virginia, ajudou a socorrer vários feridos quando os japoneses atacaram, e, em um determinado ponto, se posicionou em uma metralhadora antiaérea calibre 50, atirando até a munição acabar. Miller receberia a Cruz da Marinha em 27 de maio de 1942, deixou o *front* por alguns meses para fazer campanha de propaganda de títulos de guerra e sua imagem foi usada em um pôster de recrutamento, possivelmente na esperança de atrair voluntários de ascendência africana, mas infelizmente não sobreviveu à guerra, tendo morrido no afundamento do USS Liscome Bay em 1943.[49]

As Forças Armadas não estavam isentas dos preconceitos relativos à população negra. Nos exames de inteligência do exército, os soldados negros costumavam receber notas baixas em geral por fazerem parte de estratos sociais com menor acesso à educação. Mas isso fazia com que as lideranças do exército alimentassem suas próprias crenças de inferioridade racial. Assim, os negros alistados, em sua maioria, eram considerados inaptos para o combate e designados para serviços menos qualificados e trabalho braçal. A partir de 1944, grupos como o Buffalo Soldiers (apelido da 92ª Divisão de Infantaria que atuou a partir de 1944, originalmente pertencente ao 10º Regimento de Cavalaria dos Estados Unidos formado em 1866), os Red Tails (o 332º Grupo de Caça, cujos pilotos eram conhecidos como Red Tails por conta da pintura vermelha na cauda e no nariz dos seus aviões de caça), os Tuskegee Airmen (parte do 477º Grupo de Bombardeio) e o 761º Batalhão de Tanques foram gradativamente ganhando a oportunidade de entrar em combate, ainda que em grupos segregados.[50]

O EXCEPCIONALISMO MILITAR ESTADUNIDENSE 119

Pôster de 1943 ilustrado por David Stone Martin retratando Doris "Dorie" Miller com a Cruz da Marinha recebida por atos de bravura em Pearl Harbor. Ao fundo, embarcações que foram afundadas nesse ataque.

No futuro, as experiências dos soldados negros na guerra seriam usadas como argumento na luta pelos direitos civis. De fato, seriam instrumentalizadas dentro do discurso de valorização dos soldados-messias em um arrazoado que

> reforçou histórias tradicionais que viam todos os americanos como corajosos e naturalmente patrióticos. No final do século XX, a história das minorias na Segunda Guerra Mundial acabou sendo principalmente um conto de como mesmo cidadãos maltratados se apegaram ao amor pela nação e estavam dispostos a lutar por sua sobrevivência. O legado de sua vitimização e maus-tratos permaneceu, mas estava ficando mais difícil de encontrar, pois agora eles ocupavam seu lugar em uma lendária comunidade de heróis.[51]

As pesquisas e os estudos apresentados aqui nos permitem ter uma noção de como esses soldados pensavam sobre as razões para que a guerra ocorresse. Mas como era o comportamento desses soldados no campo de batalha?

O SOLDADO REAL

*"O medo mais profundo nos meus anos de guerra,
um que ainda está comigo, é de que esses acontecimentos
não tenham tido propósito."*

J. Glenn Gray[1]

A experiência dos soldados no campo de batalha é complexa demais para ser suficientemente contemplada em poucas páginas de maneira devidamente aprofundada. Muitos livros já foram lançados sobre esse assunto, e os debates nunca se esgotam. Contudo, trazer alguns elementos da vida dos combatentes durante a guerra pode ajudar a evaporar noções românticas de heroísmo e tratar as contradições humanas de maneira justa.

A TRAGÉDIA POR EXCELÊNCIA

Paul Fussell, autor de *Wartime: understanding and behavior in the Second World War* ("Tempo de Guerra: entendimento e comportamento na Segunda Guerra Mundial"), além de ter se consagrado como um importante estudioso das guerras mundiais, lutou na Segunda Guerra Mundial. Esse fato fez dele um cínico confesso ao se dar conta, assim como muitos dos seus colegas, do quanto os indivíduos comuns eram considerados descartáveis: o soldado de infantaria não era mais do que bucha de canhão, ainda que a empolgação dos jovens recrutas e voluntários só permitisse que eles percebessem isso tarde demais.

> A guerra deve depender dos jovens, pois só eles têm as duas coisas que a luta exige: resistência física e inocência sobre sua própria mortalidade. Os jovens se orgulham de seu estado atlético e, como seu senso de honra ainda não foi comprometido, eles são o material mais útil para guarnecer o lado mais difícil da guerra. O conhecimento virá depois de alguns meses, e então eles serão usados como soldados praticamente inúteis – assustados, cínicos, debilitados, relutantes. Representando uma paródia infantil de uma sociedade adulta assassina, meninos que nunca haviam se barbeado metralhavam outros meninos que se aproximavam com *Panzerfausts* em suas mãos de adolescente. Entre os horrivelmente feridos, o grito mais comum era "Mãe!".[2]

Paul Fussell constatou *in loco* que, para um indivíduo ser capaz de chegar a um estado de animação diante de um ataque, era necessário suprimir noções básicas de simpatia humana. Olhando em retrospectiva para "o que a guerra fazia com as pessoas", Fussell desenvolveu um profundo desprezo pelos combatentes que acabavam cometendo atrocidades.[3]

Da parte das autoridades, havia um esforço considerável em esconder do grande público tanto os horrores da guerra que afligiam seus soldados quanto os que eram cometidos por eles próprios. Diante de omissões e dados falsos, os civis em casa eram levados a desenvolver um olhar binário a respeito de um "bem" e um "mal". Os aspectos mais terríveis da guerra eram ignorados. Narrativas em torno da ideia do "soldado-messias" e do sacrifício dos soldados funcionaram em uma chave de uniformização do comportamento humano: os Aliados atacam, todos de maneira heroica; os alemães se defendem, todos na mesma intensidade; "nenhum homem vira as costas e foge, nenhum se atira ao chão para simular a morte, ou para fulminado diante do indescritível horror de tudo aquilo".[4] No empenho ativo para esconder os aspectos mais agressivos dos olhos dos civis, as imagens de combatentes mortos ou mutilados não eram levadas ao grande público em fotos ou filmes.

Já os combatentes em campo tinham plena noção de que a guerra não era um local de heroísmo patriótico, mas sim da tragédia por excelência. Walter Slatoff, da 78ª Divisão de Infantaria, em um texto escrito para seu filho, explica de maneira eloquente a natureza da guerra.

> Meu filho: a guerra é mais terrível do que todas as palavras humanas podem dizer; mais terrível do que a mente de um homem pode compreender. É o cadáver de um amigo, até um momento atrás um ser humano vivo com pensamentos, esperanças e um futuro, exatamente como você – e que agora não é nada. São os gemidos e a dor dos feridos e as expressões em seus rostos. É o som de novos soldados chorando antes da batalha; o som mais alto de seu silêncio depois. É a sujeira, a coceira e a fome; o desconforto corporal sem fim; sentindo-se como um animal; o cansaço tão profundo que morrer seria bom. É o conhecimento maligno e risonho de que mais cedo ou mais tarde a lei das médias alcançará cada soldado, e a terrível esperança de que isso tome a forma de um ferimento, não mutilação ou morte. Lembre-se do que estamos falando. Não de palavras, não de soldados, mas de seres humanos exatamente como você.[5]

A guerra moderna causa um número muito maior de mutilações do que as guerras do passado sem o uso de armas de pólvora. Contudo, afirma Fussell, as sensibilidades das sociedades modernas transformaram esse tipo de evento em algo muito menos digerível, o que faz com que a propaganda de guerra precise trabalhar mais para evitar a circulação de imagens que derrubem o moral dos cidadãos. Isso gerou um enorme distanciamento entre os civis que ficaram nos Estados Unidos e as pessoas que foram para o combate.

> O que irritou as tropas e aumentou sua atitude sardônica e desdenhosa para com aqueles que as viam de longe foi em grande parte essa inocência pública sobre os danos bizarros sofridos pelo corpo humano na guerra moderna. As tropas não podiam contemplar sem raiva a falta de conhecimento público do formulário de Registro de Túmulos usado pelo Corpo de Intendentes do Exército dos EUA com seu espaço para indicar "Membros

desaparecidos". Você esperaria que os soldados da linha de frente fossem atingidos e feridos por balas e fragmentos de granadas, mas tal é o isolamento popular dos fatos que não se esperaria que eles fossem feridos, às vezes mortos, ao serem atingidos por partes do corpo de seus amigos violentamente separadas.⁶

O historiador Kenneth D. Rose complementa:

> O material censurado incluía fotografias que mostravam idosos, jovens ou mulheres vítimas de bombas e balas americanas. Fotografias mostrando aqueles que tinham sido atropelados por soldados americanos em acidentes de trânsito também foram suprimidas, assim como fotografias de soldados coletando partes de corpos como *souvenirs*. Também foram extirpadas fotografias mostrando médicos americanos prestando assistência médica a prisioneiros (isso para evitar despertar qualquer simpatia do público pelo inimigo) e fotos de tropas negras misturando-se com mulheres brancas. Finalmente, qualquer evidência fotográfica do que a guerra realmente faz com o corpo humano, incluindo "decapitação, desmembramento... membros torcidos ou congelados em posições não naturais" e, em um caso, "fotografias de um campo cheio de pedaços de carne humana" não apareciam diante de um público melindroso. "Destruir o moral" e a evidência da sombria realidade desse conflito eram a mesma coisa, e a censura era uma ferramenta usada pelo governo para convencer um público complacente da bondade da guerra.⁷

A "MERDA DE GALINHA"

Para além das dificuldades inerentes ao combate, existiam também os problemas externos à luta que contribuíam para tornar a vida dos soldados ainda mais miserável. Um exemplo é aquilo que os soldados chamavam de *chickenshit*, o que se traduz literalmente como "merda de galinha". *Chickenshit* não se refere às dificuldades da vida cotidiana no meio militar, como a falta de privacidade, o tédio dos treinamentos disciplinares, a necessidade de sufocar traços de personalidade próprios, a comida repetitiva e pouco apetitosa, entre outros.

> Merda de galinha refere-se [...] a comportamentos que tornam a vida militar pior do que precisa ser: assédio mesquinho aos fracos pelos fortes; luta aberta por poder, autoridade e prestígio; sadismo disfarçado de disciplina necessária [...]; e insistência na letra da lei e não no espírito das ordenanças. Merda de galinha é assim chamada – em vez de merda de cavalo, touro ou elefante – porque é mesquinha e ignóbil e leva o trivial a sério. A merda de galinha pode ser reconhecida instantaneamente porque nunca tem nada a ver com vencer a guerra.[8]

De forma resumida, *chickenshit* refere-se aos abusos de autoridade por meio da exigência de atividades cansativas e sem utilidade como treinamento, aplicadas com o mero intuito de o oficial demonstrar poder ou humilhar os soldados. Obrigar o cumprimento de formalidades burocráticas inúteis ou contrárias ao bom senso em situações específicas também se enquadram nessa definição.

Um exemplo emblemático de *chickenshit* pode ser encontrado em *Beyond Band of Brothers* ("Além de Band of Brothers"), do major Dick Winters, líder da Companhia Easy, que fala a respeito do responsável pela "merda de galinha", o capitão Herbert Sobel: "Sobel não era apenas injusto; ele era essencialmente mau".[9]

> Uma disciplina de ferro os oficiais podiam tolerar, mas armado com a autoridade máxima para destituir qualquer homem da companhia, Sobel ultrapassou os limites da conduta aceitável ao lidar com soldados-cidadãos. Se infrações de disciplina não fossem encontradas durante as inspeções, ele fabricava deficiências para provar um ponto ou para enfatizar sua autoridade como comandante de companhia.[10]

Outro membro da Companhia Easy, David Kenyon Webster, descreveu uma situação específica de "merda de galinha" em suas memórias, que seriam transformadas em livro – *Parachute Infantry: An American paratrooper's memoir of D-Day and the fall of the Third Reich* ("Infantaria de paraquedas: memória de um paraquedista americano sobre o Dia D e a queda do Terceiro Reich") – décadas depois de seu desaparecimento no mar – e provável morte – em 1962. O paraquedista relata que, durante a Operação Market Garden, ele e seus camaradas descansavam em um *foxhole*[11] próximo a Veghel e da autoestrada entre Eindhoven e Arnhem, nos Países Baixos, quando foram abordados pelo tenente Thomas Peacock. O tenente chamou Webster para acompanhá-lo a uma casa de três andares, um alojamento de oficiais: "olhei em volta com inveja, pois suas camas, cobertores, lençóis e água corrente quente e fria estavam além de qualquer coisa que eu pudesse esperar alcançar".[12] O tenente, então, apontou para uma vassoura encostada em uma parede e ordenou que Webster varresse o local. Anos depois, escrevendo sobre o incidente, Webster fez questão de expressar sua fúria:

> Serei um batedor e seguirei em frente e em guarda de flanco e correrei pelos campos abertos sem cobertura, porque essas coisas são esperadas de qualquer soldado. Vou saudar quando for preciso e ficar em posição de sentido e dizer: "Sim, senhor", não importa o quão errado o oficial possa estar, porque isso também é o Exército e todos nós temos que ser disciplinados, pois sem disciplina não se pode lutar. Mas quando um oficial que está dormindo dentro de uma casa entre lençóis me tira de um buraco no chão para varrer sua casa – bem, isso é pedir demais.[13]

A "merda de galinha" era uma consequência direta da mentalidade de que os soldados de infantaria eram, em geral, descartáveis.

> Uma das ironias da Segunda Guerra Mundial é que aqueles que teriam que suportar o pior dos combates – homens em companhias de fuzileiros – acabaram nesses uniformes porque os militares os consideravam de menor calibre em termos de habilidades e educação.[14]

Para o ramo de pesquisas do Exército, a infantaria era "o depósito de lixo de homens que poderiam passar pelos padrões físicos, mas que não precisavam satisfazer nenhum outro critério",[15] e 74% dos próprios soldados afirmaram em pesquisa que a infantaria recebia muitos homens que não serviam para mais nada além daquilo.

No entanto, os soldados de infantaria desenvolveram um orgulho próprio em torno das privações e carências que aguentavam. Um dos soldados teria afirmado: "Eu nunca soube que poderia aguentar tanto até me juntar à infantaria".[16] Esse orgulho era também alimentado por um fator mais do que fundamental para a vida dos combatentes e que está presente em abundância tanto em livros de memórias de ex-combatentes quanto em livros acadêmicos que analisam a vida no *front*: a camaradagem.

CAMARADAGEM E VIOLÊNCIA

O historiador militar John McManus, em *The Deadly Brotherhood: The American Combat Soldier in World War II* ("A irmandade mortal: o soldado combatente americano na Segunda Guerra Mundial"), afirma que os laços que uniam os combatentes estadunidenses eram tão fortes que a maneira mais precisa de descrevê-los é chamá-los de "irmandade".

> Esse vínculo foi a força de sustentação e motivação mais importante para o soldado de combate americano na Segunda Guerra Mundial. Embora algumas unidades individuais fossem mais coesas que outras, a irmandade não era exclusiva de nenhuma unidade, setor ou teatro. Pelo contrário, era difundida entre as tropas que lutaram na guerra.[17]

Dick Winters, líder da Companhia Easy (que seria representada em *Band of Brothers: companhia de heróis*), comenta sobre o título do livro de Stephen E. Ambrose a respeito de sua unidade:

> Stephen Ambrose, em seu livro, nos chamou de "bando de irmãos". No entanto, da maneira como cuidamos um do outro, protegemos um ao outro, rimos e choramos juntos, realmente éramos ainda mais próximos do que irmãos de sangue. Éramos como gêmeos – o que aconteceu com um de nós, aconteceu com todos nós, e todos compartilhamos as consequências e os sentimentos.[18]

Samuel Hynes em seu clássico *A soldier's tale* ("Um conto de um soldado"), ao chamá-los de "camaradagem", dá a esses laços a conotação que adotamos aqui. Hynes, ele mesmo um ex-combatente da Segunda Guerra Mundial, afirma:

> A amizade [...] é diferente lá – diferente o suficiente para precisar de outro nome: *camaradagem*. A primeira coisa a ser dita sobre a camaradagem é que ela é acidental. Os camaradas na guerra são simplesmente os homens escolhidos pelo sistema para ficar ao seu lado. Porque eles se reúnem tão aleatoriamente, pelo alfabeto ou por números, certamente serão mais diferentes uns dos outros, social, geográfica e psicologicamente, do que qualquer círculo de amigos dos tempos de paz. Eles não compartilham nenhum passado comum (que é a cola da amizade); seus laços estão todos no presente, na cultura de guerra que compartilham: a vida cotidiana, o trabalho, as habilidades, as dificuldades e os perigos, o tédio, da guerra.[19] [Grifo do autor.]

O processo de construção da camaradagem começava no treinamento, onde os homens eram levados a abandonar a ideia de bravura individual para valorizar a importância da organização. Na guerra, a ideia de que os camaradas dependem uns dos outros para sobreviver intensifica ainda mais os laços que os uniam, o que dá aos soldados motivos pelos quais viver e lutar. Segundo J. Glenn Gray em *The Warriors: reflections of men in battle* ("Os guerreiros: reflexões de homens em batalha"):

> Inúmeros soldados morreram, mais ou menos voluntariamente, não pela pátria ou honra ou fé religiosa ou por qualquer outro bem abstrato, mas porque perceberam que, fugindo de seu posto e resgatando a si mesmos, exporiam seus companheiros a um perigo maior. Tal lealdade ao grupo é a essência da moral em combate.[20]

Gray, também ex-combatente da Segunda Guerra que entrou para o exército em maio de 1941 e foi dispensado em outubro de 1945 com a patente de segundo tenente, como outros autores, reflete sobre sua experiência após a guerra de maneira mais filosófica e menos autobiográfica. Sua obra foi publicada originalmente em 1959 e ganhou outras edições nos anos que se passaram. Para ele, desde que os soldados tenham objetivos concretos definidos de maneira clara, diante do perigo e da possibilidade de morte, os laços de camaradagem acabam sendo fortalecidos.[21] Esse sentimento é tão forte que alguns ex-combatentes sentem falta dele quando voltam ao mundo civil. Para aqueles que ficaram em casa e recebem os veteranos em sua volta, este sentimento é difícil de compreender, tanto quanto é para os ex-combatentes explicar.[22]

A camaradagem acompanha os combatentes tanto nos momentos de sacrifício em prol do amigo ao seu lado quanto nos momentos de violência extrema e, às vezes, até em atos considerados crimes de guerra. Todos os lados da guerra foram culpados pela morte de prisioneiros desarmados e a profanação dos corpos dos inimigos, e embora muitos soldados se sentissem desconfortáveis com esse tipo de situação, em geral elas eram toleradas por uma questão de coesão coletiva. Segundo Hynes:

> Se a afeição entre os homens é diferente na guerra, o mesmo acontece com o seu oposto – a hostilidade e sua expressão na violência. Há momentos na guerra em que os homens se tornam diferentes, podendo fazer coisas que, em seus tempos de paz, eles chamariam de monstruosidades e desumanas. Não gostamos de acreditar nisso – que os homens podem arriscar suas naturezas essenciais –, mas deve ser verdade, ou não existiriam atrocidades. E existem atrocidades, em todo exército, em toda guerra. No campo de batalha, em campos de prisioneiros, em cidades sitiadas e capturadas, as restrições da lei e da sociedade perdem sua autoridade [...] e os homens são brutais e cruéis.[23]

Essa cumplicidade que leva à tolerância é ilustrada por diversos casos de atrocidades cometidas por indivíduos que, no mundo civil em tempo de paz, dificilmente teriam os impulsos homicidas que demonstram na guerra. Essa aparente contradição é explicada por Sönke Neitzel e Harald Welzer a partir do conceito de "marcos referenciais", em *Soldados: sobre lutar, matar e morrer*. Eles argumentam que esse tipo de fenômeno se dá pelo fato de que os marcos referenciais dos indivíduos e grupos são muito diferentes na vida civil em tempos de paz e na guerra. Para os autores, os marcos referenciais são os elementos culturais, sociais e históricos nos quais os indivíduos estão inseridos e através dos quais eles enxergam o mundo. Por isso é que no mundo civil o ato de matar é visto como um crime bárbaro; mas uma mesma pessoa que condena o assassinato em tempos de paz pode cometê-lo no campo de batalha, até contra vítimas indefesas, porque os marcos referenciais são diferentes na paz e na guerra. No mundo civil, o assassinato é um atestado de inaptidão social diante das regras majoritariamente aceitas pela sociedade, definidas tanto na letra da lei quanto pela moral. Já, na guerra, matar é visto como parte integrante da tarefa do combatente. Em muitos casos, prisioneiros indefesos são mortos de maneira covarde, por soldados que sabem que seus camaradas também sofrem na mão dos inimigos captores. A violência sexual contra as civis do lado inimigo se torna uma espécie de espólio de guerra. Uma violência justifica outra, que justifica mais uma, e assim os marcos referenciais dos homens em combate se tornam um catálogo de justificativas da violência que praticam em resposta à brutalidade ao seu redor.

Neitzel e Welzer classificam os marcos referenciais em quatro ordens. Os de primeira ordem abrangem a estrutura histórico-social de fundo em que as pessoas vivem em um momento específico, onde há noções claras de "bom" e "mau", "verdadeiro" e "falso", de como se comportar em diferentes situações, que distância corporal manter dos outros, códigos de etiquetas, entre outros. Ou seja, um "mundo sentido" que trabalha no inconsciente e no plano emocional das pessoas, ao invés de atuar em um plano reflexivo. Os marcos de segunda ordem são mais concretos de um ponto de vista histórico e cultural, e na maioria das vezes também geográfico. Sua vigência pode ser definida pelo tempo de um regime político de dominação, pelo período em que vigora uma Constituição ou por uma época histórica específica, como, por exemplo, o Terceiro Reich. Os marcos de terceira ordem são ainda mais específicos e se relacionam a uma cadeia de acontecimentos concretos na qual os indivíduos atuam, como uma guerra onde eles combatem na posição de soldados. Os de quarta ordem referem-se a uma dimensão mais psicológica e individual. Esses marcos são, portanto, características especiais, modos de percepção, deveres de consciência, modelos interpretativos e outras questões que cada pessoa traz para uma situação e usa como referência para tomar decisões.[24] A partir de cada contexto, momento e lugar, os indivíduos tentam confirmar suas percepções e interpretações da realidade observando as atitudes daqueles que estão ao seu redor, principalmente em situações de caráter inesperado e ameaçador que conduzem a "um grande problema de orientação: O que está acontecendo agora? O que devo fazer?".[25] Se nas situações plurais da vida social, os marcos referenciais podem ter uma interferência pouco significativa nas atitudes dos sujeitos, em uma guerra ou outras situações extremas, o peso deles pode ser impossível de ignorar.[26]

A camaradagem dos soldados é fruto das circunstâncias, especialmente a de fazer parte de uma instituição de tipo total. "A importância do grupo de camaradagem para as necessidades individuais de orientação aumenta de acordo com o perigo da situação em que as pessoas se encontram. O grupo torna-se total."[27]

> As instituições totais funcionam como mundos herméticos a sua própria maneira precisamente porque perseguem finalidades pedagógicas: os soldados não devem aprender somente a manejar uma arma ou a se mover no campo de combate, têm de saber também obedecer, se integrar incondicionalmente numa hierarquia e estar sempre prontos a agir sob ordens. Essas instituições estabelecem uma forma especial de socialização em que as normas e coações coletivas desempenham uma influência sobre o indivíduo maior do que em circunstâncias sociais de normalidade – mesmo porque o grupo de camaradagem de que alguém faz parte, ainda que não escolhido livremente, constitui o único grupo de referência e não deixa alternativa. As pessoas pertencem a ele pois foram alocadas ali.[28]

As atitudes dos soldados, portanto, não dependem apenas da sua própria percepção, interpretação ou decisão, pois sua margem de avaliação mediante seu próprio juízo é muito pequena. E diante de uma situação em que há dificuldade para se orientar adequadamente, a ordem e o grupo asseguram uma direção em que, sem sua presença, poderia não haver nenhuma.

> Por que alguém matou outras pessoas ou se envolveu em crimes de guerra são perguntas, no contexto da teoria dos papéis sociais, mais bem compreendidas não como questões morais, mas empíricas. Do ponto de vista moral, elas só guardam algum sentido se a margem de atuação dos indivíduos contivesse alternativas

> palpáveis que *não* foram escolhidas. Esse é, como se sabe, o caso das recusas de participação nas chamadas "ações judaicas", por exemplo, que não acarretavam nenhuma consequência jurídica, e de inúmeros incidentes de exercício lascivo de violência [...]. Em outras constelações de acontecimentos, no entanto, constata-se claramente que as possibilidades de escolha e alternativas de ação, proporcionadas na vida civil pela pluralidade de papéis sociais, na guerra simplesmente não existem.²⁹

O soldado, então, aceita fazer parte da matança e até mesmo de crimes de guerra, porque, para além de qualquer cálculo racional ou questionamento moral, os seres humanos agem e fazem suas escolhas dentro de relações sociais, especialmente quando as decisões são tomadas em contexto de estresse. Essa anulação individual dos que cedem às pressões do grupo diante do que é moralmente condenável também gera recompensas. Agir dessa forma dá ao indivíduo a sensação de pertencimento, de comunidade, de confiança e reconhecimento por parte do grupo, que proporciona a libertação dos compromissos da vida civil. Assim, a camaradagem se torna tanto um compromisso social quanto um descompromisso para com o que está além do escopo do grupo. Ela é libertadora e se torna uma unidade de sobrevivência de tal maneira que dificilmente ocorreria em condições normais de socialização.³⁰

Neitzel e Welzer, que analisaram as gravações britânicas feitas às escondidas com soldados alemães aprisionados, afirmam que a noção de "crime de guerra" é insignificante para os combatentes.

> Nos relatos dos soldados, o conceito de "crimes de guerra" não tem nenhuma importância, é quase tão irrelevante quanto os acordos da Convenção de Haia sobre a Guerra Terrestre ou os da Convenção de Genebra. Para os soldados, o ponto de referência decisivo sempre foi o costume de guerra – aquilo que as pessoas costumam fazer nessa situação.³¹

É por isso que práticas dos combatentes estadunidenses como o cozimento de membros decepados de soldados japoneses – especialmente crânios – para a retirada da carne e pele, com a finalidade de ter os ossos como *souvenirs* aconteciam no campo de batalha dentro de uma relativa normalidade. Outra prática comum no teatro do Pacífico era a de arrancar dentes de ouro dos adversários caídos, mesmo que estes ainda estivessem vivos. Quando os relatos de tais práticas chegaram ao grande público, elas foram execradas pelos civis.

O fuzileiro naval Eugene Sledge, apelidado pelos camaradas de Sledgehammer (*marreta*, em inglês), em seu livro de memórias *With the Old Breed at Peleliu and Okinawa*, ("Com a velha guarda em Peleliu e Okinawa") oferece um interessante relato que contrasta a mentalidade do pessoal de retaguarda e civis com a dos combatentes em situações extremas.

> Para os não combatentes e os que estavam na periferia da ação, a guerra significava apenas tédio ou excitação ocasional; mas para aqueles que entraram no próprio moedor de carne, a guerra era um submundo de horror do qual escapar parecia cada vez menos provável à medida que as baixas aumentavam e a luta se arrastava. O tempo não tinha significado; a vida não tinha sentido. A luta feroz pela sobrevivência no abismo de Peleliu corroeu o verniz da civilização e fez de todos nós selvagens. Nós existíamos em um ambiente totalmente incompreensível para os homens por trás das linhas – tropas de serviço e civis.[32]

Eugene Sledge conta em suas memórias uma situação que presenciou:

> Enquanto eu estava removendo uma baioneta e uma bainha de um japonês morto, notei um fuzileiro naval perto de mim. Ele não estava na nossa seção de morteiros, mas tinha passado por ali e queria fazer parte dos despojos. Ele veio até mim arrastando o que eu presumi ser um cadáver. Mas o japonês não estava morto. Ele havia sido gravemente ferido nas costas e não conseguia mover os braços; caso contrário, teria resistido até o último suspiro. A boca do japonês brilhava com enormes dentes de ouro, e seu captor os queria. Ele colocou a ponta de sua kabar [faca] na base de um dente e bateu no cabo com a palma da mão. Como o japonês estava chutando e se debatendo, a ponta da faca resvalou no dente e afundou profundamente na boca da vítima. O fuzileiro o xingou e com um golpe abriu com

um corte suas bochechas de orelha a orelha. Ele colocou o pé no maxilar inferior do homem em sofrimento e tentou novamente. O sangue jorrou da boca do soldado. Ele fez um barulho gorgolejante e se debateu descontroladamente. Eu gritei: "Ponha um fim no sofrimento dele". Tudo o que recebi como resposta foi um xingamento. Outro fuzileiro correu, colocou uma bala no cérebro do soldado inimigo e acabou com sua agonia. O carniceiro resmungou e continuou extraindo seus prêmios sem ser perturbado.[33]

Isso não significa, logicamente, que todos os indivíduos em combate acabaram engolfados por uma totalidade que lhes tirou toda a autonomia. Apesar dos novos marcos referenciais, muitos indivíduos lutaram para se manter dentro de seus próprios parâmetros morais ou religiosos. Vide o caso de Desmond Doss, que ficou mundialmente famoso ao ser representado no filme *Até o último homem*, dirigido por Mel Gibson. Recusando-se a portar armas e a matar por conta de sua fé – Doss era membro da Igreja Adventista do Sétimo Dia –, o jovem sofreu todo tipo de humilhação por parte do exército, mas foi autorizado a ir para guerra como médico. Em Okinawa, Doss salvou dezenas de soldados feridos, e pelo seu feito extraordinário, foi agraciado com a Medalha de Honra.[34] No entanto, o feito só foi possível porque Doss preferiu suportar a pressão, o ódio e as sucessivas humilhações por parte dos camaradas cujas mentalidade e ação se davam a partir de outros marcos referenciais, os da guerra, enquanto Doss optou por se ater aos marcos de sua vida civil, especialmente suas convicções religiosas.

Houve quem apelasse "para a consciência" de seus colegas, de modo a tentar impedi-los de se deixar levar pela violência e brutalidade da guerra. Eugene Sledge faz um relato detalhado de uma situação em que se viu prestes a agir da mesma maneira brutalizada que seus colegas coletores de dentes, mas foi convencido do contrário:

> Uma mão me agarrou pelo ombro, e eu me endireitei para ver quem era. "O que você vai fazer, Sledgehammer?", perguntou o Doc Caswell. Sua expressão era uma mistura de tristeza e reprovação enquanto ele olhava atentamente para mim. "Só pensei em coletar alguns dentes de ouro", respondi. "Não faça

isso." "Por que não, doutor?" "Você não quer fazer esse tipo de coisa. O que seus pais pensariam se soubessem?" "Bem, meu pai é médico, e aposto que ele acharia interessante", respondi, me abaixando para retomar minha tarefa. "Não! Os germes, Sledgehammer! Você pode pegar germes deles." Parei e olhei interrogativamente para Doc e disse: "Germes? Puxa, nunca pensei nisso." "Sim, você tem que ter cuidado com os germes em torno de todos esses japas mortos, você sabe", disse ele com veemência. "Bem, então, acho melhor cortar a insígnia em seu colarinho e deixar seus dentes desagradáveis em paz. Você acha que é seguro, Doc?" "Acho que sim", ele respondeu com um aceno de aprovação. Refletindo sobre o episódio após a guerra, percebi que Doc Caswell não tinha germes em mente. Ele era um bom amigo e uma pessoa boa e genuína, cuja sensibilidade não havia sido esmagada pela guerra. Ele estava apenas tentando me ajudar a manter um pouco da minha e não me tornar completamente insensível e duro.[35]

É importante notar, contudo, que Caswell convence Sledge a desistir da prática brutal através de um argumento passível de aceitação dentro dos marcos referenciais dos fuzileiros navais, imersos no racismo típico da época e tomados por um profundo ódio aos seus adversários nipônicos. Muito provavelmente por medo da reprovação dos seus camaradas, caso apelasse para noções básicas de moral e humanidade, Caswell prefere alertar para um perigo imaginado de germes presentes na boca dos adversários, frequentemente desumanizados pelos fuzileiros. Ele atinge seu objetivo de atrasar uma possível brutalização de Sledge usando os marcos referenciais dos próprios fuzileiros.

AS CARÊNCIAS DO *FRONT*

Carências cotidianas também tornavam a vida dos soldados difícil: dificuldades de acesso a comida e equipamentos de boa qualidade, doenças e situações estressantes capazes de prejudicar a saúde mental.

Há uma percepção de que o soldado estadunidense na Segunda Guerra Mundial era o mais bem alimentado e mais bem equipado, pois seu país mobilizava grandes quantidades de recursos para suprir seus combatentes, incluindo amenidades inacessíveis aos de outras nações. A percepção é, de certa forma, correta. Contudo, se as opções de alimentação dos estadunidenses eram melhores, não significa que os soldados fossem bem alimentados ou ainda que gostassem da comida.[36] Às vezes pelos rigores do combate, às vezes por simplificações impostas pela vida institucional, os soldados efetivamente passavam fome.[37]

Da mesma forma, a grande quantidade de equipamentos que os soldados recebiam não necessariamente significava que eles eram de boa qualidade ou que performavam bem quando necessário, colocando os combatentes em situações de vantagem em combate.[38]

> Eles [os estadunidenses] sabiam que seus rifles automáticos (antigos da Primeira Guerra Mundial) eram mais lentos e desajeitados, e sabiam que os alemães tinham uma metralhadora leve muito melhor. Eles sabiam que, apesar das afirmações oficiais que diziam o contrário, os alemães tinham pólvora realmente sem fumaça para suas armas pequenas e que eles não tinham. Eles sabiam que seus próprios tanques, tanto americanos quanto britânicos, eram ridiculamente mal armados e blindados, de modo que eram inevitavelmente destruídos em um encontro aberto com um número igual de Panzers alemães. Eles sabiam que as minas antitanque tornavam-se instáveis em temperaturas abaixo do congelamento, e que caminhões carregados delas explodiram no inverno de 1944-45. E eles sabiam que a maior arma da guerra, com exceção da bomba atômica, era o canhão alemão de trajetória plana de 88 mm, que derrubou milhares de bombardeiros e dezenas de milhares de soldados. Os Aliados não tinham nada tão bom, apesar de um deles se autodenominar a maior potência industrial do mundo.[39]

É verdade que os Estados Unidos chegaram a desenvolver o rifle M1 Garand, que permitia aos fuzileiros dar oito tiros sequenciais sem a necessidade de manejo do ferrolho a cada tiro, como no caso do antigo Springfield 1903, mais comumente utilizado. Mas levou tempo até que esse rifle fosse distribuído em larga escala para as tropas.

Doenças como malária, dengue e febre da água negra eram comuns no Pacífico, enquanto na Europa o pé de trincheira e a pneumonia causavam maior preocupação. E em ambos os teatros – e em toda a história das guerras desde os primórdios da humanidade até então – a disenteria era um tormento. Mas havia também uma série de impactos psicológicos decorrentes das situações de combate. Não eram apenas os soldados mais fracos ou mais sensíveis, ou considerados covardes, que acabavam se tornando vítimas psiquiátricas da guerra. Na opinião de Paul Fussell, "todos quebrarão se [estiverem] em combate por tempo suficiente. 'Tempo suficiente' agora é definido por médicos e psiquiatras como algo entre 200 e 240 dias. Como observadores médicos relataram: 'Não existe isso de 'se acostumar ao combate [...]'"".[40]

> Na Segunda Guerra Mundial, os militares americanos aprenderam algo muito "moderno" – moderno porque dramaticamente "psicológico", utilitarista, não cavalheiresco e não heroico: aprenderam que os homens inevitavelmente enlouquecerão em batalha e que nenhum apelo ao patriotismo, à masculinidade, ou à lealdade ao grupo, em última análise, importará.[41]

Durante a Segunda Guerra Mundial, mais de 800 mil homens receberam em algum momento a classificação 4-F (incapaz para o serviço) por motivos psiquiátricos. As Forças Armadas sofreram cerca de 504 mil baixas adicionais por colapsos nervosos, número tão alto que seria suficiente para formar cinquenta divisões. Segundo um estudo realizado durante o conflito, após lutar continuamente por 60 dias, 98% dos combatentes eram considerados baixas psiquiátricas de algum tipo. Os 2% restantes, aptos a resistir ao combate prolongado, tinham propensões a exibir "agressivas personalidades psicopatas".[42]

E o acúmulo de todos esses desafios presentes na vida do soldado real – não do soldado-messias idealizado – resultava, por vezes, em deserções, que atingiram 6,3% das Forças Armadas durante os combates de 1944.

> Ao todo, cerca de 40.000 desertaram. 2.800 foram levados à corte marcial e 49 receberam sentenças de morte. Apenas o infeliz Ernie Slovik foi realmente executado, aparentemente para servir de exemplo durante a confusão da Batalha do Bulge. A deserção era praticamente desconhecida no Pacífico, onde não havia lugar para desertar, e na Europa um grande número de

homens foi classificado como ausente sem licença (AWOL) e não como desertor.⁴³

Robert Fantina, em *Desertion and the American Soldier, 1776-2006* ("Deserção e o soldado americano"), apresenta alguns números diferentes do cálculo de Kenneth D. Rose:

> A deserção durante a Segunda Guerra Mundial não foi um problema menor do que nas guerras anteriores. As taxas de deserção atingiram um pico de 6,3% em 1944, mas caíram para 4,5% no ano seguinte. Durante a guerra, 21.049 soldados americanos foram condenados por deserção e 49 deles receberam sentenças de morte. A maior taxa de deserções ocorreu no mesmo ano em que mais soldados estavam sendo dispensados do Exército por psiconeurose do que sendo convocados.⁴⁴

OS SOLDADOS E AS MULHERES

Uma das formas que os soldados encontravam para se distrair dos horrores da guerra era ter relações sexuais com as mulheres locais ou mesmo com mulheres que faziam parte das Forças Armadas em trabalhos de escritório ou na área de saúde, entre outros. Em geral, a postura dos soldados foi abertamente machista e, em alguns casos, inegavelmente misógina. Isso também se refletia no relacionamento com as mulheres e namoradas deixadas na terra natal; era relativamente comum que os combatentes não confiassem nelas, e a ficção produzida durante a guerra registrou temas misóginos e hostis ligados à infidelidade feminina. As prostitutas e mulheres estrangeiras com quem os sodados eventualmente se relacionavam no exterior eram vistas como mais confiáveis que as mulheres que "ficaram para trás", nos EUA.⁴⁵

Paul Fussell explica que os soldados estadunidenses na Europa criaram o termo "Querido John" para se referirem às temidas cartas de término de relacionamento enviadas pelas namoradas – no teatro do Pacífico, essas correspondências eram chamadas de "Bananas verdes". Os soldados afirmavam que essas cartas chegavam geralmente quando suas namoradas decidiam trocá-los por outros homens, aqueles que não foram para o combate.[46] David K. Webster, escrevendo sobre o medo que antecedeu a invasão da Normandia, também menciona o receio de ser traído: "você escreve para a sua namorada, que provavelmente está ficando a sério com outro, como as nossas estavam".[47] Aí entrava em cena a mulher estrangeira, segundo o filósofo e ex-combatente da Segunda Guerra Mundial J. Glenn Gray, "vulnerável e interessada nos homens de farda".

> Este fato é tão inexplicável quanto notório. Muitas garotas que até então levavam uma existência casual e superficial dentro de um círculo familiar protetor foram subitamente dominadas por uma intensa paixão por um soldado encontrado por acaso na rua ou em um baile para militares. Parece que a própria atmosfera das grandes cidades em tempos de guerra respira as seduções do amor físico. Não apenas as inibições na expressão sexual são reduzidas, mas existe um interesse muito mais apaixonado dos sexos um pelo outro do que em tempos de paz.[48]

É possível constatar uma idealização da mulher estrangeira, que apareciam "como anjos de beleza e ternura para soldados combatentes famintos por essas qualidades".[49] As próprias Forças Armadas contribuíram para essa idealização com um pequeno guia, desenvolvido para os combatentes estadunidenses que logo invadiriam a França, *A Pocket Guide to France* ("Um guia de bolso para a França"), dedicado a ensinar detalhes sobre o país e sua população, além de palavras e expressões úteis para comunicação com os civis. Segundo esse guia, as mulheres francesas nunca saíam sem uma acompanhante, tinham menos liberdades do que as mulheres que haviam ficado nos Estados Unidos e eram majoritariamente decentes – afirmações que reforçavam a visão preconceituosa de que as mulheres civis encontradas no *front* eram mais dignas de respeito do que as estadunidenses. Ainda conforme o guia, os soldados deveriam estar preparados para que os pais das moças quisessem conhecê-los antes de qualquer encontro com suas filhas. As francesas estavam há anos dizendo "não" para os alemães, o que indicaria seu valor.[50]

As barreiras linguísticas dificultavam a comunicação, mas aumentavam a alegria da descoberta. "Aquelas lembranças trêmulas de ternura e beleza eram muitas vezes suficientes para preservar a coragem do soldado e fortalecê-lo para o retorno à batalha".[51] *A Pocket Guide to France*, contudo, insistia que os soldados levassem em consideração as dificuldades que existiriam caso decidissem dar um passo adiante e estabelecer um relacionamento sério – até mesmo casamento – durante a campanha.

> Se você encontrar alguma garota cujos encantos induzam pensamentos de casamento, aqui estão alguns pontos a serem considerados: em sua atual condição de soldado, o casamento com uma garota estrangeira tem muitas complicações. As mesmas razões que fizeram com que muitos de seus camaradas, e possivelmente você mesmo, renunciassem ao casamento em casa – a incerteza de movimentos futuros, o perigo que um soldado enfrenta – se aplicam ainda mais aqui.[52]

Os soldados eram desencorajados a se casar ou se comprometer com mulheres europeias com argumentos como o de que o governo não pagaria a viagem de familiares como esposa e filhos de um teatro de operações para outro ou mesmo para os Estados Unidos após a dispensa do combatente ou por conta do fim da guerra. Além disso, os casamentos só poderiam ser realizados mediante autorização de oficiais.[53]

Quando as forças estadunidenses estavam estacionadas na Grã-Bretanha, houve tensão entre soldados estadunidenses e britânicos. Os anfitriões se ressentiam por achar que as mulheres britânicas davam mais atenção aos visitantes do que a eles mesmos. Segundo os britânicos, os soldados estadunidenses eram *overpaid, oversexed and over here* (bem pagos demais, sexuais demais e estão aqui), e ouviam como resposta que os britânicos eram "mal pagos e pouco sexuais". O contato dos estadunidenses com as mulheres britânicas era facilitado ainda pelo fato de que muitos deles ficavam estacionados em vilarejos, próximos dos civis, enquanto os soldados britânicos costumavam ficar mais segregados da população civil.[54]

A busca por prostitutas também fazia parte do cotidiano dos soldados nos momentos de descanso. Em Manila, foi estimado que, na época, 8 mil mulheres locais ofereciam serviços de prostituição para as forças estadunidenses. Uma pesquisa feita em 1945 apontou que o "nível de promiscuidade" aumentava quando o homem ficava em território estrangeiro, que cerca de 80% dos homens afirmaram ter feito sexo com ao menos uma mulher que conheceram no exterior, e que muitos acreditavam que as mulheres que ficaram nos EUA eram infiéis. Estupros também ocorriam, especialmente em Okinawa e na Alemanha em 1945. E as infecções sexualmente transmissíveis aumentavam drasticamente nos períodos em que os soldados estavam fora de combate.[55]

No *A Pocket Guide to France*, os soldados eram alertados sobre o perigo de contrair doenças sexualmente transmissíveis: "Antes da guerra, o governo francês tentou examinar e licenciar as prostitutas. Mas não se engane. Nenhum sistema de exame jamais tornou uma prostituta segura. O cartão de saúde dela não significa absolutamente nada".[56] Assim, tanto as prostitutas regularizadas quanto as irregulares eram fonte de preocupação: ambas podem "presentear você com um *souvenir* desagradável de Paris".[57]

As Forças Armadas produziram campanhas de prevenção contra sífilis e gonorreia, e forneceram preservativos ao *front*. Em um determinado ponto da guerra, cerca de 50 milhões de preservativos chegaram aos efetivos militares. Segundo Kenneth D. Rose, a taxa de infecções era maior entre tropas de soldados negros: 54% deles admitiram ter tido uma doença venérea em algum momento da vida e 21% deles afirmaram ter contraído a infecção após viajar para o exterior no esforço de guerra. Entre os brancos, os números foram 15% e 8% respetivamente. A explicação para esse fenômeno se dava pela segregação dentro do exército que fazia com que estes soldados se relacionassem apenas com as "prostitutas mais baixas".[58]

Nem as mulheres que faziam parte das Forças Armadas eram poupadas da misoginia típica dos soldados. As integrantes do Women's Army Corps (WAC), em particular, eram vítimas constantes de calúnias

Pôster de uma campanha de prevenção contra infecções sexualmente transmissíveis com os dizeres: "Ela pode ser um saco de problemas: Sífilis – Gonorreia". Apenas um de muitos cartazes com a mesma premissa divulgados nos anos 1940.

e histórias difamatórias. Os soldados espalhavam boatos de que as recrutas do sexo feminino eram obrigadas a se exibir nuas diante dos oficiais para entrarem no WAC, ou de que essas mulheres abusavam dos homens de maneira sistemática. Segundo os soldados, várias delas voltavam grávidas para os Estados Unidos, e isso faria todo sentido na cabeça deles, uma vez que os boatos afirmavam que elas eram, na verdade, prostitutas fornecidas para o conforto dos oficiais.[59]

Havia também o medo de que as relações com as mulheres locais, prostitutas ou não, levassem os soldados a divulgar informações confidenciais do esforço de guerra que poderiam cair nas mãos do inimigo. Ainda que os pedidos de discrição valessem para qualquer relação social com quaisquer pessoas de fora das Forças Armadas estadunidenses, havia um foco especial nas mulheres pelo medo de que algumas fossem espiãs. No *A Pocket Guide to France* era mencionado que algumas das prostitutas supostamente francesas poderiam ser, na verdade, mulheres vindas de outros lugares a mando dos alemães, alertas para quaisquer informações úteis que pudessem coletar dos soldados. "Você e sua equipe podem mais tarde pagar com suas vidas por terem conversado e os agentes nazistas terem conseguido ligar os pontos", dizia o guia.[60]

O medo de vazamentos era levado a sério, as consequências poderiam ser graves dependendo, é claro, da patente do indiscreto. David K. Webster se recorda em suas memórias de um indivíduo espancado por seus colegas no dia 4 de junho por ter contado a civis, enquanto estava bêbado em um pub na noite anterior, sobre a invasão vindoura da Normandia. Os civis, entendendo a gravidade da situação, chamaram as autoridades. Ao ser pego pelos seus colegas, o soldado foi tão severamente espancado que mal podia andar, permanecendo sob custódia até o momento do embarque no avião, no qual ele foi alocado à força sob a mira de uma arma. Ele foi morto em combate no dia seguinte.[61] Em compensação, um general que revelou a data da invasão em um coquetel em Londres teve como punição apenas um tapa no pulso, foi enviado de volta para os EUA em um voo de primeira classe. "Tudo dependia da sua patente, da sua perspectiva e do quão próximo você estava dos alemães".[62]

MEMÓRIA

Apesar de algumas revelações capazes de abalar visões românticas sobre os soldados-messias, a maioria das memórias evitava – e ainda evita – tocar em assuntos mais sensíveis, de modo a não afetar essa romantização.

> Os mitos nacionais exigem que os veteranos deixem de fora certas experiências. Os soldados geralmente ficam em silêncio sobre o lado mais sombrio da guerra que sabemos que eles devem ter testemunhado ou se envolvido. Poucos mencionam os maus-tratos de civis, muito menos o estupro de mulheres. Poucos mencionam encontros homossexuais nas fileiras. Poucos mencionam a deserção ou a execução de prisioneiros, ou represálias contra populações civis como punição por atividade partisana. A ausência de qualquer coisa que possa manchar a reputação dos veteranos ou que possa levar ao questionamento de mitos nacionais diz tanto sobre os homens e mulheres que escrevem suas memórias quanto sobre a obrigação avassaladora de se conformar às expectativas nacionais. É apenas na era moderna que o veterano de combate admitirá matar e, em raras ocasiões, admitirá o prazer de matar. A maioria se retrata como espectadores, vítimas da guerra, e não como perpetradores ou atores. Muito poucos viram beleza na morte e destruição da guerra. Espera-se realismo, mas apenas até certo ponto, e apenas um tipo de realismo aceito, geralmente aquele que está de acordo com o ideal nacional dominante.[63]

Quanto mais o tempo passava, mais memórias de ex-combatentes da Segunda Guerra vinham a público, em um momento em que aquele passado já estava mitificado. Assim, a escrita das memórias individuais é inevitavelmente afetada pela memória coletiva nacional e pela forma como a guerra havia sido interpretada pelos governos (propaganda oficial) e pela sociedade civil. Há, portanto, uma expectativa social para que o que é dito se conforme com o que é esperado.[64] Com isso, ocorre como que uma construção social do silêncio, onde aquilo que não é dito é deliberadamente escolhido para ser deixado de fora das memórias, evitando conflitos a respeito de temas mais espinhosos que mobilizam a comoção social.[65]

Isso, contudo, não é algo exclusivo da experiência estadunidense.

> [...] qual nação não tem um ou dois momentos inglórios, e qual nação não coloca um véu de silêncio sobre eles? Os líderes turcos, como todos sabemos, continuam a negar que o genocídio armênio ocorreu. As memórias de guerra dos soldados alemães tendem a tratar o Holocausto como um evento sobre o qual eles sabiam pouco e falam menos ainda. Como regra, o reconhecimento japonês das atrocidades cometidas na China e em outros lugares está igualmente ausente das memórias de guerra. São escolhas políticas, tacitamente aceitas pelos escritores de memórias de guerra, para evitar a discussão aberta de episódios dolorosos ou comprometedores. Os códigos do que se diz sobre a guerra também envolvem decoro, tato, bom gosto.[66]

As memórias da guerra não se resumem a páginas de livros. Os chamados "lugares da memória" incluem memoriais, monumentos, museus, reencenações comemorativas, filmes, roteiros de peregrinação histórica, entre outros. Eles não constituem a memória coletiva em si, mas são os lugares onde essa memória, que transcende o individual, é produzida para consumo do público em geral e estudo por parte dos historiadores e cientistas sociais.[67]

Entendemos que a mitificação, não apenas do Dia D, mas também dos soldados, tem na memória uma de suas principais aliadas, e há três leituras possíveis sobre memória fundamentais para entendermos o papel dela no processo de mitificação: a da memória como algo coletivo; a da memória como algo nacional; e a da memória individual que dialoga com o coletivo como algo prostético.

A *memória coletiva* seria um sistema organizado de lembranças, cujos suportes são as redes de interrelações estruturadas presentes em circuitos de comunicação, capaz de criar um senso de solidariedade coletiva, especialmente em momentos de crise e pressão, e que não é de forma alguma espontânea, pois precisa ser recorrentemente reavivada. É, portanto, "da ordem da vivência, do mito e não busca coerência, unificação. Várias memórias coletivas podem coexistir, relacionando-se de múltiplas formas".[68]

Como vimos até aqui e veremos no decorrer deste livro, apesar das diferentes memórias coletivas possíveis, há um esforço para que uma determinada memória – a *memória nacional* – se sobreponha a outras que queiram rivalizar com ela. A memória nacional é aquela que se apresenta como unificadora, forçando uma harmonia e silenciando o conflito, diretamente derivada não apenas de fatos, mas de interesses filosóficos e ideológicos que desejam a reprodução da ordem social. A memória nacional é, de acordo com o historiador, museólogo e arqueólogo Ulpiano Meneses, "o caldo de cultura, por excelência, para a formulação e desenvolvimento da identidade nacional, das ideologias da cultura nacional e, portanto, para o conhecimento histórico desses fenômenos".[69]

Por fim, temos o conceito de *memória prostética*, definido pela historiadora Alison Landsberg como uma memória não derivada de experiências vividas por aqueles que recordam. Essas memórias circulam publicamente e, embora não sejam orgânicas, são experienciadas através do contato com diferentes produções culturais, tornando-se parte das subjetividades dos sujeitos e das suas relações com o presente e o futuro. Isso é possível graças ao avanço, típico do sistema capitalista, de uma cultura de massa capaz de disseminar imagens, narrativas e mitos sobre o passado.[70] Já o historiador Jay Winter refere-se a essas *memórias terceirizadas* como "teatros da memória", uma vez que "aqueles que não estiveram lá veem o passado não em termos de suas próprias memórias pessoais, mas sim em termos de representações públicas das memórias daqueles que vieram antes".[71] Ou seja: ainda que sejam memórias tomadas de empréstimo de outros meios, às vezes até mesmo ficcionais, elas são incorporadas aos repertórios memorialísticos dos sujeitos, uma vez que memórias podem ser socialmente construídas, disseminadas e mesmo modificadas.

A mitificação do Dia D e o louvor aos soldados-messias são diretamente dependentes da concatenação dessas três formas de memória. A *nacional* se forma a partir de interesses ideológicos, buscando estofo em memórias *coletivas* que muitas vezes são *prostéticas*. O produto final dessa fórmula, a memória nacional, cria por consequência um ambiente em que novas memórias prostéticas são geradas, e dessa maneira a memória nacional se reproduz ciclicamente de maneira coletiva.

A pesquisa histórica, indo além do que a memória é capaz de oferecer, busca desvelar essas camadas ocultas da memória socialmente construída. E o que encontramos nessas camadas é um soldado mais complexo e menos idealizado; ou seja, humano.

Diante de tudo o que foi exposto até aqui, percebe-se que o soldado real era muito diferente do soldado-messias idealista dos discursos de instrumentalização política dos sacrifícios dos combatentes. São sujeitos que comumente não têm certeza do porquê lutam, embora entendam que existe a necessidade de combater; são indivíduos brutalizados pelos horrores da guerra que encontram na relação com seus camaradas a validação social que lhes ajuda a seguir adiante, mesmo que estes se tornem atores ativos de algumas das atrocidades cometidas durante o conflito; são sujeitos que recebem alimentação e equipamentos de qualidade duvidosa e que sofrem todo tipo de humilhação na mão de oficiais que abusam de sua autoridade; são pessoas que, após contínuo combate, veem sua saúde mental e a de seus colegas se deteriorar; são homens que, no meio do inferno, apelam para o conforto da presença feminina, sem deixar de lado o machismo aprendido socialmente e sem que necessariamente as mulheres consentissem.

O "mito da boa guerra" vende a imagem de um combatente virtuoso no qual as características listadas estariam presentes apenas em alguns poucos sujeitos, raras exceções em um exército de homens bravos, moralmente resilientes e patriotas. Um olhar voltado para o soldado real, se não derruba completamente esse mito, ao menos contribui para dar aos mais românticos um necessário choque de realidade.

PARTE 3
A INSTITUCIONALIZAÇÃO DO MITO

O DIA D
APÓS O 6 DE JUNHO

*"A guerra, quando você está nela,
é horrível e maçante. Só quando o tempo passa
que você vê que sua mensagem é divina."*

Samuel Johnson[1]

Era 6 de junho de 1984 quando o então presidente dos Estados Unidos e candidato à reeleição Ronald Reagan colocou os pés na Normandia. Seu itinerário meticulosamente planejado contemplava três atividades principais: um discurso em Pointe du Hoc – uma península rochosa que fica entre as praias nomeadas como Omaha e Utah no planejamento da invasão aliada 40 anos antes; uma visita ao cemitério em Colleville-sur-Mer; e um discurso na praia de Omaha. Esse aniversário seria o pontapé inicial da mitificação do Dia D nos moldes que conhecemos hoje, pois, apesar de alguns elementos prévios que contribuíram para esse processo, o Dia D raramente era destacado entre as tantas batalhas importantes da Segunda Guerra Mundial nas quatro décadas que se seguiram à Operação Overlord, como veremos a seguir.

UM DIA ATRAVÉS DOS ANOS

Em 1944, no mesmo dia 6 de junho, o então presidente Franklin D. Roosevelt fez um discurso via rádio informando aos ouvintes sobre os sucessos da Operação Overlord até aquele momento, e conclamou os cidadãos a orar com ele, em um daqueles momentos onde a religião tradicional e o nacionalismo andam de mãos dadas e escancaram a religião civil nos Estados Unidos.

> Deus Todo-Poderoso: Nossos filhos, orgulho de nossa Nação, neste dia iniciaram um grande esforço, uma luta para preservar nossa República, nossa religião e nossa civilização, e libertar uma humanidade sofredora. Conduza-os em linha reta e verdadeira; dê força aos seus braços, robustez aos seus corações, firmeza na sua fé. Eles precisarão de Tuas bênçãos. O caminho deles será longo e difícil. Pois o inimigo é forte. Ele pode repelir nossas forças. O sucesso pode não vir com grande velocidade, mas voltaremos sempre; e sabemos que por Tua graça e pela justiça de nossa causa, nossos filhos triunfarão.[2]

A linguagem apela tanto para a noção de salvação civilizatória quanto para o senso de comunidade, onde aqueles que se sacrificam são "nossos filhos". Mais do que filhos de indivíduos, eles seriam filhos de todo um povo.

> Pois esses homens foram recentemente retirados dos caminhos da paz. Eles não lutam pelo desejo de conquista. Eles lutam para acabar com a conquista. Eles lutam para libertar. Eles lutam para que surja a justiça, a tolerância e a boa vontade entre todo o Teu povo. Eles anseiam apenas pelo fim da batalha, por seu retorno ao refúgio do lar. Alguns nunca mais voltarão. Abrace-os, Pai, e receba-os, Teus servos heroicos, em Teu reino.[3]

Entra aqui a retórica dos libertadores, que não anseiam conquistar, mas acabar com a conquista. Ronald Reagan evocaria essa ideia futuramente.

> E para nós em casa – pais, mães, filhos, esposas, irmãs e irmãos de homens corajosos no exterior – cujos pensamentos e orações estão sempre com eles –, ajude-nos, Deus Todo-Poderoso, a nos dedicarmos novamente em fé renovada em Ti em esta hora de grande sacrifício. Muitas pessoas pediram que eu chamasse a Nação para um único dia de oração especial. Mas porque o caminho é longo e o desejo é grande,

> peço que nosso povo se dedique em uma contínua oração. À medida que nos levantamos para cada novo dia, e novamente quando cada dia é passado, que palavras de oração estejam em nossos lábios, invocando Tua ajuda para nossos esforços. Dê-nos força também – força em nossas tarefas diárias, para redobrar as contribuições que fazemos no suporte físico e material de nossas forças armadas.[4]

Os clamores entravam em consonância com o desejo de muitos cidadãos de efetivamente orar pelo sucesso da empreitada. Milhares de cidadãos procuraram igrejas, sinagogas e demais templos conforme suas crenças para orar por aqueles que participavam da invasão, fossem eles familiares, conhecidos ou apenas soldados da nação. Aproveitando o momento, Roosevelt clamou pela continuidade dos trabalhos e iniciativas do esforço de guerra por parte da sociedade civil.

> Com Tua bênção, prevaleceremos sobre as forças profanas de nosso inimigo. Ajude-nos a vencer os apóstolos da ganância e da arrogância racial. Conduza-nos à salvação de nosso país e, com nossas nações irmãs, a uma unidade mundial que trará uma paz segura, uma paz invulnerável às maquinações de homens indignos. E uma paz que permitirá que todos os homens vivam em liberdade, colhendo as justas recompensas de seu trabalho honesto. Seja feita a Tua vontade, Deus Todo-Poderoso. Amém.[5]

Vale citar que, em um ponto desse discurso, o presidente apela para a noção de "cruzada", da mesma forma que Dwight E. Eisenhower havia feito no seu. Se um influenciou o outro, se foi coincidência ou se ambos adotavam essa retórica simultaneamente de maneira planejada, não sabemos. Mas, dado o grau de planejamento minucioso que discursos como esses, proferidos em tempo de guerra, costumam ter, ambas as hipóteses são plausíveis.

Na introdução de livro *D-Day in History and Memory* ("O Dia D na história e na memória"), editado por Michael Dolski, Sam Edwards e John Buckley, lemos que as comemorações em torno Dia D têm dois grandes momentos distintos: um que vai dos anos 1940 ao fim dos anos 1950 e outro que emerge a partir dos anos 1980.[6] O primeiro momento seria marcado pelo enterro, o luto pelos mortos e pela monumentalização do passado recente. Seria também um momento marcado pela chegada da Guerra Fria, quando ocorreu um conflito muito menos popular aos olhos dos estadunidenses, a Guerra da Coreia, que oficialmente nunca terminou e ceifou a vida de cerca de 40 mil cidadãos dos Estados Unidos, sem que houvesse a mesma percepção de validação que a Segunda Guerra havia recebido.[7]

Enquanto a Segunda Guerra ainda estava em curso, o que aconteceu na Normandia disputou espaço na mídia com a cobertura de outros eventos daquela mesma guerra, como a libertação de Roma, dois dias antes do desembarque aliado. No ano seguinte, quando a guerra na Europa já tinha acabado, mas continuava em andamento no Pacífico, o aniversário do Dia D foi tratado como um feriado para as forças aliadas, e Eisenhower definiu que cerimônias formais fossem evitadas.[8]

Após o fim da guerra, as comemorações mais imediatas trouxeram à tona sentimentos conflitantes dos dois lados do Atlântico. Na França, a experiência do Dia D também foi regional, uma vez que ocorreu na Normandia. Nessa região, havia um discurso comemorativo, que reconhecia o evento como responsável pela libertação do jugo nazista, mas ele convivia com uma lembrança menos gloriosa: os custos altíssimos da libertação para os libertados. Como resultado da invasão e dos embates que se seguiram, muitos habitantes da região morreram, e as perdas materiais também foram enormes, vide a destruição ocorrida em Caen e Saint-Lô.[9]

Outro fenômeno francês foi a tentativa de reescrita da História por parte de políticos franceses, de modo a não dar o devido crédito aos britânicos – seus rivais de longa data – pela libertação do país. Até mesmo o general Charles de Gaulle, que muita dor de cabeça havia dado a Churchill e Eisenhower,[10] tentou emplacar a ideia de que os próprios franceses se libertaram, focando as comemorações nacionais na Operação Dragão de agosto de 1944, ocorrida no sul da França e encampada por tropas francesas livres. Essa postura foi mais comum entre políticos gaulistas, enquanto outros, os atlanticistas, viram nas comemorações do Dia D uma boa oportunidade de estreitar laços diplomáticos com as outras potências atlânticas.[11]

No Memorial Day (Dia da Recordação)[12] de 1946, cerimônias ocorreram nos cemitérios com a presença de alguns estadunidenses e algo em torno de 32 mil franceses. O evento foi marcado por discursos sobre a libertação da França e sobre a glória conquistada pelos soldados que lutaram por outros povos e outras terras em nome de um esforço de salvação da civilização. Em 1947, uma Benção do Santíssimo Sacramento ocorreu em Colleville-sur-Mer com a presença de cerca de 5 mil pessoas, entre estadunidenses e franceses. Na ocasião, um dos discursos foi proferido pelo comandante da 1ª Divisão de Infantaria na invasão da Normandia, Clarence Huebner: "Há apenas uma maneira pela qual nós, os vivos, podemos retribuir parcialmente esses mortos por seus sacrifícios. Ou seja, não devemos esquecer o propósito pelo qual eles morreram".[13]

Nos Estados Unidos, as comemorações mais imediatas após o evento tiveram uma escala mais modesta que na França e foram, normalmente, concentradas em lugares que haviam sido mais afetados pelas consequências do Dia D. Um dos exemplos mais emblemáticos foi a cidade de Bedford, na Virgínia, um município com aproximadamente 3.200 habitantes de onde saíram 34 combatentes para fazer parte do Dia D. Desses, 19 morreram na Operação Netuno[14] e outros 4 morreriam no decorrer da campanha na Normandia. Proporcionalmente, Bedford foi a cidade estadunidense com o maior número de perdas na campanha da Normandia. As notícias de baixas iam chegando gradativamente aos Estados Unidos, aumentando cada vez mais a dimensão do luto conforme crescia a quantidade de famílias informadas sobre a perda de parentes.[15] Nesse período, a sociedade estadunidense não estava interessada em comemorações laudatórias, uma vez que ainda processava as perdas humanas de seus entes queridos e pessoas próximas, mesmo que a vitória aliada desse a essas perdas algum propósito. De qualquer modo, os habitantes de Bedford não se viram em condições de comemorar muita coisa.

Os moradores de Bedford não comemoraram imediatamente a batalha que reivindicou tantos homens locais. As pessoas, em vez disso, se detiveram em sua própria dor particular, que começou a chegar em casa um dia em julho de 1944 com uma enxurrada de telegramas do Departamento de Guerra notificando as famílias dos mortos.[16]

Ao invés de apontar a relação da comunidade com a vitória no Dia D, muitos habitantes culparam Eisenhower e Roosevelt pelas perdas. Apenas em 1954, dez anos após a invasão, é que os moradores de Bedford resolveram fazer uma comemoração mais significativa. Para tal, um pedaço de pedra da costa da Normandia foi enviado pelos franceses, para que fizesse parte de um monumento em homenagem aos mortos, idealizado por Ray Nance, um dos "garotos de Bedford" que sobrevivera à guerra.[17] Em 6 de junho de 1954, algo entre 4 e 5 mil pessoas se juntaram para a cerimônia onde o general Charles Gerhardt, líder da 29ª Divisão de Infantaria durante o Dia D, discursou.[18] A mãe de um dos mortos em combate, Taylor Feller, ficou responsável por revelar o monumento durante a cerimônia.[19]

Em 1949, no aniversário de cinco anos, ocorreu na Normandia apenas uma cerimônia simples com a presença de representantes da embaixada dos Estados Unidos em Paris, uma guarda naval francesa, um corpo de clarim local e uma guarda de honra de um Posto da Legião Americana em Paris. Duas meninas de aldeias vizinhas colocaram coroas de flores na praia. Um B-17 da Força Aérea dos EUA passou pelo local, disparando foguetes e jogando flores.[20]

Os aniversários dos anos 1950, que precederam 1954 também tiveram pouca pompa, mas começavam a ganhar gradativamente um caráter maior de ferramenta de política externa para os Estados Unidos. Em 1950, Barry Bingham, líder da missão do Plano Marshall na França, usou a comemoração para elogiar a recuperação econômica da França. O aniversário de 1952 – ocorrido enquanto a Guerra da Coreia estava em andamento – contou com o general Matthew D. Ridgway, comandante supremo das forças aliadas na Europa e veterano do Dia D discursando sobre o propósito dos Estados Unidos na Guerra Fria: combater "um novo e mais temeroso totalitarismo".

> Ele alertou as potências comunistas para não "subestimar nossa determinação de viver como homens livres em nossos próprios territórios... Reuniremos a força que prometemos uns aos outros e a colocaremos diante de nosso povo e de nossas terras como um escudo protetor até que a razão apoiada pela força impeça mais agressões..." Referindo-se tanto ao seu *status* como participante do Dia D quanto ao seu papel atual como comandante militar da Otan, Ridgway prometeu: "A última vez que vim aqui, vim como um dos milhares para travar uma guerra. Desta vez venho para fazer a paz".[21]

No aniversário de dez anos da invasão, veteranos de diferentes países participantes da Operação Netuno, civis e o presidente francês René Coty estavam presentes. Nessa mesma data, Eisenhower – agora presidente dos Estados Unidos – enviou uma declaração em homenagem ao Dia D em que dizia, entre outras coisas, como os eventos daquele dia poderiam ser inspiradores:

> Apesar das perdas e dos sofrimentos envolvidos nesse esforço humano e no conflito épico do qual fez parte, hoje encontramos nessas experiências motivos de esperança e inspiração. Eles nos lembram particularmente das realizações que podem ser alcançadas por meio de cooperação e amizade entre povos livres que lutam por um objetivo comum.[22]

Nessa declaração, pode-se notar que as perdas acabam servindo como validadoras do discurso de união entre "povos livres", que no contexto estadunidense costuma significar os países adotantes do modelo de democracia representativa, ou mesmo os que não o adotem, que se aliam irrestritamente aos Estados Unidos. Vale lembrar que, pouco mais de cinco anos antes, a Organização do Tratado do Atlântico Norte (Otan) havia sido criada, e o uso da memória do Dia D para reforçar esta organização, como veremos, se tornaria um padrão.

A American Battle Monuments Commission (ABMC), criada em 1923 pelo presidente Warren Harding com o intuito de construir monumentos para as forças expedicionárias estadunidenses, ajudou no processo de construção de memória sobre o Dia D – e de muitos outros eventos militares durante seu século de existência. Assim que a França cedeu aos Estados Unidos o controle de pequenas partes da Normandia, a ABMC passou a trabalhar no planejamento dos monumentos e locais de enterro dos mortos, além de procurar fazer a identificação dos mortos e a repatriação dos restos mortais daqueles cujas famílias preferiam enterrá-los na terra natal, ainda que o governo tentasse convencer as famílias a deixar os corpos na Europa.[23] Quanto maior o número de mortos enterrados na Normandia, maiores os cemitérios e mais forte a narrativa de sacrifício. Também não se pode dizer que o governo se incomodaria em evitar os custos do translado dos corpos.

Apesar de uma ou outra comemoração nos anos 1950, como o citado aniversário de dez anos e a cerimônia de inauguração do cemitério de Colleville-sur-Mer em 1956, que contou uma vez mais com o presidente René Coty e cerca de 2 mil pessoas, o Dia D não costumava receber grande atenção como evento-guia para ações futuras. Ainda que fosse uma história útil de autoafirmação de virtudes, a batalha foi perdendo espaço na consciência coletiva para as tensões da época relacionadas à Guerra Fria.

O 6 de junho só voltou a ganhar maior atenção em 1959, quando o jornalista irlandês Cornelius Ryan lançou seu livro *O mais longo dos dias*, no qual amplifica e sensacionaliza a importância da batalha, transformando-a em um ponto de virada na guerra e da própria civilização ocidental. No mesmo ano, ocorreram cerimônias em torno de monumentos e até uma encenação dos saltos dos paraquedistas. O clima daquele momento e o próprio livro de Ryan viriam a gerar o filme *O mais longo dos dias*,[24] um dos poucos das primeiras décadas após a invasão em que o Dia D tinha destaque.

Há um número razoável de filmes em que o Dia D surge na narrativa de alguma maneira, seja sendo representado em tela, seja como um pano de fundo para a trama. Escolhemos três deles para este capítulo: *O Dia D*, de 1956, *O mais longo dos dias*, de 1962, e *Agonia e glória*, de 1980.

O DIA D (1956)

O Dia D foi baseado em um romance de mesmo nome escrito por Lionel Shapiro, um jornalista canadense que cobriu as invasões da Sicília e de Salerno e da praia de Juno (na Normandia).[25] A obra, publicada em 1955, não demorou a ser adaptada para as telas de cinema.

Logo na abertura, após o famoso logo da 20th Century Fox, temos a informação de que o filme em questão foi feito com tecnologia CinemaScope, que usava lentes anamórficas e projetores específicos que resultavam em películas no formato *widescreen*, hoje considerado um padrão na indústria e no consumo audiovisual doméstico. Diferentemente de muitos filmes dos anos 1950, *O Dia D* é colorido. A opção por cores e pela tecnologia CinemaScope condiz com o contexto da indústria cinematográfica hollywoodiana da época, que, temerosa de que o advento da televisão roubasse a audiência das salas de exibição, buscava nas inovações tecnológicas um apelo extra para convencer os espectadores a irem ao cinema. Na época, nenhum televisor era capaz de oferecer aos espectadores imagens com a qualidade dos cinemas.

Antes dos créditos iniciais, enquanto ao fundo são mostradas embarcações sobre o mar à noite, vemos o seguinte texto em tela: "1944. Meio milhão de homens esperavam o sinal para atravessar o canal da Mancha. Para muitos seria o último dia de suas vidas. Era o DIA D; O SEIS DE JUNHO".[26] Rodam então os créditos com as mesmas imagens de fundo, e uma vez mais temos um texto explicativo afirmando que o navio transportando a Força Especial Seis seria colocado no mar 40 minutos antes da frota aliada principal. A "Força Especial Seis" em questão é uma unidade fictícia formada por estadunidenses, britânicos e canadenses, e nos é apresentada, na sequência, com seus oficiais recebendo instruções em relação ao desembarque vindas do tenente-coronel John Wynter, interpretado por Richard Todd, ator que fez parte do 7º Batalhão de paraquedistas britânicos durante o Dia D (e que anos depois interpretaria o major Howard em *O mais longo dos dias*). Em seguida, o capitão Brad Parker (interpretado por Robert Taylor) observa a costa da Normandia do convés da embarcação. Enquanto Parker e Wynter conversam sobre o que vem pela frente, o tenente-coronel comenta sobre a estranheza de se conhecerem pessoalmente naquelas circunstâncias. Parker pergunta: "Ela te contou?", ao que Wynter responde afirmativamente. Na trama de O Dia D temos a história de um triângulo amoroso entre esses personagens e Valerie Russel (interpretada por Dana Wynter), que a princípio é apaixonada pelo, na época, capitão Wynter, mas que depois acaba se apaixonando por Brad Parker, um oficial estadunidense casado estacionado na Grã-Bretanha.

A maior parte do filme é um grande *flashback* de ambos os oficiais. Em uma cena, Wynter se despede de Valerie e pede para continuar em contato com ela durante sua luta no norte da África. Na sequência, Parker chega à Grã-Bretanha e conhece Valerie por conta de um incidente entre seu pai e um grupo da Força Aérea dos Estados Unidos. Ela se junta à Cruz Vermelha estadunidense, o que permite que Valerie e Parker se aproximem.

O filme tem alguns méritos em termos de representação histórica. O *design* de produção é eficiente em muitos momentos. O filme consegue tratar de algumas questões relativas ao incômodo de muitos britânicos com a presença dos estadunidenses em seu país. Também demonstra como muitos soldados casados, cujas esposas os esperavam nos Estados Unidos, relacionavam-se com mulheres britânicas sem muito peso na consciência. Deixa claro que as informações a respeito do que ocorria no *front* de batalha demoravam a chegar: Valerie, mais de uma vez, se vê angustiada sem saber se os dois homens por quem ela se apaixonou sobreviveram em situações distintas. O filme ainda menciona, sem mostrar a batalha em si, o fracasso da invasão de Dieppe de 1942, além de outros momentos da guerra, como a Operação Tocha e a invasão da Itália.

A invasão designada para a tal Força Especial Seis, em sua descrição, lembra o assalto a Pointe du Hoc, ainda que o mapa da missão não se assemelhe a nenhum dos locais invadidos no verdadeiro Dia D e, posteriormente, o coronel Alex Timmer fale em algum lugar entre Omaha e Gold chamado Angel Point antes de ser preso por dar publicamente detalhes da invasão em um bar. É justamente a remoção do coronel do comando da Força Especial Seis que faz com que John Wynter assuma seu lugar.

Apesar do filme apresentar um certo valor de produção, como dito anteriormente, a invasão em si é representada de maneira pouco convincente, contando apenas com duas barcaças de desembarque e um pequeno número de soldados. Como a Força em questão está representando uma situação do Dia D que não aconteceu na vida real, há pouco a se dizer sobre precisão histórica. Até mesmo seu ataque acontece antes dos demais, como se fosse a primeira ação de todo o desembarque no Dia D.

Ao final, o capitão Parker é ferido em combate, mas sobrevive para ser evacuado após o fim da batalha, que não chegamos a ver em tela, enquanto Wynter é ferido no braço, como vemos nos últimos segundos de batalha representados. Os dois se despedem antes de Parker ser levado de volta à Grã-Bretanha. Logo em seguida, Wynter morre ao pisar em uma mina terrestre que ainda não tinha sido removida da praia, fato que Parker não fica sabendo. Valerie é informada da morte de Wynter e, tempos depois, vai encontrar Parker em um hospital de campanha. Sem saber que o tenente-coronel estava morto, Parker deseja a Valerie uma vida feliz ao lado dele, e ela decide fazer de conta que Wynter ainda está vivo, permitindo que Parker volte aos Estados Unidos.

Um texto da revista *Time* sobre os lançamentos de 1956 caçoou do filme, especialmente em seus aspectos de representação histórica, ao resumi-lo da seguinte maneira:

> *O Dia D* (20th Century-Fox), caso alguém tenha esquecido, foi o dia em que Robert Taylor invadiu a França. Seguido por alguns figurantes resistentes de Hollywood, ele desembarcou em terra antes mesmo de soar a hora H e abriu o primeiro buraco na Muralha do Atlântico de Hitler. Depois disso, esse filme parece sugerir que tudo o que os outros milhões de caras tiveram que fazer foi pular sobre o corpo semimorto de Taylor e tomar cuidado para não cair no Elba. De volta a Londres, o soldado Taylor se despede bruscamente de uma garota inglesa (Dana

Wynter) – cujo coração se parte de uma maneira gentil e tranquila do jeito inglês, como um bolinho – e embarca de volta para sua pequena mulher e sua grande casa em Connecticut, onde claramente pretende trocar aquele monótono verde-oliva por um terno de flanela cinza.[27]

O jornalista Bosley Crowther, escrevendo para o *New York Times*, questionou o "estranho fascínio que a 20th Century Fox parece ter encontrado nos romances extraconjugais de soldados americanos no exterior durante a Segunda Guerra Mundial". E criticou o filme:

> O Dia D neste filme assim intitulado é uma cena muito mal encenada do Sr. Taylor e vários outros atores vigorosos tentando derrubar uma arma de defesa costeira. Mas eles superam isso rapidamente, enviam o Sr. Taylor de volta para a Inglaterra com um ferimento e levam o major a um campo minado. [...] O que eles acham que estão provando com esse tipo de conversa romântica – que Dana Wynter é capaz de ser atraente como uma garota inglesa? Isso será reconhecido com prazer. [...] que homens casados andavam com damas inglesas? Isso também receberá crédito. Não há nada de muito surpreendente sobre esse conhecimento, embora tenha sido ocultado dos espectadores por muitos anos pelo próprio Código de Produção. Mas se eles pensam que estão enganando o público fazendo-o acreditar que a Segunda Guerra Mundial foi assim... amor melancólico em aconchegantes apartamentos londrinos e uma pequena e rápida escalada de um penhasco, em CinemaScope e colorido, sem esquecer o som estereofônico – então é melhor eles ficarem de olho nos números de bilheteria desse aqui.[28]

Já na *Variety*, meses antes do lançamento oficial do filme, temos uma avaliação mais positiva:

> Juntamente com o relato do evento histórico significativo, o filme gira em torno de uma história de amor de guerra extremamente comovente, distintamente realizada por um elenco de excelente desempenho. Embora a atmosfera e a ameaça de guerra estejam sempre presentes na produção de primeira linha de Charles Brackett, é só perto do final que a luta real é mostrada em todos os seus detalhes assustadores.[29]

A avaliação também pontua o trabalho de atuação, especialmente de Dana Wynter, a alma do filme: "Há uma série de excelentes atuações masculinas de Robert Taylor, Richard Todd e Edmond O'Brien, mas resta ao trabalho sensível e tremendamente convincente de Dana Wynter dar o real ponto ao drama e tornar a história de amor válida".[30]

Nas críticas da época, o Dia D real tem algum destaque, seja ao ser classificado como "evento significativo", seja pelas menções à completa falta de precisão histórica da representação da batalha final. Mas o fato é que o que temos em *O Dia D* é apenas um filme de romance que, por acaso, se passa na Segunda Guerra Mundial e que leva os dois pretendentes da protagonista feminina à mesma batalha. A invasão da Normandia ocorre apenas nos cerca de 15 minutos finais de filme e, de um ponto de vista estritamente narrativo, poderia muito bem ter sido substituída por qualquer outra batalha, sendo muito menos indispensável à trama do que em filmes como *O mais longo dos dias* e *O resgate do soldado Ryan*.

Enfim, não há grandes discursos a respeito de como a invasão da Normandia mudará a história ou será decisiva para uma grande virada na guerra; ela é apenas mais um combate importante no conflito. A própria crítica da *Variety* trata o Dia D como nada mais que um "evento histórico significativo". Para que o Dia D começasse a ganhar o *status* de evento lendário seria preciso que Cornelius Ryan desse a ele em seu livro um caráter de "batalha decisiva" e, depois, um filme baseado no evento adotasse essa ideia.

O MAIS LONGO DOS DIAS (1962)

A obra foi um esforço coletivo de diretores. Ken Annakin, um britânico, dirigiu as cenas exteriores dos britânicos; Andrew Marton, um estadunidense, dirigiu as cenas externas de seus compatriotas; Bernhard Wicki, um austríaco, dirigiu as cenas externas dos alemães; o alemão Gerd Oswald dirigiu as cenas exteriores da Resistência Francesa, as cenas dos paraquedistas em Sainte-Mère-Église e algumas cenas que acabariam excluídas; Darryl F. Zanuck dirigiu várias cenas de interiores. Os dois últimos diretores, contudo, não foram creditados.³¹

Zanuck, um dos diretores não creditados, foi chefe de produção da 20th Century-Fox e, naquele momento, era o presidente da companhia, que passava por problemas financeiros severos. Em 1960, Zanuck decidiu fazer uma aposta alta pagando 175 mil dólares pelos direitos do livro de Cornelius Ryan, um *best-seller* com mais de 800 mil cópias vendidas até então. Cinco diretores, 5 roteiristas, 37 consultores militares e um elenco estelar foram contratados para transformar o filme em um grande evento. Porém, diante de conflitos com diretores e roteiristas, o produtor decidiria filmar várias cenas ele mesmo, chegando a afirmar que teria dirigido 65% do filme sozinho.³²

O primeiro plano de *O mais longo dos dias* mostra um capacete modelo M1 virado de cabeça para baixo nas areias de uma praia. O M1 foi usado pelos soldados estadunidenses na Segunda Guerra Mundial a partir de 1941 e seu *design* se tornaria icônico para as Forças Armadas dos EUA, mesmo depois de ser aposentado em 1985. O modelo veio substituir o M1917 usado até então, que era a versão estadunidense do Mark I britânico ostensivamente usado pelos soldados do Reino Unido, ainda que em 1944 ele estivesse em sua terceira versão (Mark III). A escolha da imagem do capacete M1 em detrimento do Mark III já implica um protagonismo estadunidense, ainda que o filme busque representar as ações de todos os beligerantes naquela batalha, incluindo os alemães.

O plano é acompanhado por uma mensagem de rádio pronunciada em francês, e nesses primeiros momentos do filme são representadas algumas ações da Resistência Francesa, atuando contra os alemães dentro dos limites do que seria possível para seus integrantes, através de mensagens cifradas, sabotagem, coleta de informações para os aliados, entre outras atividades. É digno de nota que, em um determinado momento, o filme intercala cenas de atores interpretando oficiais assistindo a uma marcha de soldados alemães, mas as cenas da marcha em si são filmagens reais da Segunda Guerra Mundial. Como o filme é em preto e branco, essa interpolação dá à obra uma sensação de autenticidade, e é evidente em sua abordagem narrativa que esta era a intenção dos realizadores. O apego aos detalhes históricos que o filme busca, associado a um rigor cronológico, as mudanças de ponto de vista entre os beligerantes para tentar cobrir o máximo possível de detalhes do Dia D e a informação textual na tela mostrando o nome do personagem toda vez que o filme apresenta alguma figura histórica relevante revela que a proposta da obra é passar ao espectador a maior sensação de fidelidade histórica possível no que concerne aos fatos representados.

Nos minutos iniciais, a trilha sonora do filme basicamente se resume à percussão de uma marcha militar bastante repetitiva, que acompanha a construção do contexto do ataque aliado na Normandia, sendo interrompida brevemente quando o título do filme aparece em tela ao som do trecho mais conhecido da Quinta Sinfonia de Beethoven. A mesma marcha volta a ser ouvida minutos depois.

Durante o planejamento da invasão e o da defesa alemã para impedi-la, muitos detalhes historicamente corretos são apresentados, como a obsessão do marechal de campo Erwin Rommel por encher a costa francesa de minas terrestres, sua saída da Normandia para o aniversário de sua esposa na véspera do ataque, as discussões sobre os adiamentos da invasão por conta do clima ou mesmo o fato de que a maioria dos alemães tinha certeza de que a invasão aconteceria no Passo de Calais, graças ao sucesso da Operação Fortitude, uma ação diversionária que tinha como objetivo justamente fazer os alemães acreditarem que a invasão ocorreria no local mais aparentemente óbvio pela menor distância entre as duas porções de terra, e não nas praias da Normandia.

Fica fácil compreender esse apego pelos detalhes históricos quando se sabe que o principal roteirista do filme foi o próprio Cornelius Ryan, que fez o que estava ao seu alcance para manter a autenticidade histórica do filme dentro do que era possível, a despeito das necessidades cinematográficas que, por vezes, afetam a precisão da história sendo representada. A escolha do autor como roteirista do filme inspirado em sua própria obra explica também o fato de o foco narrativo intercalar entre estadunidenses, britânicos, franceses e alemães. Talvez explique ainda por que, em um filme com quase três horas de duração, a maior parte da obra é dedicada ao planejamento e à batalha em si ao invés de acompanhar a evolução de personagens como em uma narrativa cinematográfica mais tradicional. Embora alguns personagens ganhem destaque, permitindo que os espectadores entendam quais são alguns dos dramas e anseios dos soldados e oficiais que possuem diálogos, trata-se de uma obra mais focada em contar o evento do que acompanhar a progressão de personagens dentro daquele ambiente. Essa abordagem é semelhante ao que Christopher Nolan fará décadas mais tarde em *Dunkirk*, um filme mais focado no evento histórico do que em indivíduos, ainda que adote uma perspectiva bem diferente de *O mais longo dos dias* ao contar a história a partir de três abordagens cronológicas diferentes se intercalando. A narrativa do filme inspirado na obra de Cornelius Ryan, longe de adotar as extravagâncias de Nolan, opta pela cronologia tradicional.

Durante a preparação da invasão, o diálogo que demonstra uma postura mais laudatória do filme em relação ao evento representado ocorre aos 46:15, quando um oficial, a bordo de uma das embarcações da marinha estadunidense, comenta com um capitão que aquele momento era a véspera de um evento "do qual vão falar muito tempo depois que tivermos ido". Ele complementa, aos 46:33 minutos: "Sabe de uma coisa? Só fazer parte disso já me dá arrepios".[33]

Outro momento de clarividência teleológica ocorre em cerca de 1h40 de filme, quando o general Von Rundstedt, após a recusa do general Alfred Jodl de acordar Hitler para pedir a autorização do envio de uma unidade de tanques à Normandia, declara: "Isto é a história. Vivemos um momento histórico. Vamos perder a guerra porque o glorioso Führer tomou remédio para dormir e não pode ser acordado. Pense nisso. Não se esqueça. Estamos testemunhando algo que os historiadores dirão que é improvável, mas é a verdade".[34]

A primeira ação do Dia D que vemos no filme é o pouso do planador do capitão John Howard, responsável por tomar a Ponte Pégaso e mantê-la intacta até o recebimento de reforços, sendo um dos feitos britânicos mais lembrados da invasão aliada. Enquanto os britânicos tomam a ponte, a resistência francesa sabota os meios de comunicação entre os alemães no *front* e os da retaguarda, dificultando o entendimento da situação por parte destes para avaliação do envio ou não de reforços à Normandia.

No restante do filme, a narrativa não difere muito. São brevemente representadas as invasões nas praias e em Pointe du Hoc, com muita ação e poucos diálogos, que ficam mais localizados na primeira metade do filme. Não há nenhum grande drama individual de destaque, nenhuma cena emocional de morte do herói ou algum outro clichê dramático típico de filmes de guerra. O que temos é um final sem grande impacto, acompanhado de uma música militar animada, enquanto as tropas aliadas desembarcam na Normandia após as cabeças de praia terem sido asseguradas. O filme entraria para a História como a principal representação cinematográfica do Dia D até ser desbancado pelo lançamento de *O resgate do soldado Ryan*.

AGONIA E GLÓRIA (1980)

Nascido em 12 de agosto de 1912, Samuel Michael Fuller tinha 31 anos de idade quando desembarcou na praia de Omaha no Dia D pelo 3º Batalhão do 16º Regimento da 1ª Divisão de Infantaria dos Estados Unidos, a *Big Red One*. O apelido da divisão pode ser traduzido como "a Vermelhona", mas também como "o Grande Um Vermelho", dado o fato de que o símbolo da unidade é um grande número 1 pintado na cor vermelha sobre um escudo verde-musgo. Durante anos, Samuel Michael Fuller acalentou o sonho de dirigir um filme que contasse a história de sua divisão e de suas experiências pessoais. Houve conversas para que o filme saísse do papel pela Warner Brothers e fosse protagonizado por John Wayne, mas o projeto não foi adiante. A obra finalmente seria lançada por uma produtora pequena (Lorimar), contando com um orçamento de pouco menos de 4 milhões de dólares, considerado baixo, menos da metade do esperado originalmente.

Gravando quase inteiramente em Israel, com algumas cenas finais filmadas na Irlanda, Fuller teve mais liberdades ao fazer o filme desse jeito do que possivelmente teria com um grande estúdio. O diretor pôde, por exemplo, escalar o ator Lee Marvin para o papel do sargento protagonista. Marvin também era um veterano da Segunda Guerra Mundial, tendo lutado em Saipan pelos Fuzileiros Navais, e já era conhecido dos fãs de "filmes de Segunda Guerra" por ter protagonizado *Os doze condenados* (1967) e *Inferno no Pacífico* (1968). Apesar do baixo orçamento, o filme também conseguiu a presença de Mark Hamill, naquele momento considerado uma grande estrela pelo enorme sucesso que havia tido como Luke Skywalker no filme *Star Wars* (*Guerra nas estrelas*). No entanto, apesar da fama de Hamill, o personagem que seria o ponto de vista do próprio Fuller na guerra ficou com Robert Carradine, intérprete do soldado Zab, narrador do filme.[35]

A história se inicia em 11 de novembro de 1918, quando o combatente que protagoniza o filme e é chamado apenas de "sargento" anda por um campo de batalha. Após se deparar com um cavalo assustado, deixa seu rifle cair, e este é pisoteado pelo animal, que foge. Um soldado alemão aparece no meio da fumaça se rendendo e dizendo que a guerra acabou, mas crente de que a rendição não passa de uma farsa, o sargento esfaqueia o homem aos olhos de um Jesus crucificado de madeira. A cena, em preto e branco, segue o sargento entrando em um *bunker* algum tempo depois, encontrando com um capitão que lhe conta que a guerra acabara quatro horas antes de ele matar o soldado alemão.

Sobre a opção de não dar um nome ao sargento, Fuller explicaria durante sua participação no Festival de Cannes de 1980: "Os sargentos deste mundo têm matado jovens por 10 mil anos. Ele é um símbolo de todos aqueles anos e de todos aqueles sargentos, não importa quais fossem seus nomes ou como eles chamavam sua patente em outras línguas. É por isso que ele não tem nome no filme".[36]

Na sequência do filme, o sargento tira do seu braço a pequena tira vermelha que ele pegara do alemão morto (sabemos disso pelo contexto) e a coloca em cima da mesa. Entra uma narração que explica que aquele pedaço de pano ficaria famoso no mundo todo por ter se tornado a insígnia da 1ª Divisão de Infantaria. A filmagem fica colorida. Vemos então a imagem do braço do sargento com a insígnia moderna da Divisão com o número 1 em vermelho, anos depois, no contexto da Segunda Guerra Mundial. É novembro de 1942 e a 1ª Divisão encontra-se no norte da África. O narrador afirma que eles (os estadunidenses) estão novamente enfrentando os *krauts* (em português normalmente traduzido como "chucrutes", apelido pejorativo dado aos alemães) anos depois da Primeira Guerra. Quando os estadunidenses se preparam para invadir uma praia na Argélia, soldados franceses leem os panfletos que eles haviam jogado avisando sobre a invasão e pedindo para que não atirassem. "Eu não vou atirar em um americano", diz um dos soldados franceses na costa. Um sistema de som emite o mesmo aviso, em inglês e francês. Um coronel francês aborda seus soldados com uma pistola e exige que abram fogo. O mesmo soldado que tinha dito anteriormente que não atiraria nos estadunidenses se recusa e é baleado pelo coronel, que pega sua metralhadora e começa a disparar. O soldado ao lado, que presenciara a morte do amigo, atira no coronel, que cai morto, mas seu dedo permanece preso ao gatilho da metralhadora, atirando nos invasores e acertando um médico no braço. O incidente acaba gerando um tiroteio generalizado entre as duas forças, até que os franceses pedem a rendição. O lado estadunidense não a aceita sob a premissa de que rendições são oferecidas a inimigos, e pedem que os franceses lutem ao seu lado. Os dois exércitos acabam confraternizando.

O soldado Griff (interpretado por Mark Hamill), durante o combate, acaba não lutando. Na cena seguinte, confessa ao sargento que não consegue assassinar ninguém, recebendo como resposta: "Nós não assassinamos. Nós matamos". Griff responde que seria a mesma coisa, mas o sargento discorda: "Você não assassina animais, você os mata". Zab, o narrador, confessa que nenhum deles sabia o que a guerra verdadeiramente era, e que eles ainda não tinham encontrado nenhum *kraut*.

A hesitação de Griff é o início da trajetória que começa com o personagem incapaz de matar e termina com ele executando um alemão após se deparar com o horror do campo de concentração de Falkenau. Esse arco do soldado que, endurecido pela guerra, se torna um executor assemelha-se com o arco do cabo Upham no filme *O resgate do soldado Ryan*.

A cena muda para um pequeno grupo de alemães no deserto, cujo diálogo parece o mesmo – "nós não assassinamos o inimigo, nós matamos" –, com a diferença de que o oficial alemão que profere essa reflexão executa um subordinado que questionara suas ordens e criticara Adolf Hitler. Fica evidente, nessa progressão de cenas a partir da invasão na Argélia, que o filme tem uma perspectiva crítica em relação à guerra e à desumanização que os combatentes aplicam aos inimigos.

Estabelecido o tom do filme, seguimos os personagens por momentos relevantes da história da 1ª Divisão de Infantaria dos Estados Unidos em episódios como a Batalha do Passo de Kasserine e sua atuação na Sicília, até que chega o momento do desembarque na Normandia.

Na embarcação que leva os soldados para Omaha, o soldado Lemchek tenta convencer algum de seus companheiros a trocar de lugar com ele na ordem dos designados para a instalação e uso de torpedos Bangalore que destruiriam os arames-farpados, oferecendo os 10 mil dólares da pensão por seu eventual falecimento. Lemchek insiste, mas nenhum dos companheiros aceita, e o sargento tenta acalmar o jovem, afirmando que as defesas da praia serão mínimas.

Nova cena: o momento dos soldados lutando contra o desafio das águas rumo às areias de Omaha. À medida que alcançam a praia, os soldados do 1º Esquadrão são ordenados pelo sargento. Ao deitar-se para observar, ele percebe que a praia está intacta e que os bombardeios não haviam feito as crateras esperadas. Lemchek morre antes mesmo de conseguir deitar-se na praia, e seu companheiro Vinci, sem grandes transtornos ou drama, mostra-se decepcionado por ter perdido o dinheiro antes oferecido por Lemchek. Vinci pede para ficar com o capacete do falecido, pois perdera o seu.

Enquanto os combatentes rastejam pela praia, um plano mostra um relógio de pulso no braço de um soldado morto enquanto as ondas vêm e vão. Esse plano se repete outras vezes, dando ao espectador um senso de passagem de tempo. Na segunda vez, a água está vermelha pelo sangue dos mortos.

Não vemos nenhuma barcaça de desembarque, e muitas das filmagens principais foram feitas claramente em algum horário próximo do meio-dia, com o sol bastante alto, às vezes intercalando com planos gravados em outros horários, o que não está de acordo com o horário da invasão real e poderia incomodar espectadores mais puristas, mas é uma questão tolerável quando entendemos que se trata de um filme com orçamento modesto.

Explosões de morteiros alemães matam soldados enquanto eles desembarcam. Vemos também estacas de madeira com minas na ponta, um dos obstáculos de defesa cuja instalação foi ordenada por Rommel. Ouvimos a voz do soldado Zab:

> Não podíamos avançar, não podíamos recuar. A saída E-1 estava bloqueada com arame farpado antitanque. A marinha devia tê-lo destruído, os aviões deviam tê-lo bombardeado, as equipes de bazucas deviam mandá-lo pelos ares. Se tudo falhasse, nós éramos o último recurso: o revezamento de Bangalore.[37]

Depois que o sargento verifica que as equipes de bazuca foram mortas, decide que o Bangalore é a última alternativa. Zab continua: "Naturalmente, tudo falhou. O torpedo Bangalore tinha 17 metros e estava cheio com 40 quilos de TNT, e montava-se à medida que se progredia pelo caminho, com as mãos. Eu adoraria conhecer o cuzão que o inventou".[38]

A partir daí, assistimos aos soldados da 1ª Divisão morrendo, um a um, conforme o sargento os ordena seguir em frente enquanto montam o torpedo, sendo que dois já estavam mortos antes do avanço. Quando chega a vez do soldado Griff, ele avança para o objetivo, mas então se deita na areia, paralisado pelo medo. O sargento começa a atirar próximo ao soldado para que ele avance. Griff observa seu superior, aparentemente com raiva, e por fim consegue avançar e instalar o torpedo na posição. A explosão abre uma brecha no arame, e o sargento ordena ao soldado Zab que informe ao coronel que a saída E-1 está aberta. Quando Zab avança, é mostrado uma vez mais o relógio sendo lavado pelas ondas, e a representação do Dia D em *Agonia e glória* se encerra.

Em sua autobiografia, *The third eye* ("O terceiro olho"), Samuel Fuller afirma que ao fazer *Agonia e glória* seu desejo era realizar um filme que não fosse mais um filme de guerra com um "grande combate ou heróis gloriosos", e que justamente por esse motivo ele teria recusado convites para dirigir *O mais longo dos dias* e *Patton* no passado.[39]

O diretor Fuller admitiu que é impossível fazer o público ter uma ideia do que é a guerra real. "Para fazer isso direito, você teria que cegar o público com fumaça, ensurdecê-lo com barulho, e depois atirar no ombro de um deles para deixar o resto em pânico. Isso passaria a ideia, mas então poucas pessoas viriam ao cinema".[40] Fuller afirmou que cada quadro de seu filme era baseado em sua experiência pessoal, um conhecimento obtido na guerra real.

> Um relógio de pulso em um braço decepado flutuando em um mar de sangue foi uma visão da praia de Omaha que ficou comigo por toda a minha vida. Para o filme, eu atenuaria o terror focando nos ponteiros de um relógio de pulso enquanto as ondas ficam cada vez mais vermelhas, sangue de todos os soldados moribundos fora da tela.[41]

Ao mesmo tempo que tentou ser fiel às experiências que teve durante a guerra, o diretor recorreu à alegoria, tanto para atenuar a violência da guerra quanto para emplacar sua mensagem.

> Além do realismo, meus quatro soldados de infantaria e seu sargento tinham uma dimensão alegórica. Eram símbolos de sobrevivência. Seu avanço implacável era uma estranha dança da morte, absurda e incompreensível, como a própria guerra. Com a conclusão das hostilidades, vem o reconhecimento de que a cura deve começar. Eu queria que *Agonia e glória* acabasse em esperança.[42]

Questionado em Cannes sobre se seu filme era antiguerra ou pró-guerra, Fuller respondeu: "A favor ou contra, que diabo de diferença isso faz para o cara que leva um tiro na bunda? O filme é muito simples. É uma série de experiências de combate e os tempos de espera entre elas".[43]

O filme foi exibido no Festival de Cannes em 1980, sendo prontamente elogiado pelos críticos. Richard Schickel, da revista *Time*, escreveu que *Agonia e glória* poderia "tomar com orgulho seu lugar ao lado de *O grande desfile*, *Sangue por glória* e *Também somos seres humanos* na grande tradição dos dramas de guerra americanos".[44] Em uma lista dos melhores filmes de 1980 na mesma revista *Time*, só que na edição de 5 de janeiro de 1981, o filme foi classificado como "duro, sentimental, definitivo".[45] O crítico Roger Ebert, escrevendo em 2004, deu quatro estrelas para o filme (sua nota máxima) e o selo de aprovação *Great movie*, destinado aos melhores filmes na sua opinião. Peter Bradshaw, escrevendo para o *The Guardian* em 2005, deu quatro de cinco estrelas e, comparando com *O resgate do soldado Ryan*, afirmou sobre o filme:

> Talvez grotesco, mas a ousadia e a crueza instintivas de Fuller estavam indiscutivelmente mais próximas da loucura da guerra do que o relato mais solene de Spielberg. As imagens soberbamente planejadas do filme e a pura paixão ingênua reivindicam fortemente o *status* de obra-prima maluca.[46]

A primeira vez que Fuller visitou Omaha após a guerra foi no aniversário de 40 anos do Dia D em 1984. Estranhou a ausência de muitas das estruturas de defesa alemãs e dos destroços na areia, incomodou-se com as casas de praia e os estacionamentos. "O lugar virou um resort", disse o veterano.[47] Dez anos depois, no aniversário de 50 anos, visitou uma vez mais o local. Na ocasião, recordou para a revista *Time*:

> Disseram-nos que as tropas à nossa frente eram apenas 150 jovens alemães com bicicletas. Mas não esperávamos a 352ª Divisão Alemã [...]. Assim que chegamos à praia, ficamos sob fogo pesado de uma divisão de campo endurecida pela batalha. Jesus! Se soubéssemos que estávamos enfrentando uma unidade como essa, teríamos borrado as calças.[48]

Naquele dia, em meio ao caos da batalha, Fuller precisou ir até o comandante da 1ª Divisão, o coronel George Taylor, exatamente como o soldado Zab no fim da cena do embate em Omaha representada no filme.

> Levantei-me e tentei correr. Quando você corre por cima de homens inconscientes ou deitados de bruços, é difícil manter o equilíbrio. [...] Corpos, cabeças, carne, intestinos; isso é o que era a praia de Omaha [...]. Quando encontrei Taylor, ele tirou o charuto da boca, entregou-o a mim e disse: "Quer fumar?". Então ele se levantou e disse estas palavras muito famosas: "Existem dois tipos de homens nesta praia: os mortos e os que vão morrer. Então vamos dar o fora daqui!" Ele começou a correr e nos conduziu através da brecha sob fogo. Há uma espécie de não coragem, mas raiva e colhões que se misturam em um avanço.[49]

Fuller finaliza seu relato dizendo: "Não importa o que você faça, fique longe de palavras como heroísmo. Nós estávamos na infantaria dos Estados Unidos, e tínhamos um trabalho".

Esta última observação é condizente com o que vemos em tela em *Agonia e glória*. O espaço que o Dia D tem nesse filme não é mais destacado do que o de outros momentos da atuação da 1ª Divisão na guerra, e recebe quase tanto tempo no filme quanto a passagem dela pela Itália. A passagem da atuação da divisão pela África ocupa uma parcela maior do filme, e o clímax da obra está relacionado à chegada da divisão ao campo de Falkenau na Tchecoslováquia. Para Fuller, faz todo sentido que o campo receba essa atenção: "Algumas das primeiras cenas que filmei com uma câmera foram gravadas em 1945, na libertação do campo de Falkenau. O que vi e registrei era impensável, mas inegável. Isso nunca, nunca deve acontecer de novo!".[50]

Ou seja: o próprio Samuel Fuller, que lutou na praia de Omaha e tem sua trajetória pessoal ligada ao Dia D, tratou a Operação Overlord como apenas mais um dos diversos eventos importantes da guerra na qual a 1ª Divisão de Infantaria participou. Sua representação desse evento foca nas perdas humanas massivas. Isso é feito de maneira bastante sóbria levando em conta que, durante a representação do combate em Omaha, não há uma trilha sonora que busque evocar tristeza no público ou transmitir uma ideia de sacrifício épico e heroico. Depois que a história do filme segue, as personagens não são mostradas como profundamente atormentadas por essa batalha em particular. O soldado Griff, por exemplo, recebe calorosamente soldados de outras unidades, e seus companheiros leem, praticam esportes, bebem e conversam casualmente.

Fuller, em conversa com Roger Ebert, afirmou que a guerra é algo episódico e que ele não suportava filmes com um arco que culmina em uma grande cena, porque na guerra de verdade "você vivia no presente. Não havia conexão entre o que aconteceu com você na semana passada e o que estava acontecendo hoje, porque você não tinha direção sobre sua vida e nem ninguém".[51]

Por ter tentado fazer um filme mais sóbrio e rejeitado discursos de heroísmo, Fuller se ressentiu com os críticos que o acusaram de belicista. Chamou-os de "idiotas insensíveis".

> Por que eles têm ciúmes de um escritor que usa experiências trágicas para lidar com o incompreensível? De alguma forma, sobrevivi àqueles anos cheios de horror da guerra total. A única maneira de viver com essas malditas memórias e manter minha sanidade era falar sobre elas, escrever sobre elas e, finalmente, três décadas e meia depois, fazer um filme sobre elas.[52]

Não é a defesa das Quatro Liberdades que o espectador encontra em *Agonia e glória*, e muito menos nas falas de Fuller para além do filme.

> [...] tente falar sobre heroísmo e coragem [para o cara que matou]. Faça-o ouvir depois que ele estiver morto. Mesmo na Segunda Guerra Mundial, com todo o seu idealismo, basicamente havia muita hipocrisia. Porque basicamente o que os ricos estavam dizendo era: "Emprestamos muito dinheiro para a Europa, que nunca vamos receber de volta se Hitler vencer". Essa foi uma razão válida o suficiente para lutar na guerra. Mas o que foi triste é que eles agitaram a bandeira e deixaram a banda tocar para um bando de jovens irem lutar na guerra, e nunca deram a eles um pedaço dessa corporação chamada país. E na Coreia, eles chamaram isso de ação policial, à qual o soldado cansado respondeu: "Tudo bem! Mande a polícia!" Agora, com o Vietnã, temos todos esses eufemismos para lidar com o fato de que perdemos.[53]

Lançado quatro anos antes do aniversário de 40 anos do 6 de junho de 1944 e realizado por alguém que de fato lutara na invasão, o filme traz uma leitura muito mais sóbria e menos romântica do que veríamos futuramente após a mitificação do Dia D. Isso reforça nossa teoria de que, até o aniversário de 40 anos da Operação Overlord, o Dia D foi entendido como importante, mas longe da aura mítica que receberia entre, principalmente, 1984 e 2005.

ANTES DE REAGAN: OS PRESIDENTES E O DIA D

Fugindo da esfera do entretenimento e pensando nos usos políticos do Dia D por parte de presidentes e presidenciáveis, levou tempo para que o 6 de junho ganhasse o *status* quase cerimonial que tem hoje.

Nos anos que se seguiram à invasão da Normandia, os presidentes estadunidenses pouco deram atenção ao Dia D. Ao menos no que concerne a homenagens, cerimônias *in loco* e públicas, "o Dia D foi considerado pelo público em geral na América como apenas mais um ponto de virada da Segunda Guerra Mundial, como Midway, Guadalcanal ou Bulge".[54] Entre o final da Segunda Guerra Mundial e o aniversário de 40 anos do evento, apenas dois presidentes visitaram a Normandia – sendo que o primeiro deles não era mais presidente quando da visita – e outros dois apenas cogitaram fazê-lo. Lyndon Johnson pensou em visitar o local em 1964, mas sua agenda de campanha o impediu, fazendo com que enviasse para lá uma delegação de 22 integrantes liderada pelo general Omar Bradley.[55] Richard Nixon quase viajou à Normandia para o aniversário de 30 anos, mas o imbróglio resultante do escândalo de Watergate e o desgaste político com a Guerra do Vietnã riscaram a viagem dos planos. Uma vez mais, Omar Bradley se fez presente no lugar do presidente.[56]

Dwight D. Eisenhower, após dois mandatos como presidente dos Estados Unidos, visitou, como veterano, o local da maior operação anfíbia da história – comandada por ele próprio na posição de Supremo Comandante Aliado – no aniversário de 20 anos do evento, acompanhado do jornalista do canal CBS Walter Cronkite, para o qual concedeu uma entrevista de 90 minutos. Tal entrevista seria transformada em um programa de televisão chamado *D-Day Plus 20 Years: Eisenhower Returns to Normandy* ("Dia D mais 20 anos: Eisenhower retorna à Normandia"). Nas palavras do general: "toda vez que volto a essas praias ou quando penso naquele dia há 20 anos, digo mais uma vez que devemos encontrar alguma maneira de trabalhar pela paz e realmente obter uma paz eterna para este mundo".[57]

Fora essa visita, encontramos apenas um registro de visita de Eisenhower à Normandia, mais precisamente no aniversário de um ano da invasão, quando a Segunda Guerra sequer tinha acabado, uma vez que a luta contra o Japão ainda acontecia.[58] A visita de 1964, ao que tudo indica, foi a última vez que o ex-presidente esteve no local.[59] Eisenhower faleceu poucos anos depois, em 1969.

Apesar do especial da CBS e do respeito que uma parcela significativa da população tinha para com Eisenhower, o clima político do fim dos anos 1960 dificultava que uma narrativa heroica do Dia D se sustentasse, uma vez que a sociedade estadunidense estava profundamente dividida com relação à Guerra do Vietnã.[60]

A comemoração de 30 anos, como dito anteriormente, contou com a presença do general Omar Bradley representando Nixon. Esse general participara da operação e era, naquele momento, o único membro ainda vivo do Quartel General Supremo das Forças Expedicionárias Aliadas (Supreme Headquarters Allied Expeditionary Force – SHAEF). Aos 81 anos e com dificuldades físicas, Bradley não participou da maioria das atividades em que estiveram presentes outros veteranos. Houve reencenações da escalada em Pointe du Hoc e do salto de paraquedistas em Sainte-Mère-Église.[61]

O segundo presidente a visitar a Normandia, sendo o primeiro a fazê-lo durante o mandato, foi Jimmy Carter. Em 5 de janeiro de 1978, em uma visita de três dias à França, Carter se juntou ao então presidente francês Valéry Giscard d'Estaing para uma homenagem aos mortos no Dia D. Em Bayeux, a primeira vila libertada da ocupação nazista, os dois presidentes discursaram e cumprimentaram os cidadãos presentes.

Em sua fala, Carter fez um breve resumo da operação, exaltando os combates na praia de Omaha e em Pointe du Hoc – embora não tenha mencionado nominalmente o rochedo – e apenas citando as invasões nas praias Juno, Gold e Sword. Tal qual Reagan faria em 1982, Carter aproveitou para ressaltar as conexões militares entre França e Estados Unidos, mencionando a guerra de independência deste último e as duas grandes guerras. Assim como seu sucessor, o então presidente mencionou a Organização do Tratado do Atlântico Norte (Otan): "Nós estamos determinados, com nossos nobres aliados aqui, a fazer com que a liberdade da Europa nunca mais seja ameaçada. Nós temos agora cerca de 200 mil americanos, guerreiros, na Europa para garantir que essa ameaça não apareça diante de nós novamente".[62]

Apesar do simbolismo de aquela ser a primeira visita de um presidente em exercício do cargo nos EUA, ela não teve nem de longe o impacto que outras visitas teriam no futuro. Carter não seria o último presidente a investir pesado na capitalização política em torno do Dia D. Isso se tornaria a norma a partir de seu sucessor no cargo de presidente dos Estados Unidos.

RANGERS, REAGAN E RELIGIÃO CIVIL

> *"O que aprendi com o discurso de Pointe du Hoc foi que, para os homens da Casa Branca de Reagan, um bom discurso é na verdade uma pele de salsicha: quanto mais forte ela é, mais você empurra."*
>
> Peggy Noonan[1]

Um bote de pesca navega lentamente nas águas da costa de uma cidade banhada pelos primeiros raios de sol. A cena é sucedida de outras tantas imagens que remetem ao início de um dia, enquanto pessoas se deslocam para o trabalho e um garoto entrega jornais em sua bicicleta. "É manhã de novo na América. Hoje, mais homens e mulheres vão trabalhar do que nunca na história do nosso país", afirma um narrador de voz grave e serena, dando seguimento com dados econômicos otimistas. "Com as taxas de juros de aproximadamente metade dos recordes de 1980, quase 2 mil famílias hoje comprarão novas casas, mais do que em qualquer época nos últimos quatro anos." Diante do cenário econômico aparentemente favorável, "6.500 rapazes e moças se casarão e, com a inflação em menos da metade do que era há apenas quatro anos, eles podem olhar para o futuro com confiança". O narrador encerra afirmando: "Amanheceu novamente na América e, sob a liderança do presidente Reagan, nosso país está mais orgulhoso, mais forte e melhor. Por que iríamos querer voltar para onde estávamos há menos de quatro anos?".[2]

O vídeo com essas cenas e essa narração, oficialmente intitulado *Prouder, Stronger, Better* (Mais Orgulhoso, Mais Forte, Melhor), conhecido popularmente como "Manhã na América", foi um comercial de TV transmitido em 1984 durante a campanha de reeleição do presidente Ronald Reagan. O ex-ator, ex-governador da Califórnia, presidente e agora candidato à reeleição pelo Partido Republicano vencera as eleições de 1980 superando o candidato democrata à reeleição, Jimmy Carter, com uma enorme superioridade de votos – recebendo 90,9% dos votos eleitorais contra 9,1% do candidato à reeleição.[3] Em meados de 1979, a inflação chegava a 13%, os postos de gasolina eram tomados por filas e a estação espacial Skylab estava prestes a cair sem que se soubesse onde; a aprovação de Carter caiu para 25%, a pior desde Harry Truman.[4]

A presidência de Ronald Reagan teria impactos profundos na sociedade, e sua campanha de reeleição seria tão bem-sucedida que lhe daria a maior vitória eleitoral da história dos Estados Unidos. Essa campanha não se resumiu a apontar para dados econômicos. Reagan foi um dos presidentes que mais apostou na exaltação das forças armadas, na rejeição a olhares negativos sobre a experiência da Guerra do Vietnã e no reforço do mito da "boa guerra" em torno da Segunda Guerra Mundial. Um dos maiores instrumentos de resgate do passado idealizado promovido em seu governo foi justamente o desembarque na Normandia. O Dia D nunca foi realmente esquecido pelo grande público, a imprensa e a indústria cultural, porém, foi Reagan quem deu o pontapé inicial para a mitificação do evento na escala que viríamos conhecer.

NOVO PRESIDENTE, VELHAS ALIANÇAS

Após uma década de recessão econômica, a população estadunidense buscava por um presidente que tivesse uma postura de liderança ativa. A popularidade do até então presidente Jimmy Carter melhorou após o discurso "Energy and the National Goals: A Crisis of Confidence" ("Energia e metas nacionais: uma crise de confiança") proferido em 15 de julho de 1979, mas ele não foi capaz de sustentá-la no médio prazo, especialmente por conta do impacto extremamente negativo da tomada da embaixada estadunidense no Irã em 1979, quando cinquenta e três pessoas foram feitas reféns. Após negociações infrutíferas, Carter autorizou uma ação militar de resgate, mas, com clima adverso no deserto em Tabas, os helicópteros que levavam as tropas colidiram com o solo, matando seus tripulantes. A trapalhada militar da ação é considerada por alguns analistas a principal causa da derrota de Carter nas eleições. A crise seria resolvida logo que Reagan assumiu a presidência, após os reféns passarem 444 dias em cativeiro. Reagan aumentou sua popularidade dentro e fora dos Estados Unidos, e o Irã recebeu armamentos como forma de compensação.[5]

Reagan tinha interesse em aumentar a força militar de seu país e reforçar a Otan. No dia 18 de agosto de 1980, cerca de duas semanas antes de começar oficialmente sua campanha para presidente, o candidato fez um discurso na Convenção da Veterans of Foreign Wars, uma organização sem fins lucrativos cujo objetivo, de acordo com a própria organização, é "promover a camaradagem entre os veteranos dos Estados Unidos de conflitos no exterior. Para servir nossos veteranos, os militares e nossas comunidades. Advogar em nome de todos os veteranos".[6] Nesse discurso, Reagan afirmou querer unir os Estados Unidos na busca da restauração de uma "América dos sonhos"[7] e acusou o governo Carter de ser "antiveteranos", cortando investimentos no acolhimento dos ex-combatentes.

> Sempre me pareceu estranho que vocês, que conheceram em primeira mão a feiura e a agonia da guerra, sejam tão frequentemente culpados pela guerra por aqueles que desfilam pela paz. A verdade é exatamente o contrário. Tendo conhecido a guerra, vocês estão na vanguarda daqueles que sabem que a paz não é obtida ou preservada pelo desejo e pela fraqueza. Vocês insistiram consistentemente na manutenção de uma capacidade de defesa que fornece uma margem de segurança para a América. Hoje, essa margem está desaparecendo.[8]

Reagan seguiu apontando uma suposta "síndrome do Vietnã" e negou que os Estados Unidos fossem o país agressor na guerra contra o país asiático. Ao invés disso, declarou que era hora de reconhecer que a causa estadunidense era nobre e que sentir culpa pela guerra era desrespeitoso para com os cerca de 50 mil estadunidenses mortos no conflito. Evocou também uma suposta fraqueza dos laços da Otan por conta da administração Carter.

> Não estamos sozinhos no mundo. Temos aliados que estão conosco, que esperam que os Estados Unidos forneçam liderança e permaneçam fortes. Mas eles estão confusos com a falta de uma política coerente e baseada em princípios da administração Carter. E devem ser consultados, não excluídos, de assuntos que afetem diretamente seu próprio interesse e segurança. Quando ignoramos nossos amigos, quando não lideramos, enfraquecemos a unidade e a força que unem nossas alianças. Devemos agora reverter essa tendência perigosa e restaurar a confiança e a coesão do sistema de alianças sobre o qual nossa segurança se baseia.[9]

Ao fazer isso, Reagan não estava adotando nenhum discurso novo: esta mentalidade poderia ser traçada, no mínimo, até Harry Truman. Após uma visita às ruínas de Berlim depois do fim da Segunda Guerra, o então presidente dos Estados Unidos que assumira o cargo após a morte de Franklin D. Roosevelt afirmou ter ficado grato pelo fato de os Estados Unidos terem sido poupados da destruição da guerra e enfatizou que a segurança das nações agora estaria diretamente relacionada a suas capacidades de defesa e mobilização de forças militares ao redor do mundo.[10]

Os discursos que tratavam como nobre a luta na Segunda Guerra e o anticomunismo impulsionado pela Guerra Fria moldaram o futuro, não a partir de uma perspectiva parcialmente progressista como a de Roosevelt, mas sim pela visão conservadora de poderio militar superior e por sujeitos que se diziam "tementes a Deus".[11]

A retórica de Reagan segue ainda a fórmula batida de apontar para um passado ideal que teria se perdido no presente em razão da atuação de seus adversários, "o 'tempo de antes' é o de uma grandeza, de uma nobreza ou de uma certa felicidade que nos cabe redescobrir".[12] O historiador Raoul Girardet comenta sobre esse tipo de passado mitificado:

> Oposto à imagem de um presente sentido e descrito como um momento de tristeza e decadência, ergue-se o absoluto de um passado de plenitude e de luz. Resultado quase inevitável: cristalizando ao seu redor todos os impulsos, todos os poderes do sonho, a representação do "tempo de antes" tornou-se mito. E mito no sentido mais completo do termo: ao mesmo tempo ficção, sistema de explicação e mensagem mobilizadora.[13]

Em junho de 1982, cerca de um ano e meio após ser eleito presidente, Reagan visitou a França, em sua primeira viagem à Europa como presidente, onde se encontrou com o presidente francês François Miterrand, o prefeito de Paris Jacques Chirac, o primeiro-ministro japonês Zenko Suzuki e a primeira-ministra britânica Margaret Thatcher. Lá, entre diversas conversas sobre o comércio internacional e a situação do Oriente Médio, Reagan tratou de trazer à mesa o debate sobre geopolítica, afirmando seu compromisso em "restaurar a força defensiva da América depois de três décadas de negligência".[14] Sua mensagem não era apenas uma demonstração de força para os aliados: era uma forma de reafirmar o compromisso dos Estados Unidos com a Otan, tanto que já no dia seguinte, durante um jantar com as mesmas autoridades, o presidente afirmou: "Uma América forte e uma aliança vital e unificada são indispensáveis para manter a paz agora e no futuro, assim como foram mantidas no passado".[15] Reagan era implacável em seus anseios de fortalecer os laços entre as principais potências signatárias do tratado e países que, embora não fossem signatários, eram de importância estratégica fundamental, como o Japão. Assim, não apenas reforçou laços, como também demonstrou aos líderes aliados quão vantajosas haviam sido as alianças com os Estados Unidos no passado. Cabe lembrar que esse encontro aconteceu durante as últimas semanas da Guerra das Malvinas, quando os Estados Unidos ficaram do lado do Reino Unido em respeito à Otan, desconsiderando os compromissos firmados com a Argentina e outros países da América Latina no Tratado Interamericano de Assistência Recíproca, de 1947.

Ex-combatentes estadunidenses sendo homenageados, em diferentes ocasiões, por sua participação na Segunda Guerra Mundial. Homenagens como essas passaram a ser mais comuns a partir dos anos 1980.

Nas suas viagens pelo Velho Continente, o presidente Reagan constantemente evocava a necessidade de retomar uma aliança aos moldes de 1941-1945, que havia levado à vitória na Segunda Guerra, mas dessa vez sem a presença da União Soviética, vista como um "Império do Mal" e inimiga da democracia.[16]

E qual seria a ameaça soviética? No discurso para a Convenção da Veterans of Foreign Wars de 1980, o futuro presidente havia dito, aproveitando para alfinetar Carter:

> há a presença soviética, cubana e da Alemanha Oriental na Etiópia, no Iêmen do Sul, e agora a invasão e subjugação do Afeganistão. Este último passo os move para uma curta distância do Golfo Arábico rico em petróleo. E é apenas coincidência que terroristas treinados em Cuba e na União Soviética estejam levando a guerra civil aos países da América Central nas proximidades dos ricos campos de petróleo da Venezuela e do México? Em todo o mundo, podemos ver que, diante do declínio do poder americano, os soviéticos e seus amigos estão avançando. No entanto, a administração Carter parece totalmente alheia.[17]

Reagan carregava consigo uma nostalgia idealista em relação à Segunda Guerra, da qual participara trabalhando em filmes de treinamento e propaganda na relativa tranquilidade da Califórnia, tendo contato com o Dia D apenas através do livro *O mais longo dos dias*, de Cornelius Ryan. Pessoalmente, gostava de contar histórias de guerra – mais parábolas do que histórias reais – que ressaltassem o valor dos soldados, dialogando com a noção do soldado-messias. Uma delas era sobre um piloto de um B-17 cuja aeronave foi danificada pelos ataques inimigos. Com o avião descendo em espiral rumo ao chão, o piloto teria ordenado a sua tripulação que abandonasse a aeronave para se salvar. A ordem foi prontamente atendida por todos os tripulantes, menos um, o artilheiro da aeronave que se encontrava ferido, chorando e sangrando profusamente. O piloto teria então gritado: "Não se preocupe, filho, nós vamos cair juntos". Ambos morreram na queda.[18]

No dia 5 de junho de 1982, Reagan profere um discurso no Palácio de Versalhes, transmitido diretamente aos Estados Unidos via rádio. Começa fazendo referências históricas ao local de transmissão e sua relação com os Estados Unidos, como a assinatura do tratado que reconheceu a independência estadunidense em relação à Inglaterra, e a assinatura de outro tratado, ao fim da Primeira Guerra Mundial, que "marcou a emergência da América como uma líder e potência mundial".[19] Reitera a importância dos Estados Unidos na reconstrução da Europa, lembrando o Plano Marshall e exaltando os laços entre os membros da Otan firmados há 33 anos e comemorando a entrada da Espanha na organização, que afirma ser voluntária – em oposição ao Pacto de Varsóvia, em que, segundo Reagan, nenhum país teria entrado voluntariamente.[20] Aproveitando a proximidade da data, Reagan evoca o Dia D: "Uma lição do Dia D é tão clara agora quanto era 38 anos atrás: apenas a força pode deter a tirania e a agressão".[21] Encerra a transmissão afirmando seu compromisso para que nenhuma outra geração de jovens tenha que repetir o sacrifício que os jovens mortos no Dia D fizeram para preservar a liberdade.[22]

Embora o presidente não tenha visitado a Normandia pessoalmente no aniversário de 38 anos da invasão, a primeira-dama Nancy Reagan fez uma visita de três horas acompanhada por integrantes da embaixada estadunidense em Paris, colocou uma coroa de flores na estátua memorial do cemitério de Colleville-sur-Mer e falou ao público presente:

> Se meu marido estivesse aqui hoje, ele diria a vocês o quão profundamente ele sente as responsabilidades da paz e da liberdade. Ele lhes diria como podemos garantir que outros jovens em outras praias e outros campos não tenham que morrer. E acho que ele falaria sobre suas ideias para a paz nuclear.[23]

No dia 31 de maio, Reagan gravou um discurso na Biblioteca da Casa Branca para a televisão francesa, fazendo as mesmas observações a respeito de heroísmo e luta contra a tirania. "A invasão da Normandia foi a segunda vez neste século que os americanos lutaram na França para libertá-la de um agressor. Estamos comprometidos a fazê-lo novamente se for necessário", disse, fazendo referência também à participação estadunidense na Primeira Guerra Mundial.²⁴

Percebe-se nas falas de 1982 e nas evocações do Dia D em sua visita à França que a preocupação de Reagan em fortalecer seus laços com a Otan e o compromisso defensivo dos Estados Unidos. As referências aos sacrifícios dos soldados são apenas pontuais, servindo ao propósito de ressaltar que sacrifícios como os dos caídos na Normandia não seriam mais necessários caso o país fosse bem-sucedido em suas estratégias defensivas e diplomáticas.

No entanto, apesar dos discursos de paz, em 1983 o mundo passou pelo maior risco de uma guerra nuclear desde a crise dos mísseis em Cuba em 1962. Para o historiador Taylor Downing, autor de *1983: Reagan, Andropov and the world on the brink* ("1983: Reagan, Andropov e o mundo no limite"), o ano de 1983 foi o momento mais perigoso da Guerra Fria. Mikhail Gorbachev em 1986 afirmaria que provavelmente em nenhum momento nas décadas pós-Segunda Guerra a situação foi tão difícil e explosiva no mundo do que na primeira metade dos anos 1980.²⁵

Após a crise dos mísseis, o mundo viu alguns anos de relaxamento na corrida nuclear, com a assinatura de documentos como o Tratado de Não Proliferação de Armas Nucleares de 1968 (que vigorou a partir de março de 1970) e as Conversações sobre Limites para Armas Estratégicas resultando no Tratado de Redução de Armas Estratégicas (Strategic Arms Limitation Treaty – SALT I), assinado entre Richard Nixon e Leonid Brezhnev. O congelamento da expansão dos arsenais nucleares das principais potências da Guerra Fria foi seguido dos Acordos de Helsinki de 1975, por meio do qual as fronteiras do pós-Segunda Guerra foram reconhecidas – o que resultou no reconhecimento da Alemanha Oriental pela sua contrapartida ocidental, por exemplo – e as cooperações e trocas culturais, científicas e industriais foram encorajadas.²⁶

As tensões, contudo, voltariam a escalar. O segundo Tratado de Redução de Armas Estratégicas (SALT II) não foi ratificado pelo Senado dos Estados Unidos em protesto à invasão soviética do Afeganistão, e a eleição de um conservador como Reagan, com suas declarações interpretadas como agressivas pelo staff soviético, davam sinais de que a paz poderia não durar muito. Figuras experientes do governo soviético temiam que os Estados Unidos se aproveitassem de sua superioridade tecnológica para realizar um ataque-surpresa e decapitar o regime soviético antes que ele pudesse reagir.[27] Em 1983, já no terceiro ano de mandato de Ronald Reagan, uma série de incidentes deixaria o mundo mais próximo de uma guerra nuclear. Vejamos alguns deles.

Os soviéticos temiam que a instalação de mísseis Pershing na Europa, prevista para o outono de 1983, permitisse aos Estados Unidos a destruição de Moscou após seis minutos do lançamento dos mísseis, temor aumentado pelo anúncio da Iniciativa Estratégica de Defesa, conhecida como *Star Wars*. Já os Estados Unidos temiam os submarinos soviéticos, que teriam a capacidade de fazer o mesmo com Washington.[28] Ademais, a União Soviética tinha

> mais de 200 divisões militares agrupadas em quatro teatros de operações principais. Eles possuíam mais que 54 mil tanques de combate e aproximadamente 4.500 helicópteros. O Exército, Marinha e Força Aérea soviéticos poderiam recorrer a cinco milhões de pessoal em atividade. E por trás de tudo isso, os soviéticos possuíam 11 mil ogivas nucleares, todas pré-atribuídas a alvos nos Estados Unidos e Europa.[29]

Entre 31 de agosto e 1º de setembro, por conta das diferenças entre fusos horários, o voo KAL 007 da Korean Air Lines partindo de Anchorage com destino a Seul acabou saindo de sua rota e passando por território aéreo soviético. O voo parecia estar indo em direção a Petropavlosk, onde havia uma grande base aérea e naval com uma base de submarinos nucleares; os soviéticos, julgando ser aquele um voo espião, derrubaram a aeronave, aumentando ainda mais as tensões internacionais.[30]

Em novembro de 1983, a Otan começou um grande exercício militar chamado Able Archer 83, parte de uma série de exercícios maiores realizados pela organização naquele outono, sob o nome Autumn Forge 83, com o objetivo de testar os procedimentos e comunicações em caso de um ataque militar soviético. Embora as transmissões do Able Archer 83 deixassem claro que se tratava de um exercício, a enorme movimentação realizada pela Otan fez os soviéticos cogitarem que o caráter de treino da operação era apenas uma distração para favorecer um ataque real, uma vez que o próprio Pacto de Varsóvia tinha seus planos de contingência para um ataque ao Ocidente sob o disfarce de operações de exercício. A sede da KGB em Moscou, ainda às voltas da Operação RYaN – realizada com o objetivo de encontrar evidências de um possível ataque nuclear surpresa por parte dos Estados Unidos – entrou em pânico diante da possibilidade de um ataque que imitasse o plano de contingência do Pacto de Varsóvia. Ordens foram enviadas a agentes por toda a Europa e América do Norte para que figuras e localizações específicas fossem observadas e que quaisquer suspeitas de movimentação rumo a um ataque concreto fossem reportadas à sede.[31] A escalada das tensões fez com que os soviéticos chegassem a ponto de armar aeronaves com bombas nucleares, e por muito pouco o conflito não eclodiu, em parte pela decisão do tenente-general Leonard Perroots, chefe de inteligência da Força Aérea estadunidense na Europa, que percebeu a estranheza das movimentações soviéticas e entendeu que os exercícios deveriam cessar para evitar uma catástrofe.[32]

Durante algum tempo, os serviços de inteligência estadunidenses subestimaram o risco de guerra criados pelo Able Archer 83. O President's Foreign Intelligence Advisory Board (Conselho Consultivo de Inteligência Estrangeira do Presidente), em relatório desenvolvido no ano de 1990 sobre o "medo de guerra" soviético, afirmava que os setores de inteligência dos EUA não teriam percebido nem na época, nem nos anos que se seguiram, a possibilidade de que o medo soviético de uma guerra naquele contexto fosse real, e que por conta disso o presidente recebia informações equivocadas que subestimavam os riscos que o país corria em relação aos seus adversários no leste.

> Em duas Estimativas de Inteligência Nacional Especiais (SNIE's) em maio e agosto de 1984, a comunidade de inteligência disse: "Nós acreditamos fortemente que as ações soviéticas não são inspiradas por – e os líderes soviéticos não percebem – um perigo genuíno de conflito iminente ou confronto com os Estados Unidos." Declarações soviéticas contrárias foram julgadas como "propaganda".[33]

De qualquer modo, ainda que os serviços de inteligência dos Estados Unidos subestimassem o quão próximos de uma guerra os soviéticos haviam chegado, a possibilidade era suficientemente plausível para que as lideranças se preocupassem com os riscos. Reagan não viajou à França no mês de junho de 1983. Em que pese o fato de as maiores tensões daquele ano terem ocorrido após junho, impedindo Reagan de usar politicamente o aniversário do Dia D para angariar apoio internacional no pico das tensões, não houve nenhuma manifestação do presidente em 6 de junho de 1983 que trouxesse para os holofotes os sacrifícios da invasão da Normandia. De acordo com a lista de textos e discursos presidenciais publicados no site da Biblioteca e Museu Presidencial Ronald Reagan, o aniversário de 39 anos da invasão foi dedicado a outras atividades, como a nomeação do novo embaixador estadunidense na Espanha e a saudação dos finalistas do concurso nacional de ortografia.[34]

"DISCURSO SOBRE ESPLENDOR": REAGAN, NOONAN E OS RAPAZES DE POINTE DU HOC

Havia, contudo, expectativa para a comemoração dos 40 anos do Dia D. O repórter Michael Dobbs do *The Washington Post* apontava para o quão útil o evento seria como exercício de relações públicas durante a campanha de reeleição de Reagan, que, segundo ele, acontecia dos dois lados do Atlântico, e uma oportunidade de angariar ainda mais apoio de veteranos, dos quais cerca de 30 mil estavam previstos para estar nas cerimônias comemorativas:

> Para a imprensa e a televisão, [a presença de Reagan no aniversário do Dia D] representa um dos eventos de notícias internacionais mais coloridos desde o casamento real na Grã-Bretanha, há três anos. Para os veteranos, a maioria agora com mais de 60 anos, as cerimônias podem se tornar a última oportunidade

de recapturar memórias sobre o dia mais importante de suas vidas. De acordo com funcionários do cemitério dos EUA em Colleville-sur-Mer, um número surpreendente está aproveitando a aposentadoria para retornar pela primeira vez com suas esposas e famílias.[35]

A administração Reagan sabia da importância que as comemorações na Normandia teriam para sua imagem, por conta disso suas ações não se resumiram ao dia 6 de junho de 1984. Em 17 de maio, Reagan participou de uma cerimônia em Arlington, na Virgínia, em honra dos generais Maxwell Taylor e J. Lawton Collins, o primeiro deles sendo comandante da 101ª Divisão Aerotransportada que pulou atrás das linhas inimigas no começo da invasão, e o segundo, comandante do 7º Corpo de Exército na invasão da praia de Utah. Nessa cerimônia, a pedido de Reagan, participou também Wally Strobel, paraquedista que antes da invasão havia sido fotografado conversando com Dwight Eisenhower.[36] Sabendo do quão famosa era a foto, Reagan quis tirar proveito disso.

Os países da Europa ocidental – especialmente a França – receberam as comemorações de braços abertos, inclusive como uma oportunidade de incentivar o turismo.

> Agentes de viagens da União Europeia, ansiosos por dólares americanos, organizaram "tours de libertação" de US$ 100 por dia, com tudo incluso, onde veteranos americanos que retornavam poderiam ir de ônibus da Normandia a Berlim enquanto ouviam Benny Goldman, Gleen Miller e as irmãs Andrews no sistema de som.[37]

A maior beneficiária desse aumento do turismo foi, sem dúvida, a Normandia. Até hoje a região colhe os frutos turísticos e econômicos desse aniversário, uma vez que ele deu o pontapé inicial na tradição de grandes comemorações pelo Dia D, que continuam populares.

A mídia teve um importante papel na criação de expectativa para o aniversário. De acordo com Douglas Brinkley, o maior incentivo veio da abertura de um artigo para a revista *Time*, escrito pelo jornalista

Dwight D. Eisenhower conversando com
paraquedistas da 101ª Divisão Aerotransportada que
embarcariam para a Normandia em 5 de junho de
1944. Entre os paraquedistas está Wally Strobel.

Lance Morrow. Intitulado "June 6, 1944", o texto de Morrow vinha ilustrado por uma das únicas 11 fotos de Robert Capa tiradas durante a invasão da praia de Omaha – a maioria foi danificada durante o processo de revelação por acidente – ocupando a maior parte do espaço em duas páginas. Sobre a cerimônia vindoura do aniversário do Dia D, Morrow escreveu:

> As cerimônias na Normandia celebrarão a vitória e lamentarão os mortos. Elas lamentarão também, quase subliminarmente, uma clareza moral que foi perdida, um senso de propósito comum que praticamente evaporou. Nunca mais, talvez, os Aliados colaborariam tão generosamente. A invasão da Normandia foi um golpe estrondoso e heroico dado ao império do mal. Nunca mais, talvez, a guerra pareceria tão irrepreensivelmente certa, tão necessária e justa. Nunca mais, possivelmente, o poder americano e a moralidade coincidiriam tão perfeitamente.[38]

O texto de Morrow abria um longo artigo escrito por Otto Friedrich que contava em detalhes a história do Dia D intitulado "Every man was a hero" ("Todo homem foi um herói"). O artigo começava com uma citação de *Henrique V*, de William Shakespeare: "Deste dia até o fim do mundo, ...nele seremos lembrados, ...nós, bando de irmãos; porque quem hoje derrama seu sangue comigo será meu irmão".[39] Ele foi determinante para inspirar o historiador Stephen E. Ambrose, que escreveria um livro (que mais tarde levaria a uma série televisiva) sobre a Companhia Easy da 101ª Divisão Aerotransportada intitulado com esta mesma expressão: *Band of brothers* (Bando de irmãos; edição brasileira: *Band of brothers: companhia de heróis*). A mesma foto de Capa que ilustrou o texto de Morrow seria usada na capa da primeira edição do seu livro *O Dia D, 6 de junho de 1944: a batalha culminante da Segunda Guerra Mundial*.

É possível dizer que já havia um esforço para que o público se lembrasse do evento e atentasse para o aniversário que se aproximava, inclusive com expectativas a respeito da cerimônia comemorativa. Mas certamente foram os dois discursos de Reagan que mais impactaram a sociedade estadunidense na época, especialmente o proferido em Pointe du Hoc. Para entendermos com maior profundidade o poder desse discurso, precisamos não apenas conhecer seus principais pontos, mas também o contexto por trás de sua criação e a pessoa que o escreveu: Peggy Noonan.

Peggy Noonan nasceu em 7 de setembro de 1950 no bairro do Brooklyn, em Nova York, e se graduou com distinção pela Universidade Farleigh Dickinson em Nova Jersey. Após se formar, trabalhou na rádio WEEI, de Boston, escrevendo editoriais e comentários para diversos âncoras lerem ao vivo. Ela se orgulhava de ter vindo do rádio, pois, segundo dizia, essa mídia gera melhores escritores do que a televisão, uma vez que a falta do visual obriga o autor a trabalhar com mais afinco na captura da atenção do ouvinte e, consequentemente, desenvolver sua escrita.[40] Politicamente conservadora, Peggy Noonan passou a trabalhar com o time de escritores de discurso de Reagan em março de 1984, animada em conhecer seu "herói político".[41]

Noonan sabia que tinha um material com muito potencial dramático para um bom discurso sobre o Dia D, que captasse a atenção dos espectadores. Tendo lido *O mais longo dos dias*, de Cornelius Ryan, *Six Armies in Normandy* ("Seis exércitos na Normandia"), de John Keegan, e *The Normandy Landings* ("Os desembarques da Normandia"), de Jean Compagnon, entendia quão dramática tinha sido aquela operação militar. Favorável a teatralidades e adepta de simbolismos, Noonan acreditava ter uma noção do que funcionaria melhor com a audiência. Disse ela anos depois:

> O assunto era um daqueles momentos que realmente capturam o romantismo da história. Eu pensei que, se eu pudesse chegar ao que impeliu os Rangers a fazer o que eles fizeram, eu poderia usar isso para sugerir o que nos impulsiona a cada dia enquanto vivemos como uma nação no mundo. Isso lembraria a nós e aos nossos aliados o que é que nos mantém juntos.[42]

Levando em consideração que, de acordo com Raoul Girardet, não há nenhum sistema mitológico que não se ligue a momentos de crise e situações de vácuo, de angústia ou contestação, é seguro dizer que a escritora se aproveitou do contexto de volta das tensões entre Estados Unidos e União Soviética e lançou mão de simbolismos que dialogam diretamente com o que vimos anteriormente a respeito dos conceitos de religião civil e soldado-messias. É nos momentos mais críticos que os mitos políticos se afirmam e se impõem com mais intensidade e exercem de maneira mais eficiente seu poder de atrair a atenção do público.[43]

Apesar desse cenário que aparentemente facilitava o desenvolvimento de um texto, havia uma enorme pressão. Um membro do staff da Casa Branca teria dito a Peggy Noonan que a expectativa era a de um discurso como o "Gettysburg address" de Lincoln. Noonan optou por focar em um público específico: as crianças e jovens que assistiriam ao discurso: "Eu queria que os adolescentes parassem de mastigar seus *Rice Krispies* por um minuto e ouvissem sobre a grandeza daqueles garotos durões que agora são seus avós", disse ela em seu livro de memórias, *What I saw at the revolution* ("O que eu vi na revolução"), sobre sua trajetória nos anos Reagan.[44]

A escritora teve seu grande *insight* quando ficou sabendo que integrantes do batalhão de Rangers que escalou Pointe du Hoc no Dia D não só estariam no evento como estariam na primeira fila, bem diante de Reagan. Pensou então que o presidente "deveria se referir diretamente a eles. Ele deveria falar com eles. Deveria descrever o que eles fizeram".[45] A partir dessa ideia, surgiu a frase que viria a inspirar o título informal daquele discurso – tal qual "We shall fight on the beaches" ("Nós temos que lutar nas praias") de Winston Churchill ou "I have a dream" ("Eu tenho um sonho") de Martin Luther King Jr. se tornaram títulos informais de discursos famosos do passado – "Estes são os rapazes de Pointe du Hoc".[46] A frase foi inspirada no título do livro *The Boys of Summer* ("Os garotos do verão"), de Roger Khan, que Peggy Noonan tinha acabado de ler.[47]

Embora o evento central da viagem de Reagan à França fosse a presença do presidente na praia de Omaha, seu staff decidiu, após muito debate, que o discurso em Pointe du Hoc receberia maior destaque do que o que seria lido na praia. Todos os principais correspondentes da Casa Branca presentes no evento foram informados disso, para que não perdessem o tal discurso.[48]

Reagan voou para a França em 6 de junho após visita ao Reino Unido, para onde voltaria no mesmo dia para o jantar. A primeira etapa da programação era Pointe du Hoc. Diante do monumento em homenagem aos soldados estadunidenses que haviam subido aqueles penhascos, Reagan proferiu o discurso cuidadosamente escrito por Noonan e alterado sucessivas vezes pelo staff da Casa Branca, com quem Noonan precisou brigar para que partes do texto que julgava importantes não fossem cortadas ou demasiadamente alteradas.

O presidente começa falando da luta dos Aliados: "A Europa estava escravizada, e o mundo orava por seu resgate. Aqui na Normandia o resgate começou".[49] Ainda que não deixasse de mencionar os soviéticos, como veremos adiante, o parágrafo inicial reproduz a ideia de que o Dia D teria resgatado ou salvado a Europa. O discurso segue focando na incursão dos 225 Rangers a Pointe du Hoc. Após dois parágrafos descritivos das ações daquela manhã de junho, volta para o presente, apelando para os simbolismos, algo cuidadosamente planejado por Peggy Noonan:

> Atrás de mim está um memorial que simboliza as adagas dos Rangers que foram enfiadas no topo desses penhascos. E diante de mim estão os homens que as colocaram lá. *Estes são os rapazes de Pointe du Hoc.* Estes são os homens que tomaram os penhascos. Estes são os campeões que ajudaram a libertar um continente. Estes são os heróis que ajudaram a acabar com uma guerra.[50] [Grifo nosso.]

Um dos motivos de Pointe du Hoc ter sido escolhido para ser o local de um dos discursos de Reagan é o fato de manter muitas características dos tempos da guerra, como arames farpados, trincheiras, crateras e *bunkers*. Isso permite a visitantes e espectadores uma sensação de presentificação da batalha ocorrida 40 anos antes naquele mesmo lugar, que ganha ares de objeto de culto.

A evocação que o discurso de Reagan faz do campo de batalha e do monumento erigido em Pointe du Hoc ganha um verniz supostamente patriótico, nos remetendo a uma reflexão de Edward T. Linenthal:

> A retórica patriótica e a construção de monumentos são projetadas para garantir a fidelidade contínua à ortodoxia patriótica. A preservação física é projetada para preservar a santidade do próprio local e separar o espaço sagrado do espaço secular circundante. Muitas vezes há tentativas de restaurar ou "congelar" a paisagem natural do campo de batalha como era no momento da batalha para que os visitantes possam refletir sobre o significado do evento épico em uma paisagem "autêntica". Aqueles que acreditam em limites invioláveis em torno desse espaço sagrado muitas vezes se chocam com aqueles que valorizam a terra para fins comerciais e se ressentem do que é para eles a veneração perdulária da propriedade principal.[51]

Em seguida, Reagan passa a contar breves histórias, como a de Bill Millin e Lord Lovat, e elogiar a coragem e o valor dos canadenses, poloneses, além de diversas divisões que lutaram naquele dia. Reagan então evoca a noção do soldado-messias e os aspectos da religião civil que servem de base para os valores pelos quais soldados precisariam – ou deveriam – se sacrificar.

> Quarenta verões se passaram desde a batalha que vocês lutaram aqui. Vocês eram jovens no dia em que tomaram esses penhascos; alguns de vocês não passavam de meninos, com as mais profundas alegrias da vida diante de vocês. No entanto, vocês arriscaram tudo aqui. Por quê? Por que vocês fizeram isso? O que os levou a deixar de lado o instinto de autopreservação e arriscar suas vidas para tomar esses penhascos? O que inspirou todos os homens dos exércitos que se reuniram aqui? Nós olhamos para vocês e de alguma forma sabemos a resposta. Era fé e crença; era lealdade e amor.[52]

Reagan destaca status de *libertadores* atribuído aos soldados que invadiram a Normandia para ajudar na derrocada da Alemanha nazista. Ao fazer isso, contrapõe a ideia de libertadores com a noção de invasores (o que faz sentido quando entendemos que os Estados Unidos

No aniversário de 40 anos da invasão da Normandia, Ronald Reagan discursa em Pointe du Hoc diante de veteranos do 2º Batalhão de Rangers, que tomou o penhasco entre os dias 6 e 8 de junho de 1944.

fomentaram e realizaram invasões ao longo de sua história sob o pretexto ou justificativa da libertação). Retratando o Dia D como inequivocamente moral, o presidente usa esse evento para reforçar a retórica de um país que luta pela democracia e pela liberdade dos povos. E, levando em conta a invasão soviética ao Afeganistão, em um conflito ainda em curso, evocar essa contraposição era mais uma maneira de colocar os Estados Unidos como antítese moral de seu maior adversário na geopolítica da época, a URSS.

> Os homens da Normandia tinham fé de que o que estavam fazendo era certo, fé de que lutavam por toda a humanidade, fé de que um Deus justo lhes concederia misericórdia nesta cabeça-de-praia ou na próxima. Foi o profundo conhecimento – e rezo a Deus que não o tenhamos perdido – de que há uma profunda diferença moral entre o uso da força para a libertação e o uso da força para a conquista. Vocês estavam aqui para libertar, não para conquistar, então vocês e aqueles outros não duvidaram de sua causa. E vocês estavam certos em não duvidar.[53]

Reagan então fala dos motivos pelos quais morrer: Deus, pátria, família e a democracia, pois, segundo afirma, a democracia "é a mais profundamente honorável forma de governo já inventada pelo homem". E continua, dirigindo-se aos veteranos: "Todos vocês amavam a liberdade. Todos vocês estavam dispostos a lutar contra a tirania e sabiam que as pessoas de seus países estavam atrás de vocês".[54] Outra fórmula previsível.

Ainda que não ignore a agência individual – como é comum em políticos com perfil "conservador nos costumes e liberal na economia" –, Reagan destaca a importância da união. Advoga pela "eliminação de todos os fatores individuais ou coletivos de diversidade, de não conformidade: a festa deve apoderar-se da totalidade da existência de cada um para levá-lo a perder-se na imensidão do fervor coletivo".[55] A ideia de eliminar a diversidade e a não conformidade em favor do bem comum, proferida por um político que comumente tende a associar esse tipo de comportamento a autoritarismos, e que prontamente critica esse comportamento quando ele parte dos seus adversários socialistas soa para nós, no mínimo, hipócrita.

Após mencionar os civis que oraram pelo sucesso da invasão e lembrar aos espectadores daqueles que os soldados deixaram para trás justamente para defendê-los, Reagan associa a luta à figura de Deus:

> Outra coisa ajudou os homens do Dia D: sua crença inabalável de que a Providência teria uma grande participação nos eventos que se desenrolariam ali; que Deus foi um aliado nesta grande causa. E assim, na noite anterior à invasão, quando o coronel Wolverton pediu a seus paraquedistas que se ajoelhassem com ele em oração, ele lhes disse: "Não abaixem suas cabeças, mas olhem para cima para que vocês possam ver Deus e peçam Sua bênção sobre o que nós estamos prestes a fazer." Também naquela noite, o general Matthew Ridgway em sua cama, ouvindo na escuridão a promessa que Deus fez a Josué: "Eu não te deixarei nem te desampararei".[56]

Reagan conta parte da história factual da invasão de Pointe du Hoc, exalta seus realizadores e lista as razões pelas quais os soldados lutaram no passado – indicando a seus contemporâneos que estas justificam a luta a qualquer momento, não apenas na década de 1940. Ressaltando como a aliança que "invocou força da fé, crença, lealdade e amor daqueles que aqui pereceram"[57] reconstruiu a Europa, o presidente estadunidense abre caminho para o aceno que então faz a seus aliados na Otan com o objetivo de fortalecer seus laços.

> Houve primeiro uma grande reconciliação entre aqueles que haviam sido inimigos, todos os quais sofreram tanto. Os Estados Unidos fizeram sua parte, criando o plano Marshall para ajudar a reconstruir nossos aliados e nossos antigos inimigos. O plano Marshall levou à aliança atlântica – uma grande aliança que serve até hoje como nosso escudo para a liberdade, para a prosperidade e para a paz.[58]

É nesse momento que Reagan passa a atacar seus adversários soviéticos, usando-os como desculpa para permanecer com bases militares na Europa Ocidental e justificativa para a própria existência da Otan.

> Apesar de nossos grandes esforços e sucessos, nem tudo que se seguiu ao fim da guerra foi feliz ou planejado. Alguns países libertados foram perdidos. A grande tristeza dessa perda ecoa

> até nosso próprio tempo nas ruas de Varsóvia, Praga e Berlim Oriental. As tropas soviéticas que chegaram ao centro deste continente não partiram quando veio a paz. Elas ainda estão lá, *sem ser convidadas, indesejadas, inflexíveis*, quase 40 anos após a guerra. Por causa disso, as forças aliadas ainda estão neste continente. Hoje, como há 40 anos, nossos exércitos estão aqui com apenas um propósito – proteger e defender a democracia. Os únicos territórios que temos são memoriais como este e cemitérios onde descansam nossos heróis.[59] [Grifo nosso.]

Reagan destaca que uma das principais lições da Segunda Guerra Mundial é a de que é necessário estar pronto para proteger a manutenção da paz ao invés de esperar que a liberdade seja perdida para, daí sim, agir, e que o isolacionismo jamais seria aceitável como resposta a "governos tiranos com intenções expansionistas".[60]

Adiante, Reagan decide acenar uma bandeira branca aos soviéticos, ainda que insista na importância da Otan para o caso de uma reconciliação com eles ser impossível. É possível supor que a ideia de reconciliação estaria presente no discurso de alguma forma mesmo sem a menção aos soviéticos, uma vez que ela é interessante para a memória de um dos principais aliados na Otan: a Alemanha. Ao invés de responsabilizar o país antes inimigo, as críticas do discurso se direcionam a conceitos como "totalitarismo" e "tirania", suficientemente maleáveis para que analogias com os adversários de qualquer época sejam possíveis.

O aceno aos soviéticos foi uma decisão do staff da Casa Branca, e não de Peggy Noonan.

> [...] tentamos estar sempre preparados para a paz; preparados para deter a agressão; preparados para negociar a redução de armas; e, sim, preparados para estender a mão novamente no espírito da reconciliação. Na verdade, não há reconciliação que gostaríamos mais do que uma reconciliação com a União Soviética, para que, juntos, possamos diminuir os riscos de guerra, agora e para sempre.
>
> Cabe lembrar aqui as grandes perdas sofridas também pelo povo russo durante a Segunda Guerra Mundial: 20 milhões pereceram, um preço terrível que atesta a todo o mundo a

> necessidade de acabar com a guerra. Digo de coração que nós, nos Estados Unidos, não queremos guerra. Queremos varrer da face da Terra as terríveis armas que o homem agora tem em suas mãos. E eu lhes digo, estamos prontos para aproveitar aquela cabeça de ponte. Esperamos algum sinal da União Soviética de que eles estão dispostos a seguir em frente, que compartilham nosso desejo e amor pela paz e que desistirão dos caminhos da conquista. Deve haver uma mudança que nos permita transformar nossa esperança em ação.
>
> Rezaremos para sempre para que algum dia essa mudança aconteça. Mas por enquanto, especialmente hoje, é bom e apropriado renovar nosso compromisso uns com os outros, com nossa liberdade e com a aliança que a protege.[61]

Peggy Noonan detestou a inserção, como veio a comentar em *What I saw at the Revolution*. Para a autora do texto original, "não era um discurso sobre negociações armamentistas, seus idiotas, era um discurso sobre esplendor"[62] e que, da parte dela, sua menção aos soviéticos se resumiria a apontar que os Aliados no passado se juntaram com o objetivo de parar os "totalitários".

> A inserção sobre os soviéticos tinha aquele tom flagrante de apelo típico que certos burocratas adotam quando lidam com totalitários, e ia roubar um pouco da autenticidade do discurso. E os soviéticos não participaram da Normandia; eles não estavam naquela festa, por que parar o discurso abruptamente para jogar um peixe ao urso? Para que? Para que os soviéticos pudessem dizer obrigado, estamos tão emocionados que vamos mudar nosso comportamento?[63]

Noonan confessa que parte de sua briga para com essa inserção de aceno aos soviéticos se deu porque a autora queria ganhar tempo. Com a queda de braço focada nesse ponto, os membros do staff de Reagan não teriam tempo hábil de retirar outros trechos de seu discurso, uma vez que seria inviável alterar o texto a toque de caixa em cima da hora. Na sua leitura, a estratégia deu certo, mas por algum motivo a disputa chegaria ao conhecimento da imprensa.

Foi a primeira vez que uma disputa sobre um discurso em que estive envolvida vazou para a imprensa. A *Newsweek*, na semana seguinte, relatou: "Na Normandia, seu elegante discurso no penhasco passou por vários rascunhos para retirar a retórica antissoviética. A linha dura do Pentágono a princípio se opôs a qualquer referência às perdas soviéticas na guerra. O secretário de Estado [George] Shultz insistiu em uma concessão: no final, Reagan observou que as tropas soviéticas ainda estão lá (na Europa Central), 'não convidadas, indesejadas, inflexíveis quase quarenta anos após a guerra' – mas então ele lembrou a 'terrível' perda de 20 milhões de vidas soviéticas e pediu a reconciliação Leste-Oeste."[64]

O discurso proferido por Reagan finaliza com reforços aos principais pontos proclamados: a importância da união entre os Estados Unidos e as potências da Europa Ocidental, os motivos pelos quais os soldados se sacrificaram no passado e a afirmação de que o sacrifício deles é plenamente compreendido e lembrado, e que isso deve ser demonstrado através de atos no presente.

O presidente e a primeira-dama, Nancy Reagan, abraçaram todos os Rangers presentes. Dirigiram-se ao cemitério de Colleville-sur-Mer e à praia de Omaha.

"A HISTÓRIA PARA ENCERRAR TODAS AS HISTÓRIAS": O DISCURSO NA PRAIA DE OMAHA

O discurso em Omaha não foi escrito por Peggy Noonan, mas alguém mais experiente, a quem é necessário conhecer para que algumas das falas e discursos de Reagan citados neste capítulo façam mais sentido, uma vez que seu trabalho acabou ofuscado diante de toda a autopromoção de Noonan nos anos 1990: Anthony R. Dolan. Dolan nasceu em Connecticut, em 7 de julho de 1948. Filho de pais democratas ferrenhamente anticomunistas que se incomodavam com o crescimento do comunismo internacional, ele se envolveu com o conservadorismo desde sua adolescência e chegou a ter uma breve carreira como cantor folk sob o nome Tony Dolan. Formou-se em História e Filosofia na Universidade de Yale e, trabalhando como jornalista, ganhou um Pulitzer em 1978. Dolan trabalharia como escritor de discursos na campanha de Ronald Reagan, fazendo parte do seu time de escritores assim que o candidato assumiu a presidência em 1981. Foi o único a permanecer neste time até o fim dos dois mandatos do presidente.[65]

Anthony R. Dolan foi responsável por algumas das frases e expressões mais memoráveis da carreira política de Reagan, como, por exemplo, "império do mal" para se referir à União Soviética (primeiramente no discurso proferido pelo presidente na Associação Nacional dos Evangélicos em 8 de março de 1983) e "cruzada pela liberdade" (no discurso para o parlamento britânico). Dolan trabalhou em todos os oito "Discursos sobre o Estado da União" de Reagan, além de ter supervisionado os discursos proferidos nos quatro encontros entre Reagan e Gorbachev.[66]

Foi Dolan, não Noonan, quem começou a "tradição" de Reagan honrar soldados e ex-combatentes, inserindo noções conservadoras a respeito de sacrifícios heroicos nos seus discursos.

> Grandes discursos são baseados em pesquisa. E eu procuraria por histórias sobre heroísmo militar individual para Reagan. Nós então homenagearíamos em palavras, em grandes discursos, homens que ganharam Medalhas de Honra do Congresso e Estrelas de Bronze.[67]

No "Discurso sobre o Estado da União" de 26 de janeiro de 1982, que leva o dedo de Tony Dolan, Reagan menciona George Washington, Winston Churchill, Franklin Roosevelt, Douglas MacArthur e John F. Kennedy, depois afirma categoricamente: "Nós não precisamos ir aos livros de História atrás de heróis. Eles estão ao nosso redor".[68]

O discurso que Dolan escreveria para Reagan ler na cerimônia da praia de Omaha foi quase que inteiramente inspirado em uma carta que o presidente recebera contando a história do soldado Robert Zanatta, do 37º Batalhão de Engenheiros, que fez parte da primeira onda de ataques em Omaha, escrita por sua filha, Lisa Zanatta Henn, com quem Reagan se comunicou por carta algumas vezes. A ideia de

Dolan era que o discurso focasse em um simples soldado para, simbolicamente, trazer excepcionalidade ao homem comum que veste a farda para lutar por algo – como o leitor pôde perceber em outros exemplos citados neste capítulo. Dolan chegou a elogiar a percepção do presidente para o aspecto transgeracional da história de Robert Zanatta e entendeu aquilo como um presente caído no seu colo.

Para Douglas Brinkley, Reagan "transformaria esse homem comum [Zanatta] em um guerreiro mítico, um símbolo compreensível para milhões de famílias de veteranos. Zanatta era um homem comum. Mas para sua filha ele era um herói singularmente corajoso do Dia D".[69]

Na presença de François Mitterrand e milhares de espectadores, Reagan começa o discurso lembrando as dificuldades na tomada da praia, citando a frase já famosa do general Omar Bradley: "Todo homem que colocou os pés na praia de Omaha foi um herói",[70] para logo em seguida afirmar, com uma modéstia protocolar e certa dose de autoindulgência, que nenhum discurso poderia retratar adequadamente o sofrimento, o sacrifício e o heroísmo dos homens que invadiram Omaha. Uma vez mais evoca a noção de luta pela liberdade e parafraseia o discurso de Gettysburg de Abraham Lincoln: "nós só podemos honrá-los dedicando-nos novamente à causa pela qual eles deram o derradeiro e mais elevado ato de devoção".[71]

A partir daí, Reagan lembra a história de Robert Zanatta, contada através de sua filha Lisa, diretamente citada em trechos do discurso. Em uma dessas citações, Reagan afirma que "a história para encerrar todas as histórias foi o Dia D",[72] em uma óbvia referência à expressão "a guerra para acabar com todas as guerras", corruptela de "A guerra que acabará com a guerra", frase título de um livro de 1914 escrito por H. G. Wells. Se a expressão oriunda da Primeira Guerra Mundial foi cunhada de maneira idealista e, depois, reapropriada de maneira irônica por quem a via como um grande absurdo, a versão repaginada de Lisa Zanatta colocava o evento que contou com a participação do seu pai em um pedestal de importância acima de todos os outros.

Reagan continua a citar Lisa, enquanto ela fala a partir das memórias do pai:

> Ele me fez sentir o medo de estar naquele barco esperando para desembarcar. Eu posso sentir o cheiro do oceano e sentir o enjoo. Posso ver os olhares nos rostos de seus companheiros soldados – o medo, a angústia, a incerteza do que está por vir. E quando eles desembarcaram, posso sentir a força e a coragem dos homens que deram os primeiros passos na maré para o que certamente deve ter parecido uma morte instantânea. [...] Não sei como ou por que posso sentir esse vazio, esse medo ou essa determinação, mas sinto. Talvez seja o vínculo que eu tinha com meu pai. Tudo o que sei é que me traz lágrimas aos olhos pensar em meu pai como um garoto de 20 anos tendo que enfrentar aquela praia.[73]

Ao exaltar o Dia D acima de "todas as histórias" e relatar uma experiência sensorial não vivida de maneira romântica e cercada de floreios literários, Lisa edifica o nome de Robert Zanatta e, consequentemente, o sobrenome que carrega, em um exercício de falsa modéstia autocongratulatória.

Reagan usa da situação para novamente louvar seu próprio país como libertador, não conquistador. Elogia a Resistência Francesa diante de François Mitterrand, presidente francês presente na cerimônia e que havia sido ele próprio um resistente durante a guerra. Então, mais uma vez, a ideia de que a celebração do Dia D é uma celebração da democracia é reforçada levando diretamente para a questão da importância da Otan.

> [...] a unidade nos tornou invencíveis; agora, em paz, essa mesma unidade nos dá segurança. Procuramos reunir todas as nações amantes da liberdade em uma comunidade dedicada à defesa e preservação de nossos valores sagrados. Nossa aliança, forjada na provação da guerra, temperada e moldada pelas realidades do mundo pós-guerra, foi bem-sucedida. Na Europa, a ameaça foi contida, a paz foi mantida.[74]

Reagan conclui sua fala de maneira redundante lançando mão do "mito da experiência de guerra", analisado por George Mosse:

> Através das palavras de sua amada filha, que está aqui conosco hoje, um veterano do Dia D nos mostrou o significado deste dia muito melhor do que qualquer presidente. Para nós é o suficiente dizer sobre o soldado Zanatta e todos os homens

de honra e coragem que lutaram ao lado dele há quatro décadas: sempre nos lembraremos. Estaremos sempre orgulhosos. Estaremos sempre preparados, para que sejamos sempre livres. Obrigado.[75]

Naquele mesmo dia, Reagan visitaria a praia de Utah, onde também estariam o presidente francês François Mitterrand, a rainha Elizabeth II do Reino Unido, a rainha Beatrix dos Países Baixos, o rei Olav V da Noruega, o rei Baudouin I da Bélgica, o duque Jean de Luxemburgo e o primeiro-ministro Pierre Elliott Trudeau do Canadá. O presidente francês fez comentários sobre a reconciliação com a Alemanha, dizendo que os inimigos do passado agora construíam uma Europa de liberdade. A despeito da ausência de Helmut Kohl, chanceler da Alemanha Ocidental, a aliança das potências do Atlântico Norte através da Otan foi bastante celebrada na ocasião.[76] Como vimos, Reagan empreendia esforços não apenas pela manutenção, mas também pelo fortalecimento dessa organização.

O apelo a esse "novo patriotismo" de Reagan, mesmo que a própria definição de patriotismo fosse confusa e polissêmica para a população, pareceu funcionar. Uma pesquisa realizada pelo *New York Times* em junho de 1983 e repetida parcialmente em novembro apontou que mais da metade dos entrevistados consideravam a si mesmos "muito patrióticos", e 44% (51 em junho) afirmaram que era possível acreditar que o governo de Washington faria o que é certo, sendo que três anos antes uma pesquisa realizada pela Universidade de Michigan apontara que apenas 25% dos entrevistados se classificavam dessa forma.[77]

Segundo Douglas Brinkley, o "novo patriotismo" era uma tentativa de criar um consenso político entre republicanos, independentes e democratas conservadores baseado em uma devoção a tudo que fosse considerado estadunidense, de indivíduos a valores.[78]

Os discursos do quarentenário do Dia D foram um sucesso em termos de propaganda interna. Até então o evento mais homenageado da Segunda Guerra Mundial pelos estadunidenses era o dia do ataque a Pearl Harbor (7 de dezembro), e o dia 6 de agosto, data do ataque nuclear a Hiroshima, era também bastante lembrado. Após os discursos de Reagan, isso mudou, com a vantagem que o Dia D não se tratava nem de uma derrota, nem de um evento controverso e cheio de ambiguidades morais incômodas.⁷⁹

O ex-chefe de gabinete da Casa Branca de Reagan, Kenneth Duberstein, afirmou considerar três discursos de Reagan inesquecíveis: o de Pointe du Hoc, o referente ao desastre da Challenger e o discurso "Derrube este muro" proferido em 12 de junho de 1987. Contudo, Duberstein apontou que foi justamente o primeiro deles que deu o tom dos demais.⁸⁰

Para Douglas Brinkley, escrevendo entre 2004 e 2005:

> nosso quadragésimo presidente desempenhou um papel seminal no lançamento da grande revalorização dos veteranos da Segunda Guerra Mundial que varreu a América na década de 1980 e continua até hoje em grande parte inabalável. Se não fossem as duas homilias elegíacas de Reagan em 6 de junho de 1984 – escritas por Peggy Noonan (Pointe du Hoc) e Anthony Dolan (Omaha Beach) –, talvez nunca tivesse existido *Band of Brothers: companhia de heróis* de Stephen Ambrose, *The Greatest Generation* de Tom Brokaw, *O Resgate do Soldado Ryan*, de Steven Spielberg, ou vários memoriais – como o Museu Nacional do Dia D em Nova Orleans – construídos para exaltar os soldados cidadãos que libertaram a Europa.⁸¹

Mais do que isso: os discursos de Reagan sobre o 6 de junho de 1944 foram os principais responsáveis pela explosão do fenômeno da crença na "maior das gerações" que, segundo Douglas Brinkley, "varreu os Estados Unidos" de forma ampla e inabalável até que a tragédia de 11 de setembro de 2001 trouxesse "um novo grupo de heróis – particularmente socorristas, bombeiros dedicados e policiais da cidade [de Nova York] – à vanguarda nacional".⁸²

> No início dos anos 1980, com o *timing* impecável de um maestro, Reagan galvanizou a geração da Segunda Guerra Mundial para realizar uma última tarefa: lembrar a uma nação cínica depois do Vietnã e Watergate que os Estados Unidos ainda eram a cidade brilhante na colina.⁸³

O jornalista e âncora Tom Brokaw, ele mesmo um dos responsáveis pela extensão do culto aos soldados da Segunda Guerra Mundial nos Estados Unidos nas últimas décadas, abre seu livro *The Greatest Generation* ("A maior das gerações") com o seguinte parágrafo:

> Na primavera de 1984, fui ao noroeste da França, à Normandia, para preparar um documentário da NBC sobre o quadragésimo aniversário do Dia D, a enorme e ousada invasão aliada na Europa que marcou o início do fim do Terceiro Reich de Adolf Hitler. Eu estava bem preparado com pesquisas sobre o planejamento da invasão – o número de homens, navios, aviões e outras armas envolvidas; os erros táticos e estratégicos dos alemães; e os nomes das aldeias da Normandia que no meio da batalha forneceram apoio crítico aos invasores. O que eu não estava preparado era para como essa experiência me afetaria emocionalmente.[84]

Mesmo alguns dos críticos de Reagan se renderam à força dos discursos, como o correspondente da CBS na Casa Branca, Sam Donaldson. Ele confessou que passaria a entender que os discursos na Normandia foram entregues com tamanha convicção que transformaram a imagem de Reagan, de apenas um presidente conservador para um presidente dos Estados Unidos como um todo. Já o jornalista e comentarista político Michael D. Barone, da *U.S. News* e *World Report*, concluiu que a repercussão daquele evento em Pointe du Hoc selou de maneira definitiva a vitória de Reagan na eleição que viria a ser disputada.[85] Não temos subsídios o bastante para afirmar que o discurso de Reagan em Pointe du Hoc foi o grande responsável por sua vitória subsequente, uma vez que tantos outros fatores entram em jogo em uma disputa eleitoral. Contudo, é importante frisar que a campanha de reeleição de Reagan ativamente usou trechos daquele discurso nas propagandas televisivas, transformando um olhar nostálgico a um passado de quatro décadas em um modelo para guiar um futuro a ser construído.[86]

O caráter arrasador de sua vitória eleitoral é inegável. O presidente se reelegeu conquistando 49 dos 50 estados, sendo Minnesota o único a optar pelos democratas; dos 538 delegados, Reagan conseguiu 525 contra apenas 13 de seu oponente, Walter Mondale. No voto popular, o candidato reeleito obteve 54.445.472 votos – ou 58,77% do eleitorado – contra 37.557.352 de Mondale – ou 40,56% dos eleitores. Apenas 0,67% dos votos ficaram de fora dessa contagem, sendo distribuídos entre os outros 15 candidatos independentes e de partidos minúsculos.[87]

Com a enorme aceitação de sua postura pró-Forças Armadas, usando o louvor de uma guerra inequivocamente justa – ao menos na percepção dos estadunidenses – para facilitar a conquista desse objetivo, e com aquela que talvez tenha sido a maior vitória eleitoral da história dos Estados Unidos, Reagan criou o cenário perfeito para aumentar os gastos militares. Sua popularidade só viria a ser abalada em 1986 com a revelação do Caso Irã-Contras pela imprensa estadunidense.

Diante de tudo o que foi exposto neste capítulo, concordamos com a avaliação de Brinkley. Os discursos de Reagan no aniversário dos 40 anos do Dia D foram responsáveis por iniciar uma quase obsessão pela idealização da Segunda Guerra Mundial e, principalmente, por aqueles que nela lutaram. As ondas de choque que emanaram desse dia foram sentidas pelas duas décadas que se seguiram, e mesmo que posteriormente o culto à Segunda Guerra tenha perdido um pouco de seu fôlego no senso comum e na cultura da mídia, ele ainda existe na forma de produções esporádicas de filmes, séries e jogos, e também no fato de que a comemoração dos aniversários do Dia D ganhou enorme importância para o governo dos Estados Unidos. De Ronald Reagan a Donald Trump, apenas George H. W. Bush, pai do futuro 43º presidente dos Estados Unidos, não visitou a Normandia durante o mandato. Todos os demais presidentes visitaram a região ao menos uma vez.[88]

O presidente Joe Biden não foi à Normandia nem mencionou o Dia D nas redes sociais no aniversário de 77 anos do evento em 2021, deixando veteranos e militares como um todo bastante incomodados.[89] A vice-presidente Kamala Harris e a primeira-dama Jill Biden lembraram o evento, mas o estrago estava feito. Biden, contudo, exaltou o sacrifício dos militares estadunidenses – incluindo os que participaram do Dia D – no cemitério de Arlington durante um discurso relacionado ao Memorial Day.[90] Em 2022, o presidente evitaria o desgaste público do ano anterior, chamando a atenção nas redes sociais para o aniversário do evento.[91]

Depois de Reagan, vários outros presidentes tiraram partido do aniversário do Dia D. Foi assim com Bill Clinton no aniversário de 50 anos, George W. Bush no de 60 anos e Barack Obama no de 70 anos.

A MAIOR DAS MITIFICAÇÕES

> *"O Dia D foi o momento crucial do século XX. Foi o dia em que foi decidido se o mundo seria nazista ou seria democrático."*
>
> Stephen E. Ambrose[1]

Se Ronald Reagan foi o responsável por abrir as portas para a mitificação do Dia D, alguns indivíduos foram fundamentais para a consolidação dela: Stephen E. Ambrose, Bill Clinton, Steven Spielberg e, em menor escala, Tom Brokaw. Se por um lado todos são tributários de Reagan, seus esforços na década seguinte não podem ser ignorados. Outras empreitadas foram derivadas destas, e essas obras ajudaram a criar toda uma espécie de ecossistema que perpetua o Dia D como evento lendário a partir da manutenção e criação de memórias prostéticas.

Neste capítulo veremos as principais iniciativas que consolidaram este panorama no universo da não ficção, incluindo aí principalmente discursos e livros, mencionando também o papel do jornalismo.

STEPHEN E. AMBROSE, "O PRINCIPAL HISTORIADOR DE NOSSO TEMPO"

Nascido em 1936, Stephen Edward Ambrose era um acadêmico conceituado quando se tornou um *best-seller* por seus livros sobre

Segunda Guerra Mundial. De sua extensa bibliografia como acadêmico e biógrafo antes disso, destacam-se obras como *Crazy Horse and Custer: The Parallel Lives of Two American Warriors* ("Cavalo louco e Custer: as vidas paralelas de dois guerreiros americanos"), diversos livros sobre Dwight D. Eisenhower, incluindo uma biografia em dois volumes (*Eisenhower Volume 1: Soldier, General of the Army, President-Elect, 1890-1952* – "Eisenhower volume 1: soldado, general do exército, presidente eleito, 1890-1952" – e *Eisenhower Volume 2: The President* – "Eisenhower volume 2: o presidente") que viria a ser republicada em um único volume no futuro, uma biografia em três volumes de Richard Nixon (*Nixon: The Education of a Politician, 1913-1962* – "Nixon: a educação de um político, 1913-1962"; *Nixon: The Triumph of a Politician, 1962-1972* – "Nixon: o triunfo de um político, 1962-1972"; e *Nixon: Ruin and Recovery, 1973-1990* – "Nixon: ruína e recuperação, 1973-1990") e um livro sobre a tomada da ponte Pégaso no Dia D, chamado *Pegasus Bridge: June 6, 1944* ("Ponte Pégaso: 6 de junho, 1944"), lançado em 1985 após o impacto que o aniversário de 40 anos do Dia D teve sobre o autor.

Desde 1979, Ambrose usava de seus conhecimentos minuciosos sobre a trajetória de Eisenhower para organizar visitas guiadas à Normandia para estadunidenses que queriam conhecer mais a fundo a região, trazendo detalhes e especificidades que apenas alguém com grande experiência na documentação do ex-presidente e ex-comandante supremo das forças aliadas poderia oferecer. Seja por interesse pessoal – seu pai, Stephen H. Ambrose, serviu à Marinha dos Estados Unidos durante a guerra – ou profissional, Ambrose não ficaria de fora daquele importante aniversário.[2]

Em 1991, o autor já falava em entrevistas que planejava um livro sobre o Dia D para coincidir com o cinquentenário do evento e que queria escrever a versão de sua geração para o livro *O mais longo dos dias* de Cornelius Ryan.[3] No meio do caminho entre o livro sobre a tomada da ponte Pégaso e *O Dia D, 6 de junho de 1944: a batalha culminante da Segunda Guerra Mundial*, seu *best-seller* sobre a invasão da Normandia, o autor lançou *Band of brothers: companhia de heróis*, o já aqui citado livro sobre a Companhia Easy da 101ª Divisão Aerotransportada do exército dos Estados Unidos. O livro trata da companhia que saltaria na madrugada dando os primeiros passos da invasão da Normandia e que depois participaria do avanço em Carentan, combateria na Holanda na Operação Market Garden, atuaria em Bastogne, lideraria a contraofensiva na Batalha das Ardenas, participaria da campanha da Renânia e tomaria a fortaleza de Hitler em Berchtesgaden, mais conhecida como "Ninho da Águia".[4] A 101ª e a 82ª Divisões de Infantaria Aerotransportada faziam parte do VII Corpo de Exércitos, que, junto do V Corpo de Exércitos, formava o I Exército Americano, comandado pelo general Omar Bradley.

O livro, cujos direitos futuramente seriam vendidos para o ator e produtor Tom Hanks e o diretor Steven Spielberg, exalta os integrantes da Companhia com uma série de platitudes e discursos de heroísmo. Sendo as unidades de paraquedistas consideradas unidades de elite pela natureza de sua atuação – por vezes tendo que saltar atrás das linhas inimigas para missões de alta periculosidade –, Ambrose não se priva de colocar os membros da Companhia Easy em uma posição ambígua: por um lado, seus integrantes são homens comuns que atenderam ao chamado do dever; por outro, sujeitos acima da média cuja excepcionalidade precisa ser registrada e lembrada. Para o autor, os integrantes da Easy

> eram especiais em seus valores. Valorizavam muito o bem-estar físico, a hierarquia e o fato de fazerem parte de uma unidade de elite. Eram idealistas, prontos e ávidos por incorporar-se a um grupo em luta por uma causa e procuravam ativamente uma unidade com a qual pudessem identificar-se, juntar-se a ela e cooperar com seus membros como se numa família.[5]

Apesar de não se privar de descrever as situações de violência extrema, os desapontamentos dos soldados e a "merda de galinha" que aqueles homens precisaram encarar durante a guerra, Ambrose conserva seu tom laudatório até o fim. Ao descrever a vida dos membros da Companhia Easy após a guerra, afirma:

> Seu sucesso foi notável, principalmente por causa de sua determinação, ambição e trabalho árduo, mas também, até certo

ponto, graças àquilo que tinham conseguido com sua experiência positiva no exército, onde haviam aprendido a ser autoconfiantes, disciplinados e obedientes; que eram capazes de suportar mais do que achavam que era possível, que podiam trabalhar com outras pessoas como parte de uma equipe. Eles haviam se alistado como voluntários no corpo de paraquedistas porque queriam estar com os melhores e tornar-se os melhores possíveis. E conseguiram. Não desejaram menos que isso em sua vida de civis e foram bem-sucedidos nela também.[6]

Em entrevista em que comentava sobre o filme *O resgate do soldado Ryan*, para o qual prestou consultoria a Spielberg, Ambrose falou sobre as cenas em que soldados estadunidenses atiram em alemães que se rendem: isso acontecia bastante, embora fosse difícil imaginar que "garotos americanos" fizessem isso até que se conversasse com eles. A justificativa dos ex-combatentes era de que normalmente a rendição acontecia apenas quando os soldados inimigos ficavam sem munição após matar seus amigos, e no calor do momento, os estadunidenses perdiam a cabeça e atiravam nos seus adversários. Embora isso fosse de fato comum, chama atenção que o autor não apresente o fato como algo imoral de acordo com as normas de guerra, ao mesmo tempo que parece buscar um olhar de tolerância para com os ex-combatentes. Afinal, são apenas "garotos americanos".[7]

Não se trata de um autor que, por inexperiência, se viu levado a adotar uma postura laudatória: estamos falando de um acadêmico com décadas de experiência, com acesso a trabalhos de qualidade como os de J. Glenn Gray e Paul Fussell em particular, e suficiente material para redigir uma história mais crítica. No entanto, não era o que Ambrose queria fazer. Ele buscou acumular o máximo possível de memórias de ex-combatentes da Segunda Guerra Mundial, o que o fez fundar em 1983 o Centro Eisenhower para Estudos de Liderança na Universidade de Nova Orleans, onde atuava como professor. Ambrose sonhava com um arquivo completo de entrevistas com veteranos da Guerra de Secessão, mas como não era possível, procurou criar um vasto arquivo de testemunhos da Segunda Guerra Mundial que pudesse ser acessível a futuros pesquisadores. O Centro Eisenhower surgiu com esse objetivo. Em 1994, 11 anos após sua fundação, o centro armazenava quase 1.400 depoimentos, 500 dos quais Ambrose teria coletado pessoalmente para escrever seu livro sobre *O Dia D, 6 de junho de 1944*, lançado em 1994.[8]

Quando o aniversário efetivamente chegou no dia 6 de junho de 1994, Ambrose afirmou em entrevista ao programa *Booknotes*, do canal C-SPAN, que o Dia D

> Foi o ponto central do século XX. O dia em que foi tomada a decisão sobre quem iria governar este mundo na segunda metade do século XX. Será o nazismo, será o comunismo ou vão prevalecer as democracias? Se tivéssemos falhado na praia de Omaha e nas outras praias em 6 de junho de 1944, a luta pela Europa teria sido uma luta entre Hitler e Stalin, e estaríamos fora dela.[9]

O autor parece demonstrar pouco senso crítico em relação às histórias que ouvira da boca dos ex-combatentes, e os possíveis exageros românticos presentes nas narrativas dos veteranos parecem passar para as páginas de Ambrose sem os filtros mínimos que se esperam do trabalho de um acadêmico tarimbado.

O mesmo louvor aos homens em combate aparece na obra *O Dia D, 6 de junho de 1944*. Já no prólogo, Ambrose argumenta que o sucesso da invasão se resumiu à ação de "um bando de jovens de 18 a 28 anos", treinados de maneira magnífica, mas em sua maioria soldados-cidadãos, que nunca tinham visto o combate.[10] Em seguida, se entrega a um romantismo capaz de fazer inveja ao próprio Reagan:

> Era uma questão em aberto, no final da primavera de 1944, se uma democracia poderia produzir jovens soldados capazes de lutar efetivamente contra o melhor que a Alemanha nazista poderia produzir. Hitler tinha certeza de que a resposta era não. Nada do que ele soube sobre o desempenho do exército britânico na França em 1940, ou novamente no norte da África e no Mediterrâneo em 1942-44, ou o que ele aprendeu sobre o exército americano no norte da África e no Mediterrâneo em 1942-44, o fez duvidar que, em qualquer coisa que se aproximasse da igualdade em números, a Wehrmacht prevaleceria. O fanatismo totalitário e a disciplina sempre venceriam o liberalismo democrático e a suavidade. Disso Hitler tinha certeza.[11]

Em seguida, o autor desdenha da geração que, afetada pela Primeira Guerra Mundial, teria sido responsável por uma literatura "antiguerra, cínica, retratando os patriotas como otários, os preguiçosos como heróis".[12] Ao mesmo tempo que tece críticas aos indivíduos que viam a guerra como indesejável, afirma que os jovens que lutaram no Dia D

> queriam jogar bolas de beisebol, não granadas de mão, atirar com [calibres] 22 em coelhos, não com [rifles] M1 em outros jovens [...]. Mas quando o teste veio, quando a liberdade teve que ser conquistada pela luta ou abandonada, eles lutaram. Eles eram soldados da democracia. Eles foram os homens do Dia D, e a eles devemos nossa liberdade.[13]

Não impressiona que Ambrose tenha se tornado tão benquisto entre os ex-combatentes, uma vez que se tornou um dos principais porta-vozes dos discursos laudatórios de heroísmo a respeito desses sujeitos. Dick Winters, comandante da Companhia Easy que depois se tornaria mundialmente famoso através da série *Band of Brothers*, intitula um dos capítulos do seu livro de memórias como "Steve Ambrose dormiu aqui" e se refere ao autor como "o principal historiador de nosso tempo".[14] Harold Baumgarten, um ex-combatente que desembarcou na Normandia, escreve em sua autobiografia que Ambrose é "sem dúvida, o maior historiador americano do século XX" e aponta que, quando o conheceu, não fazia ideia de que o historiador teria uma enorme influência em sua vida. O veterano se refere a ele como "meu bom amigo e mentor".[15]

Ambrose também idealizou um museu sobre o Dia D em Nova Orleans, cidade onde trabalhava e vivia, e de fato conseguiu atingir esse objetivo. A ideia teria surgido em meados de 1990, e foi compartilhada pela primeira vez quando ele conversava com seu amigo e também historiador e futuro presidente do museu Gordon "Nick" Mueller. O autor pensou na possibilidade da criação de um museu que pudesse receber os artefatos que acumulara enquanto escrevia *Band of Brothers: companhia de heróis* e *O Dia D, 6 de junho de 1944*.[16] A instituição foi inaugurada em 6 de junho de 2000, recebendo generosas doações como as do diretor Steven Spielberg e do ator Tom Hanks, que também estariam presentes na inauguração.[17] Nova Orleans foi o local escolhido também porque as Indústrias Higgins, responsáveis pelos projetos das barcaças de desembarque usadas no Dia D, se localizavam lá. Tendo começado como uma instituição com um só prédio, ela passou a ser composta por sete prédios e um hotel posteriormente. Transformada no Museu Nacional da Segunda Guerra Mundial em 2004 pelo Congresso, o local já foi visitado por mais de 5 milhões de pessoas e se tornou a principal atração turística da cidade, além de estar posicionado em quarto lugar como melhor museu dos Estados Unidos no site TripAdvisor. De acordo com dados do próprio museu, cerca de 85% do seu público é de fora do estado da Louisiana.[18]

De acordo com o historiador Johnathan M. Bullinger, uma das principais atrações do museu atualmente é um curta-metragem lançado em 2009, produzido para ser veiculado exclusivamente no museu, intitulado *Beyond All Boundaries*. Contando com a produção executiva e narração de Tom Hanks, propagandeado como uma experiência "4D", exibido em uma sala com poltronas que vibram e outros recursos tecnológicos de imersão. Na narração de Hanks, a guerra teria sido um "teste de heroísmo e coragem, sacrifício e perda para enfrentar escolhas morais que levaram nossa nação e o mundo além de todas as fronteiras".[19]

Ou seja: além de ter contribuído para a mitificação do Dia D através de livros, entrevistas, visitas guiadas, consultorias e aparições públicas, Ambrose usou seus contatos e popularidade para criar o mais conhecido e importante museu sobre a Segunda Guerra Mundial dos Estados Unidos. Por essas e outras que Steven Spielberg, um de seus amigos, o chamaria de "o maior historiador da Segunda Guerra Mundial que já viveu".[20]

BILL CLINTON E OS "SALVADORES DO MUNDO"

O mundo era consideravelmente diferente quando o candidato do Partido Democrata Bill Clinton derrotou o candidato Republicano à reeleição, George H. W. Bush, a despeito da popularidade do presidente em exercício diante da rápida vitória estadunidense na Guerra do Golfo. A União Soviética tinha acabado, as Alemanhas se reunificado, o Pacto de Varsóvia deixara de existir, a Tchecoslováquia se dividira e os diversos regimes socialistas do Leste Europeu haviam ruído. O triunfalismo dos analistas até então considerados *cold warriors* estadunidenses – isto é, acadêmicos e escritores cujos trabalhos estavam engajados com o lado dos EUA na Guerra Fria – tomou conta de grande parte das análises sobre o futuro da humanidade conforme o Consenso de Washington se alastrava. E nesse mundo que via o fim de pouco mais de 40 anos de bipolarismo, alguns estudiosos bradavam "o fim da História",[21] enquanto outros enxergavam um futuro de "choques de civilizações".[22]

Nesse novo mundo, a Rússia lidava com uma das piores crises econômicas de sua história. A dissolução soviética fez com que os Estados Unidos perdessem sua principal rival nas disputas narrativas em torno dos méritos da vitória contra o nazismo, o que ajudou na preparação do terreno para as comemorações de 50 anos do Dia D. Como afirma Jonathan M. Bullinger:

> Por um lado, a dissolução da União Soviética reafirmou que os EUA haviam vencido a Guerra Fria, aumentando assim o orgulho nacional. Enquanto, por outro lado, com a súbita ausência de nosso principal antagonista no cenário mundial após 46 anos ímpares, os EUA anseiam por nostalgia por essas formações políticas mais antigas e nossas vitórias contra elas.[23]

Além disso, havia a já citada vitória na Guerra do Golfo que, para todos os efeitos, foi considerada uma guerra justa contra um tirano que invadira a pequena nação do Kuwait; e ao final daquele mesmo ano, comemorou-se o cinquentenário do ataque japonês a Pearl Harbor. Além desses pontos diretamente ligados aos estadunidenses, é importante lembrar que a década de 1990 teve sua cota de guerras e conflitos violentos. Além da Guerra do Golfo, a Guerra de Independência Croata (1991-1995), a Guerra Civil Argelina (1991-2002), a Guerra Civil no Afeganistão (1992-1996), a Guerra da Bósnia (1992-1995), a Guerra

Civil em Ruanda (1990-1993), que resultou em genocídio, e a Guerra Civil na Somália, iniciada em 1991 e ainda em andamento no ano de publicação deste livro.[24]

O cenário não poderia ser mais propício para a exaltação de uma "boa guerra". Diversos canais televisivos estavam engajados em cobrir o aniversário do Dia D. ABC, CBS, NBC e CNN planejaram coberturas ao vivo. O canal C-SPAN dedicou-se à história da invasão entre os dias 7 e 8 de maio com o programa *Remembering D-Day: 50 Years Later*, reprisado entre 30 e 31 de maio. O canal A&E apresentou um documentário dirigido por Lou Reda, *Eye on History: D-Day*, que foi ao ar em 18 de maio e foi reprisado em 5 de junho, e também outro documentário, de três partes, *D-Day: The Total History*, também no dia 5. Em 30 de maio, o canal Discovery veiculou *Normandy: The Great Crusade* com sete reprises nos dias que se seguiram, e até o canal Travel Channel tentou embarcar na onda do momento com o programa *Tours of Remembrance: A World War II Journey* em 26 de maio. Esses são apenas alguns exemplos de como a cobertura sobre o Dia D em 1994 tomou proporções extraordinárias, e, associadas ao lançamento do livro de Ambrose, o terreno para um discurso impactante por parte de Clinton estava preparado de maneira mais do que suficiente.[25]

Na revista *Time*, o jornalista Bruce W. Nelan escreveu que, se a guerra tinha sido o ponto de virada do século XX, o Dia D era o ponto de virada da guerra, e que "Dwight Eisenhower tomou decisões que venceram a guerra na Europa e estabeleceram a paz que prevalece hoje".[26] Um curioso conceito de paz, haja vista a quantidade de conflitos que ocorreram naquela década.

No entanto, o cenário não era completamente tranquilo para o presidente da República. Clinton não tinha a Guerra Fria ao seu lado como teve Reagan, tampouco tinha um passado militar a seu lado, como outros presidentes anteriores. Não que isso fosse estritamente necessário; o próprio Reagan não participou do esforço de guerra em campo de batalha. A grande questão é que Clinton não apenas ativamente evadiu o serviço militar, como foi um crítico da Guerra do Vietnã no passado, e isso poderia fazê-lo soar como um hipócrita ao discursar sobre o Dia D. Embora seu pai biológico, William Jefferson Blythe III, tivesse atuado como mecânico no teatro do Mediterrâneo durante a Segunda Guerra Mundial, o presidente Clinton não tinha um histórico de demonstrações positivas com relação à guerra na qual seu pai lutou, possivelmente pelo fato de Blythe III ter falecido em um acidente de carro meses antes do seu nascimento.[27] Esse passado do presidente foi esquecido. Um ex-combatente, falando anonimamente para o *The Washington Post* após os discursos de aniversário, afirmou que não conseguia tirar da cabeça o fato de Clinton ter ativamente evitado fazer parte das Forças Armadas, e que ele e alguns colegas haviam cogitado virar as costas a Clinton em protesto, mas decidiram não fazê-lo para não estragar o evento.

Sabendo dos tipos de cobrança que viriam e de sua relação com os militares por conta desse passado, que não era das mais tranquilas, Clinton e seus assessores insistiram que o evento fosse sobre os ex-combatentes, e que Clinton seria "apenas uma nota de rodapé".[28] O correspondente John Broder, escrevendo para o *Los Angeles Times* após o evento, avaliou as atividades não apenas do dia 6, mas também dos dias anteriores – incluindo o Memorial Day – como uma tentativa de Clinton de buscar algum tipo de conciliação com os militares que o viam com desdém.[29]

Sabendo da importância que teria a cerimônia na praia de Omaha, foram chamados para prestar consultoria ao presidente três autores da área de História Militar: Stephen E. Ambrose, John Keegan e Paul Fussell. Como visto, Fussell era um veterano da Segunda Guerra Mundial, ainda que não tenha desembarcado nas praias da Normandia.[30]

Clinton proferiu dois discursos importantes no sentido de impulsionar a mística em torno do Dia D, um em Pointe du Hoc e outro em Colleville-sur-Mer. A redação de ambos os textos contou com participação de Eric Liu, um jovem escritor nascido em 1968, filho de pais chineses que imigraram para os Estados Unidos no pós-guerra. Escrevendo sobre seu envolvimento na criação dos discursos anos depois, Liu afirmou que escrever aqueles discursos

> foi de longe a experiência mais significativa do meu tempo na Casa Branca. Não apenas por ter sido o maior momento de Clinton no palco mundial até aquele ponto, e uma das maiores convocações globais desde o fim da Guerra Fria. Isso me tocou no nível pessoal.

> Aqui, afinal de contas, estava um filho de imigrantes da Geração X ajudando o primeiro presidente do *Baby Boom* da nação a honrar a geração de soldados e agradecer a eles por vencer uma guerra que todos podem concordar que foi "boa".³¹

Para redigir os discursos, Liu e seus companheiros de empreitada leram diversos livros e cartas de ex-combatentes, conversaram com eles e também com historiadores – como Stephen Ambrose, nominalmente lembrado por Liu. Além disso, estudaram diversos discursos presidenciais do passado, do "Gettysburg Address" aos de Reagan no aniversário de 40 anos.

Clinton começa seu discurso em Pointe du Hoc, no mesmo lugar onde Reagan falou 10 anos antes, se dirigindo ao general William A. Downing, comandante em chefe do Comando de Operações Especiais, e Richard Hathaway, veterano do Dia D e presidente de uma associação de Rangers veteranos da Segunda Guerra Mundial, além dos demais presentes: "Estamos em solo sagrado. Cinquenta anos atrás, neste lugar, um milagre de libertação começou. Naquela manhã, as forças da democracia desembarcaram para acabar com a escravização da Europa".³² Clinton faz uma breve descrição da tomada do penhasco e pede aos Rangers veteranos presentes para que se levantem, sob uma salva de palmas.

O presidente segue dizendo que os soldados que desembarcaram na Normandia eram

> a ponta de uma lança que o mundo livre passou anos afiando, uma lança que eles começaram a introduzir no coração do império nazista naquela manhã de 1944. A maioria deles era novata na guerra, mas todos estavam armados com a engenhosidade de cidadãos livres e a confiança de que lutavam por uma boa causa sob o olhar de um Deus amoroso.³³

Na sequência, apresenta seus adversários como sujeitos que "zombavam da democracia, sua mistura de raças e religiões, sua tolerância à dissidência",³⁴ e fala sobre as virtudes dos soldados-cidadãos que lutaram pela liberdade. Na voz de Clinton, cada pessoa pertencente às democracias que lutaram nessa guerra deu sua contribuição, de adultos trabalhadores a crianças que cuidavam das hortas caseiras, incentivadas pelo governo para ajudar a evitar possíveis problemas de desabastecimento alimentício nos Estados Unidos durante a guerra. Clinton então menciona novamente os soldados, avançando nas descrições sobre a atuação dos Rangers no fatídico dia, para na sequência apelar para os filhos da geração dos veteranos, que deveriam ser gratos a eles por existirem.

> Olhamos para este terreno e maravilhamo-nos com a sua luta. Olhamos ao nosso redor e vemos pelo que vocês estavam lutando. Pois aqui estão as filhas do coronel Rudder. Aqui estão o filho e o neto do cabo Bargmann. Aqui estão os rostos pelos quais vocês arriscaram suas vidas. Aqui estão as gerações pelas quais vocês venceram uma guerra. Nós somos os filhos do seu sacrifício. Nós somos os filhos e filhas que vocês salvaram do alcance da tirania. Nós crescemos atrás do escudo das fortes alianças que vocês forjaram com sangue nestas praias, nas costas do Pacífico e nos céus acima. Nós florescemos na Nação que vocês voltaram para casa para construir.[35]

E não apenas gratidão. Os filhos da geração que lutou na Segunda Guerra Mundial deveriam buscar construir um mundo melhor dentro dos valores democráticos estadunidenses, ainda mais depois do fim da Guerra Fria, uma vez que, segundo Clinton, as "centelhas da liberdade" acendidas pelos soldados naquelas praias teriam se mantido acesas atrás da Cortina de Ferro, como se fosse aos Aliados que desembarcaram na Normandia que os dissidentes dos regimes socialistas do Leste Europeu devessem seus anseios por democracias representativas de caráter liberal. E completa: "Cinco anos atrás, o milagre da libertação foi repetido enquanto as vigas podres do comunismo desmoronavam".[36]

O parágrafo seguinte do discurso comemora o fim do "Império Soviético" e a aproximação de países do antigo bloco socialista das democracias liberais ocidentais. Clinton clama pela existência de "famílias fortes e sociedades coesas, cidadãos educados e economias vibrantes e abertas que promovam a cooperação, não o conflito", em um claro chamado à adesão ao Consenso de Washington e possível aceno ao México e ao Canadá, com quem os Estados Unidos haviam assinado o Tratado Norte-Americano de Livre Comércio (Nafta) no início daquele mesmo ano.[37]

Após mais algumas evocações genéricas e repetitivas sobre o legado do Dia D para as novas gerações, o presidente termina o discurso com a frase: "O 'dia mais longo' ainda não terminou".[38]

Horas depois, Bill Clinton se dirige ao cemitério de Colleville-sur-Mer para outro discurso. Nele temos as mesmas evocações feitas aos mortos em combate e à luta pela liberdade, a menção à zombaria de Hitler para com a pluralidade da democracia e a homenagem aos sujeitos que "deram suas vidas por nós há 50 tumultuados anos".[39] Este trecho em particular foi cunhado por Eric Liu de um discurso proferido pelo ex-presidente Woodrow Wilson em 4 de julho de 1913, pelos 50 anos da Batalha de Gettysburg. "Do discurso esquecido de Wilson, uma linha chamou minha atenção – 'Somos devedores daqueles 50 anos tumultuados' – e eu a repeti na abertura do discurso de Clinton no cemitério militar americano em Colleville-sur-Mer", relatou o escritor.[40]

Apesar de bastante repetitivo em seu sentido, o discurso conta com algumas mudanças pontuais; ao invés de exaltar os Rangers que escalaram Pointe du Hoc, o presidente descreve o desembarque dos soldados nas praias sob fogo alemão. Como em uma narrativa cinematográfica, Clinton narra o desamparo e a aparente iminência de derrota, ressaltando a vileza do adversário, até que apresenta o momento de virada, quando os protagonistas saem do seu ponto mais baixo para o avanço final e mudança dos rumos da história. Nele, os soldados-cidadãos, homens simples e amantes da liberdade, usam sua engenhosidade para superar um oponente aparentemente invencível.

> Mas então algo aconteceu. Embora muitas das tropas americanas se encontrassem sem oficiais em terreno desconhecido, ao lado de soldados que não conheciam, um a um eles se levantaram. Eles avançaram e juntos, em grupos de três, cinco e dez, os filhos da democracia improvisaram e montaram seus próprios ataques. Naquele exato momento, nessas praias, as forças da liberdade viraram a maré do século XX.[41]

Clinton ressalta o caráter ao mesmo tempo comum e excepcional desses sujeitos. Destaca a inventividade por parte dos soldados, mas também lembra que eram cidadãos que carregavam um senso de responsabilidade e de valor pelo livre-arbítrio "nutridos nas escolas dominicais, prefeituras e jogos de bola na areia, a voz que lhes disse para se levantarem e seguirem em frente: 'Você consegue. E se você não o fizer, ninguém mais o fará'".[42]

Uma vez mais o presidente pede para os veteranos se levantarem, de modo que pudessem ser aplaudidos novamente pelo público.

> Hoje muitos deles estão aqui entre nós. Oh, eles podem andar com um pouco menos de agilidade em seus passos, e suas fileiras estão diminuindo. Mas nunca esqueçamos que, quando eram jovens, *esses homens salvaram o mundo*. E agora vamos pedir a eles, todos os veteranos da campanha da Normandia, que se levantem se puderem e sejam reconhecidos.[43] [Grifo nosso.]

Na sequência, Clinton cita trechos de cartas, homenageia os mortos e comenta sobre a proximidade dos Estados Unidos com os antigos adversários – Alemanha, Japão e Itália –, além de apontar que a Rússia "dizimada durante a guerra e depois congelada pelo comunismo e na Guerra Fria, renasceu na democracia. E enquanto a liberdade soa de Praga a Kiev, a libertação deste continente está quase completa".[44]

Uma vez mais Clinton usa o discurso como veículo para falar sobre as tarefas que recairiam nas costas da geração dos descendentes dos ex-combatentes:

> Agora a questão recai sobre a nossa geração: como vamos construir sobre o sacrifício dos heróis do Dia D? Como os soldados de Omaha Beach, não podemos ficar parados. Não podemos ficar seguros fazendo isso. Evitar os problemas de hoje seria o apaziguamento de nossa própria geração. Pois, assim como a liberdade tem um preço, ela também tem um propósito, e seu nome é progresso. Hoje, nossa missão é expandir o alcance da liberdade; testar todo o potencial de cada um dos nossos próprios cidadãos; fortalecer nossas famílias, nossa fé e nossas comunidades; combater a indiferença e a intolerância; para manter nossa nação forte; e para iluminar a vida daqueles que

ainda vivem na escuridão do governo antidemocrático. Nossos pais fizeram isso e muito mais; não devemos fazer nada menos. Eles lutaram na guerra para que pudéssemos lutar na paz.⁴⁵

E finaliza:

> Cinquenta anos atrás, os primeiros soldados aliados a desembarcar aqui na Normandia não vieram do mar, mas do céu. Eles foram chamados de Desbravadores, os primeiros paraquedistas a fazer o salto. Nas profundezas da escuridão, eles desceram sobre esses campos para acender faróis para os ataques aéreos que logo se seguiriam. Agora, perto do alvorecer de um novo século, o trabalho de acender esses faróis está em nossas mãos. A vocês que nos trouxeram aqui, prometo que seremos os novos desbravadores, pois somos filhos do seu sacrifício.⁴⁶

Clinton foi aplaudido. Os presentes começaram a entoar "America the Beautiful", canção derivada de um poema do século XIX, gravada por cantores de renome dos Estados Unidos como Ray Charles, Frank Sinatra e Elvis Presley.⁴⁷

Harold Baumgarten, um dos ex-combatentes do Dia D, falou sobre o aniversário em sua autobiografia.

> O presidente Clinton se dirigiu a nós, os VIPs. Seu discurso foi muito comovente e emocionante. [...] Após seu discurso, o presidente apertou minha mão e até me perguntou o que eu havia feito no Dia D. Eu disse a ele que fiz o que ele havia aludido em seu discurso: "Que muitos soldados, embora já feridos, subiram o penhasco para continuar lutando". Ele então me agradeceu. Rita e eu conhecemos Hillary Clinton, que gentilmente posou para fotos conosco. Em uma data posterior, ela as autografou. Em minha conversa com ela, ela solicitou uma cópia do meu livro recém-publicado. Quando voltei para casa, enviei a ela uma cópia autografada para a biblioteca da Casa Branca. Enquanto o presidente e a sra. Clinton eram conduzidos pelo Serviço Secreto, eu estava de pé no meio da multidão. O presidente Clinton atravessou a multidão, segurou minha mão e disse: "Obrigado novamente".⁴⁸

A ideia de que os soldados que lutaram no Dia D "salvaram o mundo" ressoou entre muitos. Desde jornalistas como Andrea Stone afirmando que "a geração que salvou o mundo da tirania 50 anos atrás, mas que raramente falou sobre isso desde então, dominou o palco mundial novamente na segunda-feira".[49] Até a rainha Elizabeth II, 25 anos depois, no aniversário de 75 anos do evento em 2019, proferiu as seguintes palavras:

> Há 75 anos, centenas de milhares de jovens soldados, marinheiros e aviadores deixaram estas costas pela causa da liberdade. Em uma transmissão para a nação na época, meu pai, o rei George VI, disse: "...o que é exigido de todos nós é algo mais do que coragem e resistência; precisamos de um renascimento do espírito, uma nova determinação invencível...". Isso é exatamente o que aqueles bravos homens trouxeram para a batalha, pois *o destino do mundo dependia de seu sucesso*.[50] [Grifo nosso.]

Se os discursos de Cinton se parecem com o discurso de Reagan em Pointe du Hoc de 1984, isso não ocorre apenas pelo amontoado de clichês e frases de efeito de cunho patriótico que dão os fundamentos retóricos da religião civil estadunidense. Isso se dá também porque o discurso cuidadosamente desenvolvido por Peggy Noonan dez anos antes foi uma das bases para a formulação das falas de Clinton. Eric Liu contou que ele e sua equipe estudaram os discursos de Reagan para observar seus recursos teóricos e de encenação, e também para que ele não fosse simplesmente imitado. Apesar de ter se inspirado naquele discurso tão icônico dentro do plantel de discursos do quadragésimo presidente estadunidense que ele considera o padrão a ser seguido, Liu acredita que "Clinton, apropriadamente, fez uma conexão emocional em Colleville que será difícil de igualar".[51]

De acordo com *The Washington Post*, em notícia do dia 7 de junho de 1994, o evento contou com mais de 100 mil pessoas, das quais cerca de 8 mil eram veteranos. A mesma notícia ressalta que os russos não foram convidados para o evento, o que teria desagradado ex-combatentes do Exército Vermelho. O presidente Boris Yeltsin, contudo, teria afirmado:

> Quando estávamos comemorando o 50º aniversário das batalhas em torno de Moscou e Stalingrado, também não convidamos nenhum de nossos aliados. Mas isso não nos impede de

sermos parceiros em todas as esferas, de confiarmos uns nos outros, de nos respeitarmos e de resolvermos juntos os problemas internacionais.⁵²

TOM BROKAW E "A MAIOR DAS GERAÇÕES"

Um dos muitos jornalistas que cobriram ambos os aniversários (40 e 50 anos) viria a dar uma imensa contribuição à mitificação do Dia D, usando de sua popularidade como um dos repórteres televisivos e âncoras mais conhecidos dos Estados Unidos para isso: Tom Brokaw.

Nascido em 1940 em Webster, Dakota do Sul, Thomas John Brokaw era filho de um membro do Corpo de Engenheiros dos Estados Unidos na Segunda Guerra Mundial. Cobriu o grande aniversário de 40 anos do Dia D em 1984 pela NBC com o especial *D-Day Plus 40*. Tendo sido um dos mais conhecidos âncoras da TV estadunidense com o programa *NBC Nightly News*, a presença de Brokaw nos aniversários do 6 de junho garantia maior interesse do grande público na cerimônia. Seu pai, Anthony Brokaw, tinha falecido dois anos antes, o que pode ter ampliado a nostalgia do jornalista pela "guerra de seu pai".⁵³

Tom Brokaw viveu parte de sua infância, dos 3 aos 5 anos de idade, em uma base militar de Dakota do Sul. Lá, segundo ele mesmo, teria passado muito tempo com um pequeno capacete militar usando varetas como rifles e atirando em japoneses e alemães imaginários. Seu pai, que atuava na base, foi enviado para o exterior, mas foi convocado novamente para a base pela utilidade de seus serviços prestados.⁵⁴

No *best-seller The Greatest Generation* ("A maior das gerações"), Tom Brokaw avalia que o quadragésimo aniversário do Dia D teria reavivado estas antigas memórias, que ficaram para trás conforme o tempo avançou, sendo substituídas

> pelos dias de inocência nos anos cinquenta, minha vida como jornalista cobrindo a turbulência política provocada pelo Vietnã, a agitação social dos anos sessenta e Watergate nos anos

setenta. Eu estava muito mais preocupado com as perspectivas da Guerra Fria do que com as lições da guerra dos meus primeiros anos.⁵⁵

Sua nostalgia pelos anos 1950 é compreensível. De fato, eram tempos mais inocentes e prósperos, desde que você não fosse negro ou comunista. Ou, pior ainda, ambos. A menção a episódios marcantes do passado estadunidense recente na sequência da "inocência dos anos cinquenta" reitera para os leitores uma ideia de que a vitória estadunidense na guerra trouxe prosperidade e estabilidade a um país que, a cada nova década, se deteriorava econômica e culturalmente. O resgate das memórias desses supostos "tempos mais simples", por assim dizer, era tentador demais para não ser instrumentalizado politicamente pelos conservadores nos anos 1980, e Brokaw pareceu bastante afetado por esse cenário.

Dos artífices da mitificação do Dia D, poucos demonstram com tanta clareza que esse processo carrega em si um enorme senso de dívida para com a geração dos pais daqueles que, nos anos 1990, comemoravam e celebravam com reverência este passado que não viveram. Na introdução de seu livro, Tom Brokaw afirma ter passado por uma experiência que mudou sua vida, se referindo aos seus trabalhos para a cobertura dos 40 anos do 6 de junho de 1944.

> Enquanto eu caminhava pelas praias com os veteranos americanos que desembarcaram lá e agora voltavam para este aniversário, homens na casa dos 60 e 70 anos, e ouvia suas histórias nos cafés e pousadas, fiquei profundamente comovido e profundamente grato por tudo o que eles haviam feito. Percebi que eles estiveram ao meu redor enquanto eu crescia e que não consegui avaliar o que eles passaram e o que realizaram.⁵⁶

A ideia de que a geração de seus pais foi "a maior das gerações" pode ser explicada pelo que vem a seguir:

> Esses homens e mulheres atingiram a maioridade durante a Grande Depressão, quando o desespero econômico pairava sobre a terra como uma praga. Eles viram seus pais perderem

seus negócios, suas fazendas, seus empregos, suas esperanças. Eles aprenderam a aceitar um futuro que acontecia um dia de cada vez. Então, assim que houve um vislumbre de recuperação econômica, a guerra explodiu na Europa e na Ásia. Quando Pearl Harbor deixou irrefutavelmente claro que os Estados Unidos não eram uma fortaleza, essa geração foi convocada para o desfile e instruída a treinar para a guerra. Eles deixaram seus ranchos no Condado de Sully, Dakota do Sul, seus empregos na rua principal de Americus, na Geórgia, desistiram de seu lugar nas linhas de montagem em Detroit e nas fileiras de Wall Street, abandonaram a escola ou foram de capelo e beca direto para o uniforme.[57]

E finaliza evocando, como outros antes dele, a ideia de que os soldados estadunidenses haviam salvado o mundo: "Eles responderam ao chamado para ajudar a salvar o mundo das duas máquinas militares mais poderosas e implacáveis já reunidas, instrumentos de conquista nas mãos de maníacos fascistas".[58]

O livro de Tom Brokaw foi lançado em novembro de 1998 e publicado pela editora Random House. Usando o poder midiático à sua disposição, *The Greatest Generation* tinha tudo para dar certo; o autor veiculou um documentário de cerca de uma hora sobre o assunto para a NBC e dedicou segmentos do *NBC Nightly News* a histórias relacionadas a veteranos. A presidente, editora e editora-chefe da Random House, Ann Godoff, teria dito que Tom Brokaw era "uma grande arma secreta de marketing [...]. Absolutamente tudo deu certo... foi uma coisa maravilhosamente orquestrada".[59]

Ao dar voz a memórias de sujeitos daquela geração, o autor pega de empréstimo uma sensação de credibilidade que as falas deles trazem para o leitor regular, que normalmente entende a memória individual como uma espécie de autoridade suprema, sob o discurso de que "ninguém sabe mais sobre um evento histórico do que quem o viveu", que todos os historiadores já ouviram ao menos uma vez na vida. Juntando isso ao interesse renovado pela Segunda Guerra com o lançamento meses antes do filme *O resgate do soldado Ryan* e a proximidade do Natal, a obra foi um sucesso desde o início. Em meados dos anos 2000, o livro já tinha vendido cerca de 3,5 milhões de exemplares e já tinha tido 36 reimpressões.⁶⁰

O sucesso estrondoso de vendas do livro de Brokaw consolidou no senso comum a ideia de que a geração dos sobreviventes da Grande Depressão e da Segunda Guerra Mundial seria "a maior das gerações" (*greatest generation*) e deu origem a uma sequência já no ano seguinte: o livro *The Greatest Generation speaks* ("A maior das gerações fala"), que dava voz a veteranos ainda vivos na época. Em 2013, Brokaw lançou *An album of memories: personal histories from the greatest generation* ("Um álbum de memórias: histórias pessoais da maior das gerações"), tentando mais uma vez capitalizar a partir do sucesso de seu livro pregresso. A popularização do conceito de *greatest generation* foi tão grande que ele passou a ser usado nos títulos de diversos livros publicados posteriormente, como *Letters from the Greatest Generation: writing home in WWII* ("Cartas da maior das gerações: escrevendo para casa na Segunda Guerra Mundial"), de Howard H. Peckham e Shirley A. Snyder, *Soldiers to Citizens: The G.I. Bill and the Making of the Greatest Generation* ("De soldados a cidadãos: o G.I. Bill e a formação da maior das gerações"), de Suzanne Mettler, *The Lucky Few: Between the Greatest Generation and the Baby Boom* ("Os poucos sortudos: entre a maior das gerações e o *baby boom*"), de Elwood Carlson, *The Replica of the WWII Ration Cook Book: A Cook Book From The Greatest Generation* ("A réplica do livro de receitas de rações da Segunda Guerra Mundial: um livro de receitas da maior das gerações"), de Lurlene Bowden, *War Bonds: Love Stories from the Greatest Generation* ("Laços de Guerra: histórias de amor da maior das gerações"), de Cindy Hval, *The Greatest Generation Comes Home: The Veteran In American Society* ("A maior das gerações volta para casa: o veterano na sociedade americana"), de Michael D. Gambone, e o já citado *Myth and the Greatest Generation: a social history of Americans in WWII*, de David Kenneth Rose, só para mencionar alguns.

Como as outras formas de mitificação que analisamos até aqui e outras que ainda ganharão espaço neste livro, a obra de Tom Brokaw tentou gravar na cabeça do público uma memória prostética da Segunda Guerra Mundial que supostamente educasse as gerações mais jovens sobre aquela de seus pais, com base em uma mensagem um tanto forçada de exaltação de heróis carregada de emoção e nostalgia. A "maior das gerações" de Brokaw sequer reclama diante de um mundo aparentemente injusto, seus integrantes são breves nas comemorações pela vitória – conforme a disciplina aprendida no serviço militar – e imediatamente voltam a trabalhar parar construir suas vidas e "o mundo que eles queriam".

Ocorre que a "maior das gerações" de Brokaw, a que ele pinta como exemplo para as demais que se seguiriam, é simplesmente uma idealização grosseira de homens e mulheres frutos de seu tempo que lidaram com as contingências de sua vida das maneiras que foram possíveis, nem sempre as melhores. Depois da luta, eles voltaram para um país tão racialmente segregado quanto deixaram antes de partir, e muitos deles continuaram advogando pela manutenção dessa divisão social odiosa. O número de divórcios aumentou consideravelmente, e as mulheres que tinham sentido o gosto de certa independência no mundo do trabalho voltaram à vida doméstica, muitas contra sua vontade. Ainda era um mundo onde o desprezo pela homossexualidade imperava e a perseguição a quem fosse classificado como comunista destruía carreiras e vidas.

Brokaw sabe disso: ele mesmo aponta alguns desses mesmos pontos em seu livro como "falhas" dessa geração. Mas da forma como essa questão aparece no texto introdutório da obra, quase como uma nota de rodapé no meio de uma miríade de platitudes, a existência desses graves problemas sociais não é o suficiente para sequer arranhar a imagem quase perfeita pintada pelo autor dos homens e mulheres dos tempos da Grande Depressão e da Segunda Guerra Mundial.

> Durante a cobertura da NBC do quinquagésimo aniversário do Dia D, Tim Russert, no *Meet the Press,* me perguntou sobre meus pensamentos a respeito do que estávamos testemunhando. Enquanto olhava para a multidão reunida de veteranos, que incluía todos, desde oficiais de gabinete e capitães da indústria até professores aposentados e mecânicos, eu disse: "Acho que esta é a melhor geração que qualquer sociedade já produziu".

> Sei que essa foi uma declaração ousada e um julgamento abrangente, mas desde então eu a reafirmei em muitas ocasiões. Embora eu seja periodicamente questionado sobre essa premissa, *acredito que tenho os fatos do meu lado*.[61] [Grifo nosso.]

Apenas em um mundo de fantasia idílica conservadora, sedutora até mesmo para muitos que se definem como liberais ou até como de esquerda nos Estados Unidos, é que essa geração de Brokaw poderia existir da forma como ele descreve em seu *best-seller*. Seria difícil convencer alguém tão certo de que "os fatos" estão do seu lado de que seu mundo quase ideal na verdade não existiu.

GEORGE W. BUSH E O ANIVERSÁRIO OFUSCADO

George W. Bush nasceu em 1946 em uma família abastada com uma longa trajetória de atuação política. Seu pai – veterano da Segunda Guerra Mundial – foi presidente dos Estados Unidos e alguns de seus parentes permanecem na política ainda hoje. Eleito no ano 2000 em acirrada eleição contra Al Gore, George W. Bush, ex-governador do Texas, venceu em número de delegados em uma das mais conturbadas eleições do país; foi o primeiro candidato em 112 anos a vencer a eleição perdendo no número de votos individuais de cidadãos estadunidenses, entre os quais Gore, seu concorrente, teve acima de 500 mil votos a mais que seu adversário.[62]

Bush ficaria marcado na história dos Estados Unidos por decisões que tomou após os Atentados de 11 de Setembro de 2001. Cerca de dois meses antes desse acontecimento, em 6 de junho de 2001, o presidente Bush esteve presente na dedicação do Memorial Nacional do Dia D, construído justamente em Bedford, na Virgínia, cidade que há anos recebia destaque em torno do Dia D pelas perdas sofridas 57 anos antes.

O centro do Memorial, que é sua parte mais chamativa e evocativa do Dia D, foi construído principalmente com granito polido, e conta

A INSTITUCIONALIZAÇÃO DO MITO 233

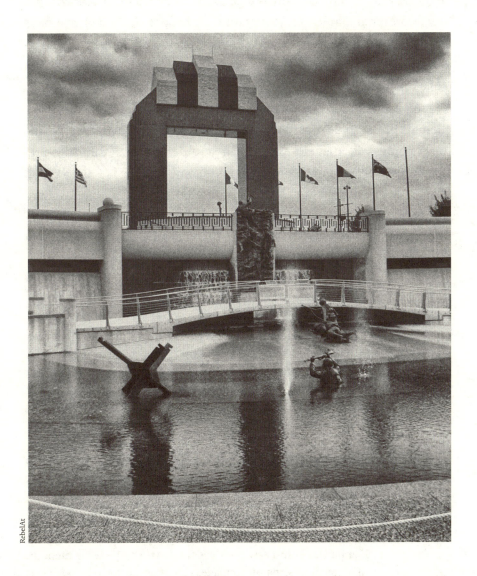

Memorial Nacional do Dia D
em Bedford, Virgínia.

com uma imagética que remete à invasão na Normandia: uma piscina rasa com dois ouriços tchecos e uma barcaça de desembarque representando a chegada dos soldados nas praias, e jatos de ar que jogam a água pra cima e representam as explosões. Entre a água e a plataforma que representa a areia, temos estátuas de bronze de soldados, e mais a frente, um monumento vertical representando os Rangers que escalaram o penhasco em Pointe du Hoc rumo a um arco inscrito com a palavra *Overlord*.

A cerimônia de dedicação contou com cerca de 10 mil visitantes, além da presença de quatro caças F-15. No discurso proferido neste dia, Bush começa de maneira protocolar, se dirigindo às autoridades presentes e convidados especiais, entre eles o embaixador da França e Bob Slaughter, ex-combatente do Dia D e autor de livros de memórias sobre sua participação na guerra, além de uma das principais vozes na luta pela criação daquele memorial. Entre algumas afirmações de caráter factual tanto sobre os jovens de Bedford mortos no Dia D quanto sobre a operação em geral, o presidente faz algumas falas alinhadas com o padrão de discursos presidenciais sobre a importância do Dia D.

> A conquista da Operação Overlord é quase impossível de exagerar, em suas consequências para nossas próprias vidas e para a vida do mundo. As sociedades livres na Europa podem ser rastreadas até as primeiras pegadas na primeira praia em 6 de junho de 1944. O que foi perdido no Dia D nunca poderemos medir e nunca esquecer.[63]

Pouco depois, Bush evoca a ideia de que os soldados do Dia D atuaram em um ponto de virada na história humana e aponta para a suposta excepcionalidade dos homens e mulheres estadunidenses:

> Bedford tem um lugar especial em nossa história. Mas havia vizinhanças como essas por toda a América, desde os menores vilarejos até as maiores cidades. De alguma forma, todas elas produziram uma geração de rapazes e moças que, em uma data certa, se reuniram e avançaram como um só, e mudaram o curso da história. Seja lá o que existe na América que nos deu tais cidadãos, é a maior qualidade que temos e que ela nunca nos deixe.[64]

Mais adiante, adota um tom triunfalista:

> Os grandes inimigos daquela época desapareceram. E é uma das reviravoltas notáveis da história que tantos jovens do Novo Mundo tenham cruzado o mar para ajudar a libertar o Velho. Além das praias pacíficas e cemitérios tranquilos, existe uma Europa inteira e livre – um continente de governos democráticos e pessoas mais livres e esperançosas do que nunca. Essa liberdade e essas esperanças são o motivo pelo qual os heróis do Dia D lutaram e morreram. E estes, afinal, são os maiores monumentos aos sacrifícios feitos naquele dia.[65]

Pouco depois, finaliza o discurso evocando o tema do "merecimento dos sacrifícios".

> Há 57 anos, a América e as nações da Europa formaram um vínculo que nunca foi quebrado. E todos nós contraímos uma dívida que nunca poderá ser paga. Hoje, enquanto a América dedica nosso Memorial do Dia D, oramos para que nosso país seja sempre digno da coragem que nos livrou do mal e salvou o mundo livre.[66]

O que destaca o discurso de Bedford dos demais discursos na Normandia (incluindo o que ele mesmo proferiria três anos depois) é que nele o crédito pela libertação da Europa e mesmo do dito "mundo livre" é depositado quase que exclusivamente nos Estados Unidos, uma vez que, a despeito da presença do embaixador francês, era um discurso proferido em solo americano, especificamente na comunidade que proporcionalmente mais perdeu vidas naquela batalha. Não foi um discurso feito para agradar Jacques Chirac ou Elizabeth II; foi confeccionado para dialogar com os cidadãos de Bedford, especialmente aqueles ainda vivos com laços familiares com os mortos.

Além disso, o presidente George W. Bush costumava usar esse tipo de situação para lembrar aos eleitores do seu próprio comprometimento com as Forças Armadas. Um artigo do *New York Times* sobre a cerimônia em Bedford informava também que "nas últimas semanas, ele [Bush] falou na formatura da Marinha em Annapolis, Maryland, participou de eventos do Memorial Day em Washington e Arizona e visitou Camp Pendleton, Califórnia".[67]

O presidente planejava fazer uma viagem à Europa, onde visitaria Espanha, Bélgica, Suécia, Polônia e Eslovênia. Naquele momento, alguns de seus colegas europeus demonstravam objeção a certas posições da administração Bush com relação à defesa antimísseis, à disposição de revogar o Tratado de Mísseis Antibalísticos, à rejeição do Acordo de Kyoto sobre o aquecimento global e à sua ânsia de reduzir as tropas nos Bálcãs.[68]

Mas, aproximadamente dois meses depois da cerimônia em Bedford, as preocupações do governo ganhariam novo direcionamento. Era uma manhã ensolarada em uma típica terça-feira em Nova York, no dia 11 de setembro de 2001, quando um cenário que outrora parecia possível apenas no cinema se tornou uma realidade: as torres que compunham o World Trade Center foram atingidas por dois aviões. Os atentados terroristas tiraram a vida de milhares de pessoas no dia e tantas outras depois, como as que faleceram por doenças causadas pela aspiração de detritos causados pelo desmoronamento das torres. As imagens dos ataques correram o mundo. O prédio do Pentágono, que é o quartel-general das Forças Armadas estadunidenses, também foi atingido. Um quarto atentado só não ocorreu porque o avião raptado por terroristas acabou sendo derrubado na Pensilvânia durante um tumulto a bordo causado pelos próprios passageiros. Em pouco tempo uma organização fundamentalista, a Al-Qaeda, derivada dos *mujahideen* afegãos que anos antes haviam recebido apoio da CIA para enfrentar os soviéticos na Guerra Afegã-Soviética, assumiu a autoria dos ataques.

Diante dessa situação, os Estados Unidos não demorariam a planejar uma retaliação ao que foi o primeiro ataque estrangeiro em território continental estadunidense desde a guerra de 1812-1815 contra a Inglaterra. E ela começou com a invasão do Afeganistão sob o argumento de que era preciso capturar Osama Bin Laden. No ano seguinte, o país invadiria o Iraque, tendo como desculpa o suposto poderio de armas de destruição em massa por parte do ditador Saddam Hussein, além de implicar que o país teria tido alguma relação com a Al-Qaeda.

Quando o Dia D completou 60 anos, os Estados Unidos tinham novos inimigos e uma vez mais a aliança do Atlântico Norte receberia atenção no discurso presidencial. Os Estados Unidos estavam com duas guerras em andamento, sendo que parte dos integrantes da Otan (como o Reino Unido) apoiava o ataque ao Iraque, enquanto outros países (como França e Alemanha) tinham ressalvas com relação à empreitada.

Bush não hesitou em participar dos 60 anos do Dia D como chefe de Estado, continuando a tradição iniciada por Reagan. Em 2004, Bush discursou em Colleville-sur-Mer. Sua fala foi majoritariamente focada nos veteranos em si, contando diversas histórias tanto de militares quanto de civis, sobreviventes e pessoas que haviam morrido nas praias. Ao contrário de Reagan e Clinton, Bush foi extremamente econômico na evocação da unidade entre os membros da Otan e também nas menções às ideias de luta coletiva pela liberdade e democracia, o que talvez possa ser explicado pela relação um tanto abalada entre alguns membros da organização naquele momento.

Jacques Chirac, presidente francês na época, era um dos maiores críticos da invasão. Ainda assim manteve a cordialidade ao afirmar, no evento de aniversário, que a França jamais esqueceria seu débito em relação aos Estados Unidos e "àqueles homens que fizeram o sacrifício supremo para libertar nosso solo, nossa terra natal, nosso continente, do jugo da barbárie nazista e sua loucura assassina. Nem jamais esquecerá sua dívida para com a América, sua amiga eterna".[69] Apesar desse tom conciliador, o presidente francês fez referências à importância das Nações Unidas, cujo Conselho de Segurança havia sido sumariamente ignorado pela coalizão formada pelos Estados Unidos para invadir o Iraque. A mensagem, embora nas entrelinhas, era clara: o apoio aos EUA não era incondicional.

Esse aniversário do Dia D foi o primeiro a contar com a presença de um chanceler alemão e um presidente russo, que na época eram respectivamente Gerhard Schröder e Vladmir Putin. Contudo, algo inesperado acabou ofuscando a repercussão dessa cerimônia que ineditamente contava com alemães e russos: a morte de Ronald Reagan, aos 93 anos, ocorrida um dia antes. Lutando há uma década contra os sintomas de Alzheimer, o presidente acabou falecendo de pneumonia na véspera de uma data que passaria a ser invariavelmente atrelada a seu nome pelas administrações estadunidenses posteriores.[70] A notícia se espalhou justamente no dia do aniversário de 60 anos do evento que ele ajudara a popularizar 20 anos antes.

De acordo com Douglas Brinkley:

> O momento da morte de Reagan, de fato, foi tão exato que muitos jornalistas murmuraram baixinho que a equipe Nancy Reagan-Mike Deaver o havia encenado para coincidir com o vigésimo aniversário de seu discurso *Boys of Pointe du Hoc* e o sexagésimo aniversário do Dia D. Eles haviam "puxado o plugue", por assim dizer, para que Reagan morresse em 5 de junho, a fim de perpetuar sua posição histórica como um ícone da era da Segunda Guerra Mundial.[71]

A notícia da morte de Reagan chegou à administração Bush engajada com as festividades do dia 6, obrigando Bush a iniciar seu discurso no cemitério de Colleville com uma breve homenagem a Reagan.

A cobertura do aniversário do Dia D acabou perdendo destaque na TV estadunidense. Todos os maiores canais estadunidenses (ABC, NBC, CBS, CNN e Fox News) dedicaram bastante espaço à morte de Reagan e "todas as redes de televisão passaram o discurso dos *Rapazes de Pointe du Hoc* de Reagan repetidas vezes, o discurso hesitante do presidente Bush na Normandia empalideceu em comparação".[72]

Mesmo em comparação ao discurso de Clinton, o proferido por Bush soa bastante insípido, elencando fatos em sequência de tal maneira que as intenções políticas aparecem de modo muito discreto. Dos cinco discursos que analisamos aqui, este é de longe o que mais traz informações factuais sobre o Dia D, a ponto de ser quase todo formado por elas. Os poucos momentos que fogem desse elenco de fatos e se adequam ao formato de aceno aos aliados internacionais ocorrem quando Bush relembra alianças de outras épocas entre França e Estados Unidos, possivelmente como gesto de boa fé naquele momento de relações abaladas. "Sr. Presidente, obrigado por suas boas-vindas à reunião de aliados. A História nos lembra que a França foi o primeiro amigo da América no mundo",[73] ressalta Bush ao se dirigir a Jacques Chirac.

No meio do discurso, outro momento é digno de menção:

> Em toda a Europa, os americanos compartilharam a batalha com britânicos, canadenses, poloneses, franceses livres e bravos cidadãos de outras terras reconquistadas uma a uma do domínio nazista. Nas provações e total sacrifício da guerra, nos tornamos aliados inseparáveis. As nações que libertaram uma Europa conquistada ficariam juntas pela liberdade de toda a Europa. As nações que lutaram em todo o continente se tornariam parceiras de confiança na causa da paz. E nossa grande aliança de liberdade é forte e ainda é necessária hoje.[74]

Ao final, o presidente afirma: "A América honra todos os libertadores que lutaram aqui na mais nobre das causas, e a América faria isso novamente por nossos amigos".[75]

Fica evidente que o período entre o fim da Guerra Fria até meados de 2004-2005 foi o momento em que a mitificação do Dia D se consolidou sobre as bases estabelecidas por Reagan nos anos 1980. Uma conjunção de criadores e de autores ligados a presidentes, alguns com interesses mercadológicos e/ou ideológicos e outros preocupados em agradar eleitores e aliados da Otan (especialmente os presidentes franceses), transformou a nostalgia pela Segunda Guerra Mundial e a visão do Dia D como evento mitológico em um *Zeitgeist* daquele período. Por mais que essa idolatria tenha começado a perder força na segunda metade dos anos 2000, o Dia D como evento que "salvou o mundo", ou "foi o ponto de virada do século XX", ou "libertou a Europa da tirania" se tornou verdade no senso comum, ao menos entre os que sabem do que o evento trata.

Não podemos dar o assunto por encerrado sem falar sobre esforços fundamentais para entender não apenas o sucesso da mitificação do Dia D, mas também como esse processo se espalhou para outros lugares do mundo. Afinal, o restante do planeta não dá grande atenção para todos os discursos de presidentes estadunidenses, mas filmes, séries e jogos eletrônicos ultrapassam as fronteiras estabelecidas pela política institucional e ajudam a gravar nos corações e mentes não apenas o conhecimento dos fatos representados, mas também discursos e ideologias. A mitificação do Dia D teria contribuições muito valiosas entre o fim dos anos 1990 e parte dos anos 2000. O Dia D passou de um "evento importante do passado" a *blockbuster*.[76]

PARTE 4
A GLOBALIZAÇÃO DO MITO

DIA D *BLOCKBUSTER*

> *"Pró ou antiguerra, isso é irrelevante, porque em qualquer filme de guerra você supostamente se sentirá antiguerra porque eles tornam um personagem simpático e então o personagem leva um tiro, e então você diz, 'Que trágico.' Que bobagem. Por que eu deveria ser contra a guerra porque um garoto levou tiro enquanto lia uma carta da mamãe? Acho que nunca vi nenhum filme de guerra em que você conheça os personagens e um deles não seja morto. É um clichê."*
>
> Samuel Fuller[1]

Todos os elementos que envolveram as comemorações dos 50 anos do Dia D impulsionaram sua mitologia nos corações e mentes dos estadunidenses. No entanto, a maior parte desses elementos ficava restrita aos Estados Unidos, levados principalmente pelas ondas do rádio e dos televisores, além das páginas dos jornais e livros mais conhecidos.

A mitificação do Dia D seria impulsionada a nível mundial, de fato, a partir de 1998, com o lançamento de um dos filmes de guerra mais aclamados da história, além de uma festejada série televisiva e de jogos "que mudariam o mundo dos *games*". E tudo isso com a marca, direta ou indireta, de um dos mais bem-sucedidos diretores da história do cinema.

No capítulo anterior vimos como os anos 1990 e o começo dos anos 2000 foram determinantes para consolidar a mitificação do Dia D, focando nos elementos não ficcionais que construíram esse panorama. Nestes últimos capítulos, vamos nos debruçar sobre as iniciativas que trouxeram o 6 de junho de 1944 para o mundo do entretenimento, divulgando e ampliando a importância dessa data para milhões de pessoas de todas as idades pelo mundo: o filme *O resgate do soldado Ryan*, a série televisiva *Irmãos de guerra*, os jogos eletrônicos das séries *Medal of Honor* e *Call of Duty*.

STEVEN SPIELBERG, "O CARA DOS *BLOCKBUSTERS*"

Para falar dessas produções, é fundamental entender ao menos parte da trajetória do diretor Steven Spielberg, um "rei dos *blockbusters*" que gradativamente buscava prestígio entre seus pares desenvolvendo filmes considerados "sérios" pela crítica cinematográfica. Nascido em 18 de dezembro de 1946 em Cincinnati, Ohio, Steven Allan Spielberg era filho do engenheiro eletricista Arnold Spielberg e da pianista Leah Frances. Descendente de judeus russos por parte tanto de pai quanto de mãe, Spielberg morou em diferentes estados e estudou na California State University, em Long Beach, largando os estudos para buscar uma carreira no cinema. Ao entrar no mundo do cinema, o jovem viria a se tornar uma lenda, sendo parcialmente responsável por algumas mudanças significativas pelas quais a Sétima Arte passaria entre o fim dos anos 1970 e durante a década de 1980 como um todo, além de se tornar um dos membros do mundo hollywoodiano efetivamente bilionário.

Aqui, vamos privilegiar sua principal realização audiovisual dedicada ao Dia D, que viria a consolidar a invasão da praia de Omaha na consciência coletiva do público do cinema estadunidense: *O resgate do soldado Ryan*. Mas para melhor entender o momento em que Spielberg realiza esse filme é necessário voltar no tempo alguns anos, quando o cineasta dirigiu não apenas uma de suas obras mais importantes, mas também aquele que é possivelmente o mais conhecido filme sobre o Holocausto já realizado, *A lista de Schindler*.

O interesse de Spielberg pela história de Schindler surgiu imediatamente após o lançamento do livro semificcional *Schindler's Ark*, escrito por Thomas Keneally. A obra fisgou a atenção do diretor, que explicou em entrevista ao *New York Times* em dezembro de 1993 que o livro de Keneally era bastante factual, distante e seco, que não tentava arrancar lágrimas do leitor. Isso o inspirou a fazer um filme com um enfoque parecido, mais voltado para a apresentação de fatos, por acreditar que essa abordagem crua deixaria o filme naturalmente mais emocional.[2]

A obra de Thomas Keneally havia sido lançada em 1982, mas apesar de despertar o interesse do diretor logo de cara, a complexidade do assunto e o caráter pessoal da história em questão fizeram com que Spielberg hesitasse em dirigir um filme derivado do livro. Ainda assim, por influência do diretor, a Universal Studios adquiriu os direitos.[3]

Uma das principais influências para que Spielberg finalmente dirigisse o filme, ao invés de passá-lo para outro diretor – por pouco *A lista de Schindler* não foi dirigido por Martin Scorsese –, foi Leopold Page. Page era um polonês, nascido Leopold Pfefferberg, e foi um dos *Schindlerjuden* ("judeus de Schindler"), termo usado para se referir aos mais de mil judeus salvos pelo industrial alemão. "Poldek" Pfefferberg, como era chamado na época da guerra, atuava no mercado paralelo para Schindler, e depois foi enviado para trabalhar no campo de trabalhos forçados de Plaszów sob o comandante da SS Amon Goeth, a quem Schindler subornaria para que Pfefferberg, sua esposa e alguns outros judeus presos no campo fossem trabalhar na sua Deutsche Emailwaren Fabrik, nos arredores de Cracóvia. Posteriormente, como os demais *Schindlerjuden*, Pfefferberg foi levado para a fábrica de munições em Brünnlitz, na Tchecoslováquia, onde trabalhava quando a guerra estava perto do fim. Com a derrota dos nazistas, Pfefferberg migrou para os Estados Unidos e decidiu levar adiante a história do homem a quem atribuía seu salvamento, além de mobilizar outros *Schindlerjuden* para ajudar o próprio Schindler, que fracassou em todos os seus empreendimentos após a guerra. Com uma série de fotografias e documentos em mãos, Pfefferberg buscou incansavelmente por alguém disposto a contar aquela história, e quase conseguiu que em 1963 a produtora MGM realizasse um filme sobre o industrial alemão.[4]

A história do industrial membro do partido nazista que salvou mais de mil judeus em plena Segunda Guerra Mundial atraiu as atenções de Thomas Keneally: "Ele era falho, não precisaria ser reverenciado", afirmou o autor de *Schindler's Ark*. "Ele era um mau marido; usava as pessoas como mão de obra barata, mas ao mesmo tempo respeitava a humanidade de seus prisioneiros, ele tinha uma consideração amável por essas pessoas".⁵ Segundo Keneally, uma das razões pelas quais quis escrever um livro sobre o assunto foi para perguntar a si mesmo como ele teria se comportado naquela situação. Ele afirma que não conseguiu responder a essa questão, algo que o assusta.⁶

O fascínio por essa história também contagiou Spielberg:

> Eu fui atraído por ela por causa da natureza paradoxal do personagem, [...] Não era sobre um judeu salvando judeus, ou uma pessoa neutra da Suécia ou Suíça salvando judeus. Era sobre um nazista salvando judeus... O que levaria um homem como esse a pegar de repente tudo o que ganhou e colocar tudo a serviço de salvar essas vidas?⁷

Quando Spielberg foi para a Polônia em 1993 para filmar *A lista de Schindler* entendia a empreitada como um grande risco. De um ponto de vista financeiro, era uma aposta arriscada, que poderia trazer grande prejuízo à Universal.

> Eu garanti ao estúdio que eles perderiam todo o dinheiro deles [...]. Eu disse a eles que os $22 milhões que iriam gastar pra fazer o filme, eles poderiam simplesmente me dar pra fazer o filme, porque não teriam nada de volta. Isso mostra o quão pessimista eu estava sobre se haveria uma boa recepção [ao que é] essencialmente um filme sobre ódio racial.⁸

De fato, nenhum estúdio hollywoodiano jamais tinha feito um filme sobre o Holocausto com uma proposta tão crua e brutal. Além do mais, tratava-se de um filme de mais de três horas de duração e em preto e branco, características que normalmente afastam boa parte do público. Outra questão que tornava o filme um risco era a própria trajetória de Spielberg, diretor já conhecido do grande público por conta de filmes que arrastaram milhões de espectadores para os cinemas e entraram para a História da indústria cultural, como *Tubarão*,

Contatos imediatos do terceiro grau, Os caçadores da arca perdida, Indiana Jones e o templo da perdição, Indiana Jones e a última cruzada e *E.T., o extraterrestre*. Ainda que tivesse em sua filmografia obras que tocavam em assuntos considerados mais "sérios" como *A cor púrpura* e *Império do Sol*, Spielberg era conhecido principalmente pelos seus *blockbusters*, o que dava a ele a imagem de um diretor de filmes mais leves, do típico cinema-entretenimento estadunidense.

Mesmo os dois filmes considerados "sérios" pelos críticos (*A cor púrpura* e *Império do Sol*) não foram lançados sem sua cota de críticas negativas. No caso de *Império do Sol*, uma história de amadurecimento de um garoto chamado Jim Graham em plena ocupação japonesa na China, o conhecido crítico estadunidense Roger Ebert questiona: "Que declaração Spielberg quer fazer sobre Jim, se é que há uma? Que os sonhos são importantes? Que a sobrevivência é uma virtude? O filme cai na armadilha de tantas histórias de guerra e transforma horror em nostalgia".[9] Hal Hinson, escrevendo para o jornal *The Washington Post*, reconhecia o talento do diretor e seu domínio dos aspectos técnicos da direção cinematográfica, mas disse que "Spielberg é vítima de seus próprios dons. [...] muito do filme foi concebido como uma vitrine de seu brilhantismo. Está sobrecarregado de epifanias".[10]

Ao realizar *A lista de Schindler*, o diretor corria sério risco de ser ridicularizado por fazer um filme a respeito de um tema tão sensível. A imagem do filme poderia ser prejudicada por conta dessa visão popular em torno do tipo de cinema realizado por Spielberg.[11] Seus críticos não seriam mais condescendentes; Spielberg era com frequência acusado de criar personagens unidimensionais, manipular os sentimentos do público, abusar de clichês e de ter um olhar infantilizado em relação ao mundo.[12]

Spielberg buscou filmar a obra no máximo possível de locações reais. Além de rodar nas ruas de Cracóvia, teve a oportunidade de filmar também no prédio onde ficava a fábrica de Schindler, no prédio onde ficava seu apartamento, no quartel-general e na prisão da SS e nos trilhos de trem que levam a Auschwitz (o Congresso Judaico Mundial vetou filmagens nos portões do campo em questão, temendo que o filme acabasse sendo uma espetacularização hollywoodiana do Holocausto).

Já o campo de Plaszów precisou ser reconstruído adjacente ao campo verdadeiro, uma vez que este já havia passado por muitas modificações nos anos pós-guerra, a ponto de descaracterizá-lo demais para uma filmagem que pretendia precisão histórica.[13]

O tema da Segunda Guerra Mundial muito fascinava Spielberg. Seu pai tinha sido um operador de rádio em um B-25 na Birmânia durante o conflito, e para o diretor, a guerra foi "o fim de uma era, o fim da inocência".[14] Por consequência, Spielberg tentara transformar isso em um ponto central no seu *Império do Sol*:

> Eu queria traçar uma história paralela entre a morte da inocência desse menino e a morte da inocência do mundo inteiro. Quando aquela luz branca se apaga em Nagasaki e o menino testemunha a luz – se ele realmente vê ou sua mente vê, não importa. Dois inocentes chegaram ao fim e um mundo triste começou.[15]

No caso de *A lista de Schindler*, o tema do filme ultrapassa a discussão sobre o fim da inocência e dialoga com questões mais profundas. O assunto do filme também era tremendamente pessoal para o diretor, uma vez que ele é judeu e alguns de seus familiares por parte de pai haviam morrido no Holocausto. A experiência de produzir o filme fez com que ele se conectasse ainda mais com sua identidade judaica, algo que o próprio diretor admite não ter sido tão forte até então. Spielberg chorava com frequência durante as filmagens.

Contra todas as expectativas pessimistas em torno do filme, *A lista de Schindler* arrecadou $321.2 milhões de dólares e teve um impacto incalculável na percepção pública em torno do Holocausto na época em que foi lançado. Líderes de diversos países como Estados Unidos, Israel, Alemanha, Áustria, Polônia, França e outros participaram de exibições especiais e tiveram encontros públicos e privados com Spielberg. Bill Clinton, presidente dos Estados Unidos na época e amigo do diretor, instigou o público estadunidense a ver o filme em discurso proferido em primeiro de dezembro de 1993: "Eu imploro a cada um de vocês para assistirem... Vocês verão um retrato atrás do outro da diferença dolorosa entre pessoas que não têm mais esperança e não têm mais raiva, e pessoas que ainda têm esperança e ainda têm raiva".[16] O analista de cinema Martin Grove observou: "As linhas entre Hollywood e Washington borram mais quando presidentes começam a avaliar filmes [...]. Tenho certeza de que a Universal espera que os espectadores ouçam Clinton com mais atenção do que a legislatura".[17]

No seu discurso de aceitação do Oscar de melhor diretor pelo filme, além de agradecer sua esposa pelo apoio durante as filmagens e a sua mãe, presente na cerimônia, Spielberg enfatizou a importância crucial de Pfefferberg para que o filme existisse:

> Isso nunca poderia ter acontecido – isso nunca poderia ter começado – sem um sobrevivente chamado Poldek Pfefferberg... Ele levou a todos nós a história de Oskar Schindler, um homem de completa obscuridade que nos faz desejar e esperar por Oskar Schindler em todas as nossas vidas.[18]

Por sentir que lucrar com *A lista de Schindler* seria desrespeitoso, Spielberg dirigiu o filme sem salário e abriu mão de porcentagem de lucro sobre a obra até que a Universal recuperasse o que havia investido na produção. Todo o dinheiro que recebeu quando o filme atingiu números expressivos de bilheteria foram doados para organizações judaicas e projetos históricos como o Museu Memorial do Holocausto dos Estados Unidos em Washington D.C. – inaugurado apenas oito meses antes do lançamento do filme – e uma fundação sem fins lucrativos do próprio diretor, a Fundação de História Visual dos Sobreviventes da Shoah, constituída após o sucesso de *A lista de Schindler* com o objetivo de gravar o máximo possível de entrevistas com sobreviventes do Holocausto em grande escala, dentro e fora dos Estados Unidos.[19]

Naquele momento, Spielberg decidiu que gostaria de intercalar filmes mais de entretenimento com outros que tratassem de assuntos socialmente mais relevantes, "socialmente conscientes". "Eu tenho uma responsabilidade"[20] – disse ele ainda durante a produção de *Jurassic Park*, a maior bilheteria da história até ser destronado por *Titanic*, de James Cameron. *A lista de Schindler* provou que Spielberg poderia ser um cineasta tão sério quanto Martin Scorsese, a escolha dos críticos.[21]

No entanto, o diretor decidiu fazer uma pausa na carreira depois do exaustivo processo de trabalhar em dois filmes ao mesmo tempo (*Jurassic Park* e *A lista de Schindler*, ambos lançados em 1993). Seu próximo filme seria lançado apenas em 1997. Durante esse hiato, Spielberg decidiu embarcar em uma empreitada que surpreendeu a imprensa em 1994: a criação de um novo estúdio em Hollywood, dedicado a diversas mídias. Seria o primeiro grande estúdio hollywoodiano desde a criação da Twentieth Century-Fox em 1935.[22] Em 12 de outubro de 1994, três grandes nomes da indústria do entretenimento estadunidense anunciaram seu novo e ambicioso projeto. Além de Steven Spielberg, capitaneavam a empreitada David Geffen, responsável pela criação das gigantes Asylum e Geffen Records – gravadoras de renome que tornaram Geffen um bilionário – e Jeffrey Katzemberg, que havia sido diretor dos Estúdios Walt Disney entre 1984 e 1994.[23] O nome do estúdio: DreamWorks SKG. A ideia era que fosse um grande império multimídia, destinado a realizar filmes *live-action*, filmes de animação, programas de televisão, música, jogos eletrônicos, animações para a TV, publicações, parques temáticos, entretenimentos ao vivo, teatro e *merchandising*.[24]

Spielberg dirigiria seu primeiro filme pela DreamWorks em 1997. O novo estúdio lutava para ter sucessos significativos que validassem uma empreitada tão cara diante dos olhares atentos de uma Hollywood desconfiada, e a primeira aposta de Spielberg como diretor em seu próprio estúdio foi *Amistad*, adaptação de uma história real de escravizados africanos. Queria dedicar o filme aos seus dois filhos afro-estadunidenses adotivos, Theo e Mikaela. "Eu senti muito fortemente que esta é uma história que eles deveriam conhecer", disse Spielberg. "E meus outros filhos também devem saber disso. Foi uma história muito emocionante para contar".[25] Spielberg insistia na importância de uma consciência social vinculada à obra, inclusive incentivando comparações entre o Holocausto e a escravidão de africanos no continente americano.

> Você não pode olhar para a história de forma egoísta. Para pintar um quadro honesto da desumanidade do homem para com o homem, você também tem que olhar para o internamento americano de japoneses durante a Segunda Guerra Mundial, a

chacina armênia, o ataque aos gays, toda a tragédia dos nativos americanos – você sabe. Você tem que olhar para todos os aspectos da intolerância.[26]

Dentro do estúdio havia quem duvidasse que *Amistad* pudesse ser um filme bem-sucedido, tanto em termos financeiros quanto diante da crítica especializada. O departamento de *marketing* dizia que a obra era um típico "filme espinafre" (ou seja, "faz bem, mas não dá exatamente água na boca"). De fato, o filme foi considerado um fracasso de bilheteria. Seu próximo filme, contudo, seria um dos grandes sucessos da carreira do diretor e um dos maiores responsáveis pelo pontapé inicial do clamor sobre o Dia D na indústria do entretenimento: *O resgate do soldado Ryan*.

O RESGATE DO SOLDADO RYAN

O ano de 1998 começou carregado de tensão nos corredores da DreamWorks. O estúdio precisava lançar filmes de sucesso para justificar os massivos investimentos feitos na empresa não apenas por seus fundadores, mas também por parceiros comerciais. Entra na história Robert Rodat. O futuro roteirista de *O resgate do soldado Ryan* teve a ideia de um filme sobre Segunda Guerra Mundial no verão de 1995 quando recebeu de presente de sua esposa o livro *O Dia D, 6 de junho de 1944* de Stephen E. Ambrose. Duas coisas chamaram sua atenção: o potencial cinematográfico do Desembarque na Normandia e a história da família Niland. Os Niland tinham quatro filhos, todos voluntários na guerra. Três deles morreram em ação, e o exército dos Estados Unidos armou uma operação para retirar o último dos rapazes Niland de campo, de modo que a família não perdesse todos os filhos (um dos três considerado morto reapareceria vivo posteriormente, para a alegria dos Niland).[27]

O roteiro de Rodat chegaria a Spielberg e ao astro Tom Hanks. Hanks, interessado em produzir o filme, ofereceu-se para interpretar seu protagonista, o capitão John H. Miller. Para Hanks, o personagem não deveria seguir o clichê do soldado machão que dá ordens aos gritos enquanto fuma cigarros. O capitão Miller de Hanks seria um ideal de soldado-cidadão: um sujeito que não é um militar de carreira, ainda não endurecido pela guerra e que apenas deseja que ela acabe para voltar para casa e sua vida normal.[28]

Hanks e os demais atores principais do elenco passaram por um breve treinamento como soldados, e de acordo com o ator em entrevista pouco tempo depois do lançamento do filme, o processo foi tão cansativo que, durante as pausas, ele e seus colegas deitavam na grama e dormiam. No entanto, o esforço teria valido à pena.

> Se não tivéssemos passado por esse período de treinamento, estaríamos perguntando aos figurinistas como amarrar nossas perneiras. Nós teríamos perguntado aos caras dos adereços, onde eu devo colocar isso?[29]

O ator insistia que o filme conta a história do ponto de vista dos soldados, algo que, de fato, foi feito. Mas é importante lembrar, como dito em capítulos anteriores, que advogar uma narrativa "vista de baixo" se tornou uma espécie de padrão entre aqueles que buscam passar uma imagem de autenticidade. Nas palavras de Hanks: "estávamos filmando de uma forma, sob a perspectiva do capacete, em oposição a algo grandioso. Você sabe, não há muitos discursos grandes lá, há um monte de caras se arrastando e correndo, ficando com medo enlouquecidamente".[30] O ator, diga-se de passagem, foi totalmente engolfado pelo clima de sacralidade dos soldados que permeou não apenas a produção do filme, mas todo o imaginário dos anos 1990 em torno do Dia D. Para Hanks, andar no cemitério da Normandia onde estavam os corpos dos soldados estadunidenses o fez perceber que se tratava verdadeiramente de um "lugar sagrado".[31]

O roteiro foi bastante discutindo entre Rodat, Hanks e Spielberg, e antes que as filmagens começassem teve a colaboração de outros roteiristas de peso: Frank Darabont e Scott Frank (cujo trabalho era delinear bem os personagens para que fossem facilmente reconhecidos pelo público). Dale Dye, ex-combatente do Vietnã e fundador da empresa

Warriors, Inc., especializada em prestar consultoria e treinamento militar para produções diversas, especialmente cinematográficas, contribuiu na posição de consultor militar.³²

Para a fotografia de *O resgate do soldado Ryan*, Spielberg foi bastante influenciado pelas icônicas imagens registradas por Robert Capa durante o desembarque na praia de Omaha. Spielberg estudou com o diretor de fotografia Janusz Kaminski como recriar o sentimento que aquelas fotografias passavam aos observadores. A dessaturação das cores na cena de abertura e a movimentação da câmera, usada sem a orientação de um *storyboard*, dando a impressão de filmagem feita por um cinegrafista que estivesse junto dos soldados, são derivados diretos da observação dessas fotografias.³³

Filmar na verdadeira praia de Omaha seria impossível, e o governo francês não ofereceu nenhum incentivo fiscal para que as filmagens ocorressem em outra de suas praias. A produção acabou optando pela praia de Curracloe, em um vilarejo no condado de Wexford, na Irlanda. Além dos atores profissionais envolvidos, a produção contou com 750 membros das forças armadas irlandesas, mais de mil cadáveres artificiais e cerca de duas dúzias de figurantes amputados para interpretar os soldados que perdem seus membros em cena. Onze semanas foram necessárias para preparar o local, e a cena da invasão de Omaha levou 15 dias para ser filmada ao custo de 12 milhões de dólares.³⁴

Spielberg se sentia confortável realizando aquele filme, uma vez que a Segunda Guerra Mundial era um dos seus temas favoritos. Inspirado pelas histórias de seu pai, ele dirigiu um curta de 15 minutos sobre aviadores da Segunda Guerra chamado *Fighter Squad*, quando estava apenas na oitava série. Já no ensino médio, dirigiu um média-metragem amador de cerca de 40 minutos chamado *Escape to Nowhere*, sobre soldados estadunidenses lutando no norte da África.³⁵ No caso dos seus filmes como diretor profissional, além dos já citados *Império do Sol* e *A lista de Schindler*, Spielberg tinha dirigido *1941: uma guerra muito louca*. Lançado em 1979, *1941* era uma comédia sobre o medo de uma invasão japonesa nos Estados Unidos que foi um enorme fracasso de crítica e bilheteria. Possivelmente as lições desse fracasso levaram o diretor a tratar a guerra com mais reverência nos trabalhos futuros. Spielberg nunca escondeu que *O resgate do soldado Ryan* era dedicado ao seu pai, Arnold Spielberg.[36]

Em uma festa privada na Geffen Playhouse, um teatro pertencente à Universidade da Califórnia em Los Angeles, Spielberg afirmou, de maneira muito semelhante ao que Stephen E. Ambrose havia dito ao canal C-SPAN em 1994, que "O Dia D não foi nada menos que o momento crucial do século XX". Para o diretor, a invasão não era apenas sobre vencer a guerra, mas também "salvar a civilização ocidental".[37]

O resgate do soldado Ryan se inicia com a imagem da bandeira estadunidense em contraluz. Surge um homem idoso andando no que parece ser o cemitério de Colleville-sur-Mer, acompanhado de sua família. Em seu casaco é possível visualizar o emblema da 101ª Divisão Aerotransportada, dando a entender que ele é um ex-combatente. Depois de observar as cruzes e estrelas de Davi assinalando os túmulos, o homem perde o equilíbrio diante de um deles, aparentemente tomado pela emoção, e quando sua família vem em seu auxílio, o enquadramento muda para um ângulo frontal, com uma acentuada luz de recorte sobre o ex-combatente em contraponto à luz de preenchimento do lado direito do plano, em uma fotografia ainda mais dramática. (Spielberg afirmou certa vez que, quando esteve na Normandia nos anos 1970, presenciou um ex-combatente caindo de joelhos em visita ao mesmo cemitério que aparece no filme, situação que inspirou essa cena em particular).[38] A câmera se aproxima gradativamente do rosto do veterano, até que seus olhos estejam em evidência. Somos levados então para a praia de Omaha, no setor *Dog Green*, enquadrada em um ouriço tcheco contra o qual se chocam as ondas do mar. Esse instrumento, o ouriço tcheco, usado pelos alemães como defesa nas praias contra a invasão anfíbia de veículos, acabou se tornando um dos elementos visuais mais marcantes do desembarque na praia de Omaha nas produções da indústria do entretenimento. Esses obstáculos seriam a única proteção de alguns soldados desembarcados contra as rajadas de metralhadoras alemãs.

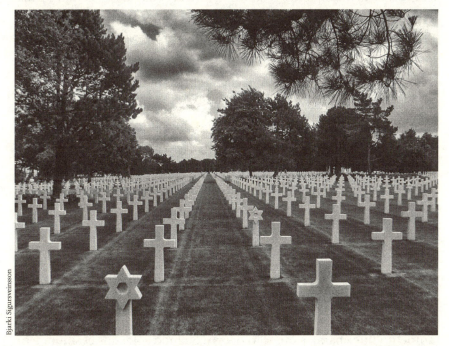

Cemitério e memorial na Normandia para soldados estadunidenses mortos no Dia D e dias subsequentes, com 9.380 pessoas enterradas. Os túmulos com estrelas de Davi pertencem a soldados de origem judaica. Localizado em Colleville-sur-Mer, serviu de locação para as filmagens de *O resgate do soldado Ryan*.

Da praia, a cena muda para uma das barcaças de desembarque prestes a chegar, no que parece ser a primeira onda da invasão. A cena transita para um close nos olhos do capitão John Miller, em um enquadramento semelhante ao dado ao veterano no cemitério, dando a entender que ambos são o mesmo personagem em momentos históricos diferentes. Espectadores mais versados em História Militar, contudo, podem perceber que Miller faz parte dos Rangers, e não da 101ª Divisão Aerotransportada. Possivelmente o personagem Miller faz parte do 5º Batalhão de Rangers, o único a desembarcar em Omaha na história real.

Assim que desce a rampa da barcaça de desembarque, o filme mostra a maioria dos soldados presentes nela sendo metralhados pelos alemães, fazendo com que alguns pulem pelas laterais, enquanto Miller tenta aos gritos impedi-los. A maioria dos que pulam morre afogada ou pelas balas alemãs que os acertam dentro d'água (algo que, da forma como é representado no filme, é fisicamente impossível; ainda assim, é um clichê hollywoodiano bastante comum). Ao mostrar a saída da água dos soldados, a câmera entra e sai da água de maneira caótica, como se estivesse sendo manejada por um cinegrafista em uma batalha real. Essa sensação é dada na maior parte da representação dessa batalha no filme.

O capitão Miller sai da água, tira seu capacete e, ao olhar ao redor, constata a carnificina que o cerca. O som fica mais abafado e o número de frames por segundo cai, criando uma estranheza sensorial que afeta também o espectador. Miller tenta arrastar um soldado ferido e quase é atingido por uma granada de morteiro. Quando se recupera, arrasta a metade superior do corpo do mesmo soldado que carregava antes, até perceber que o homem está morto.

Na sequência, Miller coordena a ação de rompimento do arame farpado que protege o caminho que leva aos *bunkers* alemães. Estes são tomados e os soldados estrangeiros que se rendem são executados. Um momento que chama a atenção ocorre quando soldados estadunidenses executam dois tchecoslovacos integrantes das *Osttruppen*, possivelmente de uma unidade *Ost-Bataillone*, prisioneiros de guerra do Leste Europeu forçados a lutar pela Wehrmacht. Não entendendo o idioma dos soldados rendidos, que afirmam não ter matado ninguém e não serem alemães, os estadunidenses os executam enquanto debocham do adversário – uma maneira que Spielberg encontrou para tentar criar uma representação menos idealizada desses homens. Não que o filme não carregue sua cota de exaltação heroica, mas ao menos Spielberg tenta, em alguns momentos, relativizar isso.

Após a tomada de Omaha, Miller é encarregado da missão de atravessar as linhas inimigas para resgatar o soldado James Ryan. Integrante da 101ª Divisão Aerotransportada, Ryan é o último filho sobrevivente de uma família onde os demais filhos, irmãos do soldado, morreram em combate. Miller parte acompanhado de outros sete soldados, incluindo o cabo Timothy Upham, claramente inexperiente e temeroso a respeito da guerra, que serve como "o olhar do espectador" conforme a trama avança. Avesso à violência e sempre tentando convencer seus companheiros a seguir as regras da guerra, sua presença no esquadrão se dá pelos seus conhecimentos de alemão e francês, que poderiam ser muito úteis na busca de Ryan.

Entre alguns combates e perdas humanas, uma das cenas que chamam a atenção pelas reflexões que vocalizam os sentidos do filme refere-se ao momento em que parte do esquadrão quer eliminar um soldado alemão chamado Willie, o único sobrevivente inimigo de um ataque que custara a vida de Wade, o médico do grupo. Inicialmente Miller ordena que o prisioneiro cave sua própria sepultura, enquanto o cabo Upham condena a possibilidade de execução, por ser uma violação das regras da guerra. O capitão desiste da execução e manda Willie se afastar do local, para revolta de parte do esquadrão. Quando o sargento Horvath ameaça executar o soldado Reiben, que diante da libertação do prisioneiro Willie decide desertar, o capitão Miller finalmente mata a curiosidade de seus subordinados e fala sobre seu passado, sua vida civil, os efeitos da guerra sobre sua personalidade e seu medo de voltar irreconhecível para casa:

> Eu sou professor. Eu ensino redação... numa cidadezinha chamada Adley, Pensilvânia. [...] Treinava o time de beisebol na primavera. Quando eu conto ao pessoal de lá o que eu faço eles pensam: "Faz sentido". Mas aqui, é um grande... Grande

mistério. Acho que devo ter mudado. Às vezes eu me pergunto se eu mudei tanto que minha esposa não vai nem me reconhecer, seja lá quando eu conseguir voltar pra ela. E se serei capaz de contar a ela sobre dias como hoje. Ah, Ryan. Eu não sei nada sobre Ryan. Eu não me importo. O cara não significa nada para mim, é só um nome. Mas se... Sabe, se ir para Rumelle e achá-lo para que ele possa ir pra casa, se isso me faz merecer o direito de voltar pra minha esposa, essa é a minha missão. Você quer ir? Você quer ir embora e lutar a guerra? Tudo bem. Tudo bem, eu não vou te impedir. Até coloco isso na papelada. Eu só sei que cada homem que eu mato, mais longe eu me sinto de casa.[39]

Aqui, o personagem de Hanks incorpora a imagem do soldado-cidadão que, alienado de sua casa e de sua família, questiona se a guerra está lhe transformando em outra pessoa. Como vimos em um capítulo anterior, isso efetivamente aconteceu muitas vezes, e em diversas situações os casamentos se encerraram diante das diferenças irreconciliáveis entre as esposas e seus maridos mudados pelos traumas da guerra.

Mais adiante, o esquadrão finalmente encontra James Ryan, que, ao saber que deve ser retirado do *front* e enviado para casa, se revolta. O paraquedista evoca o senso de camaradagem (também discutido anteriormente neste livro) que fez com que tantos homens lutassem para permanecer ao lado de seus companheiros de batalha e se recusa a partir. O grupo do qual Ryan faz parte recebe a missão de defender uma ponte até que os reforços cheguem ao vilarejo, e o esquadrão de Miller decide ajudar na defesa do vilarejo contra um número muito superior de alemães que se aproxima, resultando na batalha final do filme.

Dos muitos momentos que podem ser ressaltados nesta última batalha, chamamos a atenção dos leitores para a cena em que o cabo Upham deixa de ajudar seu camarada por medo, permitindo que ele seja morto por um soldado alemão. Esse momento serve como uma espécie de aviso ao público que, até então, tem neste indivíduo seu personagem mais identificável. Relutante quanto a lutar, temeroso por sua vida e insistente quanto ao cumprimento de todas as regras, incluindo aí a não execução de um soldado alemão rendido, ele parece ser o mais próximo do espectador civil sem experiência militar. Ao se deixar paralisar pelo medo, ele demonstra aos espectadores os perigos da omissão e da covardia.

Miller é morto em combate, e Upham vê Willie, aquele mesmo soldado cuja vida fora poupada, entre os alemães que mataram o capitão. Pouco depois, Willie será morto pelo próprio Upham após se render. O momento é ambíguo, uma vez que Upham cometeu um crime de guerra, mas o faz em um contexto em que o filme parece endossar o ato, como se o cabo finalmente tivesse superado seu medo e se tornado um soldado de verdade. A interpretação do ato pode ser ambígua, mas a mensagem geral é clara: Miller e Upham decidem preservar sua humanidade e seus princípios em um contexto violento, e se por um lado o filme mostra admiração por eles nesses momentos, os personagens são punidos por isso no desenrolar dos acontecimentos.

Quando reforços finalmente chegam ao vilarejo, o capitão Miller, prestes a morrer, dirige-se a Ryan: "James... Mereça isso. Faça por merecer" (*"James... Earn This. Earn it"*). Enquanto o paraquedista observa Miller morto, uma transição de cena revela ao espectador que o idoso no cemitério de Colleville mostrado no começo do filme é o próprio Ryan. Diante do túmulo de Miller, Ryan diz:

> Minha família está comigo hoje. Eles queriam vir. Para ser honesto com você, não tinha certeza de como me sentiria voltando aqui. Todos os dias penso no que você me disse naquele dia na ponte. Tentei viver minha vida o melhor que pude. Espero que tenha sido o suficiente. Espero que, pelo menos aos seus olhos, eu tenha conquistado o que todos vocês fizeram por mim.[40]

Ryan então pergunta à sua esposa se ele foi um bom homem, o que ela confirma. O filme se encerra com a imagem da bandeira dos Estados Unidos flamulando novamente em contraluz. Spielberg termina seu filme com uma mensagem que permeia não apenas seus esforços, mas também os de Ambrose, Brokaw, entre outros: as novas gerações devem agradecer às anteriores e viver sua vida da maneira mais ética possível, de modo que façam por merecer o sacrifício dos que as antecederam. O que lutou na Segunda Guerra, vivo ou morto, é este soldado-messias que deve ser eternamente louvado pela redenção de toda a nação, de acordo com a religião civil estadunidense.

Orçado em 65 milhões, *O resgate do soldado Ryan* faturou 479 milhões de dólares.[41] No que concerne à recepção, Roger Ebert, influente crítico de cinema, afirmou:

> Spielberg e seu roteirista, Robert Rodat, fizeram uma coisa sutil e bastante bonita: eles fizeram um filme filosófico sobre a guerra quase inteiramente em termos de ação. *O resgate do soldado Ryan* diz coisas sobre a guerra que são tão complexas e difíceis quanto qualquer ensaísta poderia expressar, e o faz com imagens amplas e fortes, com violência, com palavrões, com ação, com camaradagem. É possível expressar até mesmo as ideias mais ponderadas nas palavras e ações mais simples, e é isso que Spielberg faz. O filme é duplamente eficaz, porque comunica suas ideias em sentimentos, não em palavras.

Contudo, o crítico não deixa de lembrar que isso só é possível porque Spielberg tem, mais do que outros cineastas, acesso a recursos financeiros e colaboradores que o permitem fazer um filme assim grandioso. Conclui, atestando o potencial de permanência da mensagem que o filme eficientemente transmite:

> *O resgate do soldado Ryan* é uma experiência poderosa. Tenho certeza de que muita gente vai chorar durante ela. Spielberg sabe como fazer o público chorar melhor do que qualquer diretor desde Chaplin em *Luzes da cidade*. Mas o choro é uma resposta incompleta, deixando o público fora de perigo. Este filme incorpora ideias. Depois que a experiência imediata começa a desaparecer, as implicações permanecem e crescem.[42]

Stephen Hunter, do *The Washington Post*, escreveu uma crítica muito elogiosa:

> Há filmes e filmes. E depois há *O resgate do soldado Ryan*, de Steven Spielberg. Abrasador, comovente, tão intenso que transforma seu corpo em um único tubo de músculos contraídos, este é simplesmente o maior filme de guerra já feito e um dos

grandes filmes americanos. De uma só vez, faz com que tudo o que veio antes – com exceção de duas ou três variantes europeias obscuras sobre o mesmo tema – pareça datado e impossível de assistir. E redefine a maneira como vemos a guerra.[43]

Sobre a mensagem da obra, Hunter diz: "E para nós, seus herdeiros, [o filme] diz: Ei, veja o que seus pais fizeram, o que eles passaram, o que eles sobreviveram ou não – e fique orgulhoso. E também nos faz a mais difícil de todas as perguntas: somos dignos deles?".[44]

Janet Maslin, escrevendo para o *New York Times*, classifica o filme como o segundo pináculo de "uma carreira de versatilidade mágica" e parece tecer uma crítica a diretores que fizeram filmes mais cínicos e puramente violentos, como Martin Scorsese, Francis Ford Coppola, Michael Cimino e Brian De Palma.

> Desde o fim da Segunda Guerra Mundial e a praticamente morte do faroeste, o filme de combate se desintegrou em uma vitrine de arrogância, cinismo, violência obscenamente exagerada e vitórias vazias e egoístas. Agora, com impressionante eficácia, o Sr. Spielberg volta no tempo. Ele restaura a paixão e o significado do gênero com uma força tão vertiginosa que parece reimaginá-lo inteiramente, deslumbrando com a amplitude e intensidade dessa imaginação. Nenhuma noção recebida, dramática ou ideológica, se intromete nessa conquista. Este filme simplesmente olha para a guerra como se a guerra nunca tivesse sido vista antes.[45]

A jornalista Mary Schmich, do *Chicago Tribune*, apontou que

> agora estamos envolvidos em uma aula de História nacional sobre a Segunda Guerra Mundial, graças a *O resgate do soldado Ryan*, a saga de Steven Spielberg sobre soldados americanos que invadiram a costa da Normandia na França em um sangrento dia de junho de 1944. O dia era chamado de Dia D, embora até o curso [...] do professor Spielberg, metade de todos os americanos vivos hoje pensassem que o Dia D significava o Dia do Desconto no shopping. Eu deduzi isso quando entrevistei pessoas em Chicago no 50º aniversário do Dia D. A resposta da maioria das pessoas com menos de 30 anos, quando perguntadas se sabiam o que era o Dia D foi semelhante à de uma secretária jurídica. [...] "Não foi conosco e com os vietnamitas, foi?"[46]

Mary Schmich afirma que sua geração ficou nostálgica em relação à guerra de seus pais, e que seu interesse no Dia D despertara quando ela fez parte da enorme comemoração dos quarenta anos da batalha, capitaneada por Ronald Reagan. Sobre o filme de Spielberg, ela diz:

> O resgate do soldado Ryan está longe de ser um filme perfeito, mas ao ajudar a preservar as histórias dos homens que lutaram na Segunda Guerra Mundial, ele presta um serviço à história e a nós. E devemos ser gratos por, em nossos tempos difíceis, termos que ir a salas com ar-condicionado para aprender que a guerra é um inferno.[47]

Para a *Empire*, cerca de um ano e meio depois do lançamento do filme, o crítico William Thomas escreve:

> Encaixado entre as sequências de batalha mais chocantes e marcantes da história do cinema, O resgate do soldado Ryan é tão poderoso, devastador, memorável e comovente quanto os filmes podem ser. A fascinante visão do soldado de infantaria de Steven Spielberg sobre a Segunda Guerra Mundial mudará a maneira como os filmes de guerra são vistos. Hinos ao heroísmo descarado e à glória entusiasmada serão impossíveis, até mesmo impertinentes, em seu rastro. Indo muito além das banalidades simplistas de que a guerra é o inferno, nunca antes o medo e o fluxo da luta foram tão vividamente percebidos em celuloide.[48]

Apesar de a maioria das opiniões nos veículos mais *mainstream* terem sido positivas, alguns comentaristas fizeram críticas severas ao filme. Para Jonathan Rosenbaum, escrevendo para o *Chicago Reader*, *O resgate do soldado Ryan* seria um exemplo da "hipocrisia dessas 'aulas de História' chauvinistas altamente validadas como a carnificina gráfica [...] usadas simultaneamente para vender ingressos e fornecer correções morais para outros filmes de guerra".[49] Andrew Sarris, para a *Observer*, argumenta que o filme tinha pouca ressonância moral, histórica e emocional, e que era "tediosamente manipulativo", apesar de sua "energia hercúlea".

A GLOBALIZAÇÃO DO MITO   263

> Os alemães em *O resgate do soldado Ryan* são os mesmos tipos de suínos que vimos nos filmes da Segunda Guerra Mundial dos anos 40. De fato, em um minidrama dentro do filme, é ensinada a lição de que o único bom soldado alemão é um soldado alemão morto, mesmo que seja um prisioneiro de guerra. Para o inferno com a Convenção de Genebra. A pornografia da violência e da crueldade é perseguida tão assiduamente em *O resgate do soldado Ryan* quanto em todos os filmes de guerra, mesmo os mais bem-intencionados. Em que outro gênero pode o enorme massacre indiscriminado de seres humanos por outros seres humanos ser justificado como um fato histórico edificante?[50]

Paul Fussell, em artigo de 2001 para a *Slate*, afirma que *O resgate do soldado Ryan*

> depois de uma abertura honesta e angustiante de 15 minutos, visualizando detalhes da insuportável bagunça sangrenta na praia de Omaha, degenerou em uma performance patriótica inofensiva e acrítica, aparentemente projetada para emocionar meninos de 12 anos durante a temporada de filmes ruins no verão. Seu gênero era puro *cowboys e índios*, com os virtuosos cowboys, é claro, vitoriosos.[51] [Grifo nosso.]

Apesar disso, as críticas foram majoritariamente positivas, e o filme permanece sendo tomado como um paradigma para os filmes de guerra modernos. Escrevendo anos depois sobre o filme, mais precisamente em 2011 para a *Entertainment Weekly*, o editor Jeff Labrecque comenta sobre a enorme nostalgia pela "maior das gerações" que tomou conta da cultura nos Estados Unidos quando *O resgate do Soldado Ryan* foi lançado.

> O filme foi uma experiência paralisante – do ataque angustiante à praia de Omaha às últimas palavras ofegantes do capitão Miller de Tom Hanks ao soldado titular de Matt Damon. Quando vi o filme pela primeira vez, houve soluços audíveis da plateia começando com o ataque inicial à praia, mas o filme terminou em silêncio absoluto. Quando as luzes se acenderam, ficou claro que ninguém havia saído do lugar. Estávamos nos recuperando de uma experiência emocionalmente exaustiva que deu talvez uma ideia do horror e do heroísmo que estava

em exibição em 6 de junho de 1944 e nas semanas seguintes, quando as forças aliadas começaram a empurrar a invencível máquina de guerra nazista de volta a Berlim.[52]

Vale mencionar que o breve artigo de Labrecque conta aos leitores que a experiência do filme foi tão impactante que ele decidiu viajar à Normandia para conhecer o local pessoalmente, o que nos dá um indicativo do impacto do filme na vida do editor e abre um precedente para inferirmos que tantas outras pessoas com condições financeiras também o fizeram.

A pergunta que fica é: o que seria "merecer os sacrifícios" dos ex-combatentes? Há algumas respostas parciais possíveis que se assentam no senso comum, como a obediência às leis e a deveres cívicos, ou o respeito pelo país e suas instituições. No entanto, cabe o questionamento sobre quem define que um indivíduo merece ou não o mundo herdado. Afinal de contas, se um determinado governo decide que ser contra a participação de seu país em uma guerra é antipatriótico, como o indivíduo alvo da crítica se defende? Como um sujeito convence àqueles que o olham de maneira torta de que sua oposição a uma guerra injusta se dá por motivos justos, e não apenas por mesquinhez e desprezo pela pátria? Como esse sujeito hipotético lida com o ostracismo diante de sua comunidade repleta de bandeiras e faixas de "apoio às tropas" – seja lá o que raios isso signifique?

A linha que separa o respeito àqueles que morreram em uma guerra contra o nazifascismo e a idolatria militarista cega é tênue, e *O resgate do soldado Ryan*, a despeito de todos os seus méritos narrativos e cinematográficos, contribuiu, intencionalmente ou não, para tornar essa linha ainda mais tênue.

Eis que chegou a noite mais esperada do cinema hollywoodiano: naquele caso, a 71ª Cerimônia do Oscar. Entre os muitos concorrentes em diversas categorias, a mais importante delas, "melhor filme", era um demonstrativo do *Zeitgeist* naquela segunda metade dos anos 1990 em relação à nostalgia pela "boa guerra": dos cinco filmes indicados, três deles se passavam na Segunda Guerra Mundial: *Além da linha vermelha*, *A vida é bela* e *O resgate do soldado Ryan*. Além de ter recebido as premiações da noite para "melhor fotografia", "melhor edição/montagem", "melhor mixagem de som" e "melhor edição de som", o filme daria a Spielberg seu segundo Oscar de melhor direção (mas não o de melhor filme).[53]

O reconhecimento do trabalho de Spielberg ultrapassou e muito a indústria cinematográfica. Antes do lançamento de *O resgate do soldado Ryan*, o cineasta recebeu a Cruz da Ordem do Mérito de Comandante Cavaleiro por parte do governo alemão pelo seu trabalho em chamar a atenção do grande público para o Holocausto. Um ano depois, Spielberg recebeu a Medalha do Departamento de Defesa por Serviço Público Distinto (Department of Defense Medal for Distinguished Public Service) em 1999 por contribuir com o entendimento público do papel dos militares na segurança e no "caráter" nacional, além de prêmios por parte da Marinha, do Exército, da Smithsonian Institution e do presidente Bill Clinton, que o premiou com a Medalha Nacional de Humanidades.[54] Entre os recipientes desse prêmio estão Studs Terkel (autor de *The Good War: An Oral History of World War Two* – "A boa guerra: uma história oral da Segunda Guerra Mundial"), Stephen E. Ambrose, Robert N. Bellah e o Museu Nacional da Segunda Guerra Mundial, entre outros.[55]

Em 2001, a rainha Elizabeth II do Reino Unido condecorou Spielberg Comandante Cavaleiro da Divisão Civil da Excelentíssima Ordem do Império Britânico, permitindo que ele usasse a sigla KBE (*Knight of the British Empire*, ou "Cavaleiro do Império Britânico" em tradução livre). Ao aceitar a honraria em uma cerimônia em Washington, o diretor comentou: "Este é o tipo de coisa de onde vêm todas as nossas fantasias de infância. Cortesia, civilidade e honra".[56] Em 2004, o governo francês o condecorou com uma insígnia de cavaleiro da Légion d'Honneur.[57]

Não concordamos com a famosa reflexão de François Truffaut de que todo filme sobre guerra acaba sendo pró-guerra por, de maneira proposital ou não, glorificar o combate. No entanto, *O resgate do soldado Ryan* caminha pela tênue linha que separa os filmes pró e antibélicos, uma vez que a Segunda Guerra Mundial permanece sendo esse evento que, se por um lado não pode ser tratado como uma "boa guerra", por outro foi necessário para frear as ambições imperiais e genocidas de Adolf Hitler, derrubando seu odioso regime. Fazer um filme antiguerra e, ao mesmo tempo, defender a Segunda Guerra Mundial como justa é um desafio muito severo, que nem um dos melhores diretores de todos os tempos foi capaz de superar completamente.

BAND OF BROTHERS

No aniversário de 57 anos do Dia D, em 2001, por conta de uma ação do canal HBO e da American Airlines, os membros sobreviventes da Companhia Easy voaram para a Normandia. O objetivo da visita era mais do que apenas oferecer a estes veteranos destaque na comemoração do aniversário da invasão da qual eles participaram: eles estavam lá para promover a minissérie *Band of Brothers*, uma coprodução de Steven Spielberg e Tom Hanks para a HBO que estrearia dois meses depois. A presença daqueles indivíduos no aniversário dava um ar de maior autenticidade à obra que se dedicava a contar histórias de sujeitos reais.[58]

Como dito, a minissérie de dez episódios foi inteiramente baseada no livro *Band of brothers: companhia de heróis* de Stephen E. Ambrose. Para aqueles que nunca tinham lido o livro que inspirou a série, esta era uma experiência significativa, e para os que o leram, ela chamava a atenção pelo apego aos detalhes históricos. A série continha a maioria das principais passagens do livro, como o treinamento no Acampamento Toccoa, na Geórgia, as rusgas com o capitão Herbert Sobel, o salto no Dia D, o ataque à artilharia que mirava na praia de Utah, a presença da Companhia Easy na Operação Market Garden e na Batalha das Ardenas, entre tantos outros episódios, culminando na conquista do "Ninho da Águia" de Hitler e o fim da guerra. Ainda que tenha seus momentos de quebra de idealização aqui e ali, em geral a série mantem o tom elogioso de Ambrose, que transforma estes sujeitos em guerreiros quase míticos.

Como a série cobre a trajetória da Companhia desde o treinamento até o momento em que a guerra acaba, o Dia D acaba sendo apenas uma das passagens apresentadas, especialmente no episódio 2, que começa com o salto dos paraquedistas na Normandia e a necessidade de Dick Winters tornar-se líder diante da morte do seu superior.

Richard "Dick" Winters é o principal nome da série e do livro. Após o sucesso de ambos, mas especialmente da série, o ex-combatente passou a ser muito assediado por espectadores transformados em fãs, e se tornou um símbolo de liderança, eficiência, ética e cumprimento do dever, imagem essa que o próprio abraçou com afinco.

Em seu livro de memórias *Beyond Band of Brothers*, Winters afirma que a própria existência do livro era a única maneira que ele teria de responder a enorme quantidade de cartas que passou a receber de pessoas querendo saber mais histórias sobre ele e os homens que ele comandou. O livro de Winters exala uma falsa humildade quando tenta tratar os homens da Companhia Easy como sujeitos comuns cumprindo seu dever e, ao mesmo tempo, reverbera todo o louvor quase sagrado que vem sendo imputado a esses soldados desde Ronald Reagan. Dois trechos de cartas recebidas por Winters que o autor decidiu reproduzir em seu livro – e a própria escolha de divulgar estes trechos em especial – demonstram isso. Na primeira delas, o remetente diz:

> Os generais Eisenhower, Patton e Montgomery, o presidente Roosevelt e o primeiro-ministro Churchill eram gigantes no cenário mundial. Você e seus homens eram diferentes para mim, no entanto. Você veio das cidades, origens e lugares de onde eu vim. Você enfrentou alguns dos mesmos problemas e situações. Seu triunfo foi mais de caráter do que de habilidade e talento. Não pretendo insinuar que você ou seus homens carecem de talento e habilidade, mas posso me identificar com seus talentos e habilidades. Nunca poderei falar como Churchill ou ter a ambição de Patton, mas posso ter a determinação silenciosa da Companhia Easy; posso ser um líder; posso ser leal; eu posso ser um bom camarada. Essas são qualidades que você e seus homens demonstraram nas condições mais difíceis. Certamente posso fazer o mesmo na minha vida normal.[59]

Na outra carta, o conteúdo é o seguinte:

> Qual é o meu apego a homens como você, que nunca conheci? É respeito, porque você coloca sua própria vida em risco para garantir que pessoas mais jovens como eu tenham o mundo em que vivemos hoje? É espantoso que você possa viver dia após dia vendo amigos sendo baleados ou explodidos e ainda se levantar no dia seguinte preparado para enfrentar os mesmos horrores? Ou talvez, o fascínio de como você e seus camaradas foram capazes de retornar à relativa normalidade após a guerra, com os fantasmas dos mortos observando o que você fez com a vida que lhes foi negada?[60]

Winters coloca de forma bastante evidente seu objetivo ao escrever *Beyond Band of Brothers*:

> Quero homenagear os homens com quem servi, contando da melhor forma que posso as "histórias não contadas". Muitas dessas histórias são de homens que não estão mais conosco, e não consigo pensar em nenhum legado melhor para eles e suas famílias. Mais importante, *quero compartilhar minhas memórias pessoais na esperança de que minha experiência sirva de exemplo para os líderes atuais e para as gerações futuras que devem tomar decisões difíceis e colocar suas vidas em risco para preservar a liberdade.*[61] [Grifo nosso.]

Não há nenhuma dúvida: Winters escreve para as futuras gerações, especialmente aquelas que podem vir a ter que pegar em armas e lutar pelos Estados Unidos sob a bandeira da "liberdade". Winters escreve como alguém que já havia sido colocado na posição de exemplo, ainda em vida.

Winters reforça tudo o que já está escrito na obra de Ambrose e o que já está representado na série televisiva. Apenas apresenta mais detalhes a respeito de histórias que seus leitores, em geral, já conhecem, e mais do que isso, ressalta de forma bastante categórica como certos momentos de sua trajetória foram determinantes para que ele desenvolvesse suas habilidades de liderança. O público fã de Winters o vê como o líder ideal, e o livro não só reforça essa ideia como tenta explicar como ele teria se tornado esse sujeito.

Winters abraça a mitologia criada em torno de sua figura. Ele dá a entender que, desde o começo do seu serviço, gostaria de um posto de oficial, e inclusive argumenta que um dos motivos para tal é que ele "sabia que era um homem melhor do que os oficiais que [ele] tinha encontrado",⁶² exemplificando com a história de um oficial que teria dado uma orientação de quarenta e cinco minutos sobre o rifle semiautomático M1 Garand usando um rifle Springfield 1903.⁶³

Temos que levar em conta que o livro de memórias de Winters foi publicado em 2006, cinco anos após a série que o tornou famoso. Quando este livro foi lançado, todo o material que analisamos até aqui e os jogos que analisaremos a seguir já haviam tomado conta das narrativas sobre o Dia D. É bastante perceptível na leitura da obra do ex-combatente que tanto o livro de Ambrose e a série derivada quanto a recepção dessas obras afetaram a forma como Winters resolve compartilhar suas memórias. Elas acabam precisando se adequar à memória nacional em torno da Segunda Guerra Mundial e a do público que assistiu à série e viu um Dick Winters praticamente infalível e honrado, e essa idealização não é de forma alguma quebrada pela falsa modéstia das memórias de Winters. O capitão foi, de fato, um grande líder, e a unanimidade desta opinião entre seus outrora subordinados nos dá uma noção do seu caráter. Ainda assim, a forma como suas memórias são afetadas pela memória nacional e pelas memórias prostéticas do público não pode ser ignorada.

Um ponto presente tanto no livro de Ambrose quanto na série é a exaltação dos paraquedistas como uma tropa de elite do Exército dos Estados Unidos, e de como a dureza de seu treinamento criava um senso de comunidade exclusivista e orgulhosa. Nenhuma das obras apresenta essa característica de maneira negativa: ao contrário, ela é vista como símbolo de distinção. Em suas memórias, Winters escreve que os paraquedistas "eram os mais bonitos e os mais saudáveis fisicamente".

> Depois de dez meses de treinamento de infantaria, percebi que minha sobrevivência dependeria dos homens ao meu redor. Os soldados aerotransportados se pareciam com o que eu sempre imaginei de um grupo de soldados: duros, esguios, bronzeados e resistentes. Quando andavam na rua, pareciam um bando orgulhoso e arrogante, exibindo um desprezo tolerante por qualquer um que não fosse um *Airborne*.⁶⁴ Então eu coloquei na cabeça que gostaria de trabalhar com um bando de homens

desse calibre. Os paraquedistas eram os melhores soldados da escola de infantaria e eu queria estar com os melhores, não com os sacos tristes⁶⁵ que via com frequência no posto.⁶⁶

No episódio 2 da série, que retrata a ação da Companhia Easy durante o Dia D, Winters lidera o ataque a peças de artilharia de 105 mm conhecido como o Assalto a Brécourt Manor. Com uma base de fogo bem posicionada e após um reconhecimento eficiente do terreno, o grupo de Winters consegue derrotar um grupo maior de alemães e neutralizar a artilharia alemã, que estava posicionada para atirar na praia de Utah. O desembarque nessa praia acabaria sendo mais fácil, em grande medida, por conta dessa ação, uma vez que ela interrompe o bombardeio à praia. Ao final do episódio, são mostrados quais integrantes da companhia seriam condecorados pela ação em questão e quais suas condecorações. Em seguida, antes dos créditos, o seguinte texto em tela: "A captura da bateria alemã pela Companhia Easy tornou-se um caso clássico de ataque a uma posição fixa e ainda hoje é demonstrada na Academia Militar dos Estados Unidos em West Point".⁶⁷

Embora não se refira ao Dia D, há um episódio em particular que consideramos digno de nota, o 9. Sugestivamente intitulado "Por isso nós lutamos", nele a Companhia Easy encontra um campo de concentração nazista perto de Landsberg e demonstra como os soldados comandados por Winters ficaram abalados e revoltados com a descoberta, que teria dado a eles ainda mais certeza sobre o quão justa era a causa pela qual lutavam. Em suas memórias, Dick Winters fala sobre esse evento:

> Enquanto eu passava pela guerra, era natural me perguntar: *Por que estou aqui? Por que estou suportando o frio congelante, a chuva constante e a perda de tantos companheiros? Alguém se importa?* Um soldado enfrenta a morte diariamente e sua vida é de miséria e privação, ele passa frio. Ele sofre de fome, frequentemente beirando a inanição. O impacto de ver aquelas pessoas atrás daquela cerca me fez dizer, pelo menos para mim mesmo: *Agora sei por que estou aqui! Pela primeira vez entendo do que se trata esta guerra.*⁶⁸

David K. Webster, escrevendo décadas antes de Winters, afirmou que a experiência de presenciar o campo de concentração, entre outras situações, finalmente me convenceu da necessidade de expulsar os alemães da face da Europa. Como uma nação civilizada poderia administrar campos de concentração e matar milhões – e ainda lutar por esse modo de vida? Como um homem poderia lutar por uma nação que destruiu milhões de famílias, que pôs velhas e crianças pequenas para trabalhar em campos de trabalho escravo? O Terceiro Reich foi um câncer na face do homem ocidental. Agora eu estava feliz por ter desempenhado um papel, mesmo que pequeno, ajudando a remover aquele câncer. Herbert Hoover, com sua mente metódica de engenheiro, podia admirar os alemães como uma raça eficiente e trabalhadora, mas eu só lamentava não ter atirado em mais deles.[69]

No episódio 9, a série faz uma declaração inequívoca sobre por que os soldados estadunidenses lutavam. A dramaticidade da chegada a um campo desconhecido repleto de indivíduos famélicos e tantos mortos, além do conhecimento sobre o que acontecia ali, coloca o espectador ao lado dos soldados. O governo dos Estados Unidos já sabia sobre os campos há anos, mas isso não necessariamente significa que os soldados também soubessem e, se sabiam, não necessariamente teriam noção da escala da catástrofe.

Um dos elementos mais importantes da série são os depoimentos de ex-combatentes da Companhia Easy, normalmente exibidos no começo ou no fim dos episódios. Eles dão um verniz de veracidade histórica para a série, especialmente quando, no final do último episódio, os veteranos já idosos são identificados nominalmente. Agora, o público pode reconhecê-los com mais facilidade, uma vez que puderam acompanhar a história de sua trajetória no decorrer dos dez episódios.

Band of Brothers foi um sucesso de crítica ainda maior que *O resgate do soldado Ryan* – e teve quase o dobro do seu orçamento.[70] Paul Clinton, escrevendo para a CNN, resgata novamente a noção do Dia D como "evento salvador do mundo" e afirma que a série

> é um testemunho notável daquela geração de cidadãos-soldados, que responderam quando chamados a salvar o mundo para a democracia e depois silenciosamente retornaram para construir a nação que agora todos nós desfrutamos, e muitas vezes tomamos como certo.[71]

Capa do DVD lançado no Brasil da série *Band of Brothers*.

Até Paul Fussell, ferrenho crítico de *O resgate do soldado Ryan* e do mito da "boa guerra", como qualquer leitor do seu livro *Wartime* pode constatar, elogia a série, afirmando que *"Band of Brothers* é *O resgate do soldado Ryan* para adultos".

> Não é uma fantasia adolescente, mas uma encenação que se acredita ter sido escrita, tão autêntica que nela se encontram características como um comandante de companhia clinicamente sádico, pessoas que não podem dizer nada sem a ajuda da palavra iniciada com F, oficiais que matam prisioneiros por diversão e também fogem em batalha, e saqueadores (praticamente todos), junto com covardes, antissemitas e bêbados.[72]

Caryn James, escrevendo para o *New York Times*, afirma que *Band of Brothers* "equilibra o ideal de heroísmo com a violência e o terror da batalha, refletindo o que há de civilizado e selvagem na guerra".[73] As principais críticas à série versam sobre a dificuldade de memorizar e identificar tantos soldados, uma vez que são apresentados muitos deles e torna-se difícil para um espectador mais desatento lembrar de todos os personagens e nomes.[74]

Dois dias após a estreia da série na HBO, ocorreram os Atentados de 11 de Setembro de 2001. Para não ferir sensibilidades, a HBO decidiu interromper suas ações de marketing, mas, apesar disso, a série continuou tendo bons números: a estreia teve cerca de 10 milhões de espectadores, o episódio seguinte teve cerca de 7,3 milhões,[75] e o episódio final aproximadamente 5,1 milhões.[76] Nossa pesquisa não nos dá subsídio para afirmar qual teria sido o impacto da série, por exemplo, na percepção do público sobre os militares ou sobre as guerras em geral, tampouco se ela teve algum papel significativo no recrutamento militar naquele momento traumático para os Estados Unidos. Mas é possível inferir que o mito da boa guerra que a série carrega com maestria teve algum impacto na cabeça de jovens que, após assistirem na tevê às imagens do ataque terrorista, sentiram que o alistamento lhes levaria para outra "boa guerra", uma guerra justa contra um inimigo que teria covardemente atacado os Estados Unidos por fanatismo ou amor à tirania.

DIA D INTERATIVO

> *"Americanos jogam pra ganhar o tempo todo.*
> *É por isso que os americanos nunca perderam*
> *e nunca perderão uma guerra.*
> *O mero pensamento de perder é odioso para americanos."*
>
> George S. Patton[1]

O cabo Bill Taylor do 2º Batalhão de Rangers espera na sua barcaça de desembarque enquanto ela se choca com as ondas no caminho para um enorme desfiladeiro. Sua missão é fácil de explicar, mas difícil de executar: escalar o penhasco chamado Pointe du Hoc e destruir a artilharia alemã. Antes mesmo de a embarcação chegar à areia, alguns dos seus companheiros são atingidos e morrem instantaneamente. Ganchos com cordas são disparados em direção ao topo e a rampa da embarcação desce para que os soldados saiam, mas quando Bill resolve deixá-la, uma explosão próxima o derruba e o desorienta. Bill observa seu entorno e vê vários de seus colegas sendo derrubados pelo fogo alemão. Recebe ajuda de um companheiro até ter condições de andar e escalar o desfiladeiro com uma das cordas. Pouco tempo depois de chegar ao topo, Bill é morto por um soldado alemão. Tudo escurece. Em questão de segundos o cabo Bill está pronto para tentar de novo, quantas vezes for necessário, até que o objetivo seja cumprido.

Essa é uma descrição plausível do que pode ocorrer no jogo *Call of Duty 2*, que fez um grande sucesso entre os entusiastas do gênero.

Aproveitando-se da febre midiática em torno da Segunda Guerra Mundial da primeira metade dos anos 2000, esse jogo eletrônico colocava os jogadores no papel de combatentes de três *fronts*: um soviético, um britânico e um estadunidense.

Veremos aqui como o Dia D ganhou ainda mais corações e mentes através de experiências virtuais que, via entretenimento, buscam o didatismo através da imersão: os jogos eletrônicos de tiro em primeira pessoa. Colocando o jogador dentro da ação de maneira segura, jogos desse tipo ajudaram a popularizar a mitificação do Dia D ao redor do mundo, para todas as idades.

HONRAR SOLDADOS, EDUCAR JOVENS

Após o sucesso de *O resgate do soldado Ryan* e ainda empolgado com os efeitos sociais e didáticos de obras que buscassem valorizar as experiências dos ex-combatentes estadunidenses na Segunda Guerra Mundial, Steven Spielberg resolveu dar um passo além: enveredar-se na seara dos jogos eletrônicos. Em uma época em que os estúdios cinematográficos e os de jogos eletrônicos começavam a se aproximar, estabelecendo um diálogo com perspectivas comerciais, algumas oportunidades permaneciam inexploradas. Spielberg, a despeito de não estar inserido ainda na indústria dos *games*, percebeu que jogos poderiam ser usados para contar histórias e alcançar uma faixa mais jovem do público. A história de sua inserção na indústria como um agente, não apenas como diretor de propriedades que seriam licenciadas para a indústria dos jogos, começa a ganhar corpo em 1994 com a já mencionada criação da DreamWorks SKG.

A indústria dos jogos crescia a olhos vistos graças, em grande medida, ao sucesso de consoles com o Super Nintendo, lançado originalmente em 1990, e o Mega Drive, de 1988. Pouco depois, com o surgimento do Playstation, a popularidade e a lucratividade dos jogos eletrônicos aumentaram ainda mais. O jogo *Crash Bandicoot 2* tornou-se o produto mais lucrativo do ano de 1997 entre todas as formas de entretenimento existentes.²

Hollywood estava ciente de que a indústria dos jogos poderia render bons frutos. No entanto, muitas tentativas de trânsito entre as duas indústrias falharam miseravelmente. Nos anos 1980, alguns jogos inspirados em filmes foram lançados, em geral sem sucesso. Um deles, o jogo inspirado no filme *E.T.: o extraterrestre*, de Steven Spielberg, foi um fracasso tão grande que mais de mil cópias do jogo foram simplesmente enterradas no deserto de Alamogordo. A história, tratada durante anos como lenda, foi comprovada há alguns anos quando o local de desova dos cartuchos foi encontrado no Novo México.³

Nos anos 1990, a situação mudou. Hollywood percebeu que realizar filmes inspirados em jogos famosos poderia ser tão ou mais lucrativo do que licenciar suas propriedades intelectuais para a indústria dos *games*. Foi assim que fracassos retumbantes do cinema ganharam vida, como os filmes *Super Mario Bros* e *Street Fighter*. Diante das perspectivas, o anúncio por parte da DreamWorks SKG de uma divisão de jogos era inevitável. A empresa estabeleceu parcerias com a Sega e a Microsoft, ambas já consagradas no âmbito do conteúdo digital, ainda que a Microsoft não tivesse muita experiência com jogos, como viria a adquirir no futuro. No acordo com a Microsoft em particular, o cofundador desta empresa e amigo de Bill Gates, Paul Allen, investiu quinhentos milhões de dólares na DreamWorks em março de 1995 em troca de 18% do estúdio. Com mais 15 milhões de investimento por parte da própria Microsoft em uma parceria 50-50, o segmento de produtos interativos da DreamWorks foi fundado. Nascia a DreamWorks Interactive, DWI.⁴

Segundo Jamie Russel, autor do livro *Generation X-Box*, Spielberg não queria que seu novo estúdio fosse apenas um veículo de produção de propriedades intelectuais alheias mediante licenciamento, ele queria fazer jogos, "jogos que importassem; jogos que poderiam ter a força de alto impacto de um filme de sucesso".⁵

O começo da empreitada da DWI não foi dos melhores, com iniciativas que fracassaram em conseguir a atenção dos jogadores costumazes. Mas com base em *O resgate do soldado Ryan*, Spielberg decidiu levar adiante o projeto de se criar um jogo de Segunda Guerra Mundial com grandes doses de interatividade, com os jogadores como se estivessem na pele dos soldados. Anos antes, uma ideia do tipo já tinha sido apresentada: um jogo que se passasse no cenário da invasão da Normandia, chamado *Normandy Beach*, concebido pelo *designer* de jogos Noah Falstein.

> Discutindo o jogo *Normandy Beach*, Spielberg lançou uma ideia para uma reviravolta interativa na história: imagine se o jogador estivesse se movendo pelas sebes na Europa ocupada como um soldado dos EUA. Ele vê um brilho de luz, ouve um tiro e percebe que há um franco-atirador por perto. Com o tempo, o jogo treina o jogador para associar o brilho da luz de uma mira de arma com um *sniper*. Toda vez que você vê um brilho, você contra-ataca e mata um atirador nazista. "Eventualmente, você vê um brilho em uma torre alta de igreja e atira nela também", explica Kaufman, lembrando do tom. "Agora você luta para subir a torre – o campanário da igreja onde você viu o brilho. Você está matando nazistas e fazendo todas essas coisas boas. Você vai até o topo e lá você encontra uma garota em um vestidinho branco de comunhão com uma cruz de prata no pescoço e um buraco de bala bem na testa. Você percebe que aquilo era o brilho. Você atirou... Como seria esse momento? Quando Spielberg estava nos contando isso, ficamos arrepiados. Nós ficamos tipo 'Oh meu Deus, as pessoas largariam o controle! Você não pode fazer isso!' Mas esse é o próximo nível de entretenimento interativo; e, de certa forma, é mais poderoso do que vê-lo como um filme. Em um filme você vê isso e se sente um pouco manipulado, você investe no personagem e pensa: 'Eu não faria isso'. Você fez a escolha".[6]

A ideia não seguiu adiante. Mas, em novembro de 1997, Spielberg voltou ao assunto.

> Spielberg, que estava naquele momento na pós-produção de *O resgate do soldado Ryan*, veio até os escritórios da DreamWorks Interactive e esboçou sua ideia. Ele viu *O resgate do soldado Ryan* como uma experiência educacional tanto quanto uma propriedade de entretenimento... [...] Poderia a DreamWorks construir um jogo de tiro da Segunda Guerra Mundial, ele se perguntou, que permitiria aprender sobre o conflito brincando?[7]

Spielberg apresentou a ideia de um jogo de tiro em primeira pessoa que se passaria no teatro europeu de combate e receberia o nome da maior honraria militar estadunidense, a Medalha de Honra, com os objetivos de ser: historicamente fiel, divertido e um tributo aos soldados dos EUA mortos naquela guerra. Inicialmente, a ideia foi recebida com desconfiança: "'As pessoas duvidavam muito', lembra o produtor Peter Hirschmann. 'Eles disseram: a Segunda Guerra Mundial é antiga, tem teias de aranha. As pessoas querem armas de raios, criaturas do inferno e rifles a laser'".[8]

Spielberg então abordou o estúdio Eletronic Arts, que já havia certa vez questionado se um computador poderia fazer chorar e apreciava a ideia de criar um jogo que situasse os jogadores na pele de um soldado comum. Até aquele momento, a maioria esmagadora dos jogos de Segunda Guerra Mundial eram de estratégia, sendo o FPS (*First-person shooters*, ou jogo de tiro em primeira pessoa) *Wolfenstein 3D*, de 1992, uma notável exceção. Ainda assim, esse jogo tinha um caráter bastante fantasioso e até certo ponto cômico, que nem de longe permitia aos jogadores uma imersão histórica aos moldes do que Spielberg propunha. E foi a partir daí que *Medal of Honor* foi ganhando forma.[9]

Nos estágios iniciais de concepção do jogo, o diretor convidou Dale Dye – o mesmo capitão aposentado dos Fuzileiros Navais que prestara consultoria para *O resgate do soldado Ryan* – para orientar a equipe que criaria o jogo a partir de sua expertise militar. De início, o capitão foi contra a realização do jogo, afirmando que ele seria um produto irresponsável, de mau gosto e que exploraria a guerra como entretenimento, até que ser convencido das "intenções nobres" por trás da empreitada e passou a assessorar a DWI.[10]

Meses antes do lançamento do jogo ocorreu o Massacre de Columbine, em que dois jovens armados entraram na Escola de Columbine e atiraram em estudantes e professores, matando alguns deles. Ainda que muitos outros atentados em escolas tenham ocorrido nos Estados Unidos desde então, ainda hoje Columbine é paradigmático a respeito desse sério problema que assola o país. Imediatamente, a imprensa estadunidense passou a buscar culpados, e a indústria do entretenimento não ficou de fora. Jogos considerados violentos passaram a receber atenção negativa. Diante disso, a DWI decidiu excluir os elementos de violência mais gráficos do jogo. Se, no protótipo, era possível mutilar inimigos e explodi-los, a versão colocada à venda excluiu até mesmo a presença de sangue.[11]

Outra polêmica quase resultou no cancelamento do jogo. Paul Bucha, presidente da Congressional Medal of Honor Society, escreveu uma carta a Spielberg com duras críticas ao jogo, quando ficou sabendo que ele estava sendo produzido. Para Bucha, o jogo simbolizava a desonra da Medalha de Honra. Na esperança de resolver a situação, o veterano do Vietnã e recipiente da medalha em questão foi convidado para uma reunião em que estavam presentes Spielberg com seu assessor de imprensa, Marvin Levy, além dos chefes executivos da DWI Glenn Entis e Peter Hirschmann. Bucha foi enfático na sua condenação dos jogos de guerra, afirmando que a Medalha de Honra era algo sagrado; um jogo de videogame sobre ela seria algo horrível.[12] Bucha, contudo, mudaria de ideia depois de ser convidado a jogar *Medal of Honor*. Não só ficou positivamente surpreso, como a *Congressional Medal of Honor Society* passou a endossar o jogo.[13]

MEDAL OF HONOR

Medal of Honor começa com uma *cutscene*[14] com diferentes ilustrações de batalhas pela história dotada de uma narração na voz Dale Dye que afirma que a "civilização sempre conheceu o conflito", mas que apenas no século XX o escopo do conflito humano teria se ampliado para uma escala capaz de engolfar todo o mundo. O que se segue é uma breve explicação de como a Segunda Guerra Mundial derivou diretamente da guerra anterior, de como Hitler atacou o Reino Unido e de como este foi capaz de resistir, ressaltando a vitória na Batalha da Inglaterra, e, de acordo com o texto introdutório, "alimentaram o fogo da liberdade tempo o suficiente para permanecerem vivos e salvar o mundo".[15]

O texto logicamente implica a premissa de que uma derrota britânica contra os nazistas entre 1940 e 1941 teria sido o suficiente para que o mundo inteiro fosse derrotado, ignorando tanto o fato de que História contrafactual não é História quanto o papel da União Soviética na derrota nazista, ou seja, uma narrativa bastante ocidentalizada e conveniente para as potências do Atlântico Norte do pós-guerra, algo que é ainda mais reforçado pelo que vem a seguir.

Na sequência, o jogo aponta a entrada dos Estados Unidos após Pearl Harbor, ressaltando a importância do seu complexo industrial e militar. Após ressaltar a participação dos estadunidenses na África, na Itália e em outras partes da Europa após o Dia D, a narração como que coloca o protagonismo no jogador, ao afirmar: "Você, soldado, é uma parte dessa grande cruzada. Você está pronto para ir além do chamado do dever?".[16]

A expressão *above and beyond the call of duty* ("além do chamado do dever") é retirada diretamente do critério definidor para o recebimento da Medalha de Honra. De acordo com o Departamento de Defesa dos Estados Unidos:

> A Medalha de Honra é a mais alta condecoração militar que pode ser concedida pelo governo dos Estados Unidos. É apresentada pelo presidente dos Estados Unidos, em nome do Congresso, e é conferida apenas aos membros das Forças Armadas dos Estados Unidos que se distinguem por bravura e intrepidez conspícuas, com risco de vida além do chamado do dever: enquanto engajado em ação contra um inimigo dos Estados Unidos; enquanto estiver envolvido em operações militares que sejam de conflito com uma força estrangeira adversária; ou ao servir com forças estrangeiras amigas envolvidas em um conflito armado contra uma força armada adversária na qual os Estados Unidos não são uma parte beligerante.[17]

Na narrativa do *game*, percebe-se também, sem muito esforço, a completa ausência da União Soviética, algo que, a despeito de uma série de estereótipos, sua futura franquia concorrente ao menos levaria em consideração.

O protagonista da história, controlado pelos jogadores, é o tenente Jimmy Patterson. No dia 6 de junho de 1944, Patterson é convocado pelo Escritório de Serviços Estratégicos (Office of Strategic Services – OSS), um serviço de inteligência que é tomado como precursor da Agência Central de Inteligência (Central Intelligence Agency – CIA), e seus méritos como soldado são ressaltados para justificar por que ele é escolhido para atuar à serviço da OSS. Seu recrutador afirma que os instrutores de Patterson lhe deram as notas mais altas durante o treinamento tanto para o uso de armas ("Você é o melhor atirador da sua classe") quanto em habilidades de liderança e esperteza. É apresentado também parte do histórico universitário do tenente, que estaria a apenas um semestre de se formar em Engenharia Aeroespacial antes do seu alistamento, com notas máximas em todas as disciplinas. Patterson precisa decidir imediatamente se aceita o serviço, e o jogo começa quando o tenente já aceitou atuar pela OSS, após receber instruções de Manon Batiste, integrante da Resistência Francesa e que viria a ser a protagonista da sequência *Medal of Honor: Underground*.[18]

A maior parte da ação em *Medal of Honor* se dá em ambientes lineares no período da noite ou em locais fechados, uma vez que o console para o qual foi lançado não tinha capacidade de processamento suficiente para ambientes mais abertos e com muita iluminação. Os limites do console, portanto, contribuíram para algumas escolhas narrativas do jogo, incluindo aí o fato de que o protagonista age sozinho – sem ignorar que isso coaduna com o clichê do herói cinematográfico estadunidense que, com pouca ou nenhuma ajuda, resolve problemas, cumpre seus objetivos e realiza o salvamento, seja de uma donzela em perigo, seja do mundo inteiro.

Na época de lançamento, *Medal of Honor* foi uma revolução no gênero FPS e nos *games* como um todo. Até aquele momento o único jogo FPS ambientado na Segunda Guerra Mundial que não tinha um componente de fantasia ou ficção científica (*Wolfenstein* e *Mortyr 2093-1944*, por exemplo) era *WWII: G.I.*, game completamente esquecido pelos jogadores, que saiu apenas alguns meses antes de *Medal of Honor* e, desde seu lançamento, já foi considerado obsoleto.[19]

Lançado exclusivamente para Playstation, *Medal of Honor* foi um dos jogos mais vendidos da história – sucesso esse que a DreamWorks Interactive não teve a oportunidade de usufruir por ter vendido seu segmento de jogos para a Eletronic Arts antes que o jogo passasse a ser imensamente lucrativo. A franquia derivada desse jogo renderia mais de 1 bilhão de dólares para a Eletronic Arts.[20]

Spielberg, após o lançamento do primeiro jogo e a venda da DWI, decidiu não se envolver com os jogos seguintes. Contudo, embora sua participação tenha se resumido apenas ao primeiro, sua ideia de um FPS de Segunda Guerra Mundial mudaria o mundo dos jogos para sempre, e seu trabalho em *O resgate do soldado Ryan* e *Band of Brothers* continuaria influenciando os produtos com essa temática por muitos anos. Além disso, o diretor atingiu seu objetivo de levar a história da Segunda Guerra Mundial e o louvor em torno dos soldados para gerações mais jovens.

Peter Hirschmann, o produtor que convencera Paul Bucha e viria a participar de muitas reuniões da Congressional Medal of Honor Society, afirmou a James Russel que muitos recipientes da Medalha de Honra o agradeceram pelo jogo:

> Todos eles tinham netos que vivenciavam suas histórias através do jogo. Essa foi uma recompensa maravilhosa para a coisa toda. Todo aquele trabalho que colocamos na jogabilidade, os filmes históricos que passavam no final de cada nível – essa merda foi difícil, levou muito tempo. Foi ótimo, impactou.[21]

O site *IGN* colocou *Medal of Honor* em 20º lugar no Top 100 de jogos de tiro de todos os tempos, sob a seguinte justificativa:

> O impacto de *Medal of Honor* nos jogos de tiro é difícil de exagerar. Com uma história de Steven Spielberg e música de Michael Giacchino, o jogo deu início praticamente sozinho à loucura dos jogos de tiro da Segunda Guerra Mundial que duraria uma década inteira. Um enredo profundo e soberbamente atuado, longas missões cheias de reviravoltas [...] e armamento realista permitiram que *Medal of Honor* ficasse acima de todos os outros FPS que agraciaram o PS1 [o primeiro Playstation]. Jogar as 20 missões longas e polidas de *Medal of Honor* ajuda a entender como o jogo geraria 13 sequências nos próximos 13 anos.[22]

O mesmo site, ao listar os 25 melhores jogos da história do console Playstation em 2002, pouco antes do lançamento do Playstation 2, colocou Medal of Honor em 21º lugar, ressaltando que, apesar de alguns problemas, não havia jogo do gênero FPS melhor para aquele console.[23]

A lista de jogos da franquia Medal of Honor é imensa, incluindo aí tanto as versões exclusivas para console ou computadores quanto as lançadas para ambos os tipos de plataformas, e analisar cada um desses jogos acabaria sendo redundante. Contudo, cremos ser importante ao menos mencionar Medal of Honor: Allied Assault, o primeiro lançado para computadores, e Medal of Honor: Frontline, lançado para consoles, uma vez que esses dois jogos trouxeram aos jogadores a experiência do desembarque em Omaha, começando a sedimentar a mitificação do Dia D no mundo dos jogos eletrônicos.

Medal of Honor: Frontline abre com filmagens da Segunda Guerra Mundial, mas ao invés de contar com um texto de narração original tentando resumir a guerra como no primeiro jogo, ele conta com uma versão resumida da Ordem do Dia 6 de junho de 1944 de Dwight Eisenhower. O jogo abre de maneira muito parecida com O resgate do soldado Ryan, com o jogador uma vez mais controlando Jimmy Patterson dentro de uma das barcaças de desembarque se encaminhando para a praia de Omaha. No caminho, um avião de caça inimigo ataca a barcaça à esquerda do jogador, obtendo sucesso – algo pouco verossímil diante das precárias condições da Luftwaffe na região.[24]

Assim que a rampa de desembarque da barcaça desce, ela é atingida por uma explosão, que projeta os soldados – incluindo o protagonista – para o mar. O jogador (na pele do combatente) afunda na água e consegue ver outros de seus colegas afundando também, enquanto tentam se livrar dos equipamentos pesados para evitar o afogamento. Traços de balas atravessando a água podem ser vistos ceifando a vida das personagens ao redor, como ocorre no filme de Spielberg. Quando o protagonista sai da água, o jogo finalmente dá o controle ao jogador, que se encontra com seu capitão e recebe a ordem de seguir adiante, e, assim como no filme, o jogador precisa buscar os torpedos Bangalore usados para cortar o arame farpado e permitir o avanço aliado. Enquanto avança, o jogo oferece instruções ao jogador, de modo que ele cumpra os objetivos. Possivelmente por conta da capacidade de processamento dos consoles na época, a praia não conta com muitos soldados aliados.[25]

Em seguida, Patterson é enviado para tomar um dos *bunkers* de frente para a praia, e assim segue até finalizar as duas missões na praia de Omaha. Na sequência, o jogo parece dar um salto temporal que cobriria a linha do tempo do primeiro jogo da franquia, e o avanço aliado segue pela Europa.

Em *Medal of Honor: Allied Assault* o personagem Mike Powell, parte do 2º Batalhão de Rangers (o mesmo grupo que protagoniza *O resgate do soldado Ryan*), passa por diversos momentos da guerra, atuando primeiro na Operação Tocha, no norte da África. Depois, participa de uma missão para se infiltrar em uma base da Kriegsmarine e finalmente temos a sequência mais famosa do jogo: a invasão da praia de Omaha, que também ocorre de maneira muito parecida com o que é representado no filme de Spielberg e com a sequência do desembarque em *Frontline*. A maior diferença perceptível é que, ao invés de a barcaça ser atingida por uma explosão e jogar o protagonista ao mar, quando sua rampa desce ela é atingida por uma saraivada de balas, que mata os personagens ao redor do jogador, que recebe o controle do protagonista ainda dentro da barcaça, sendo difícil sair dela sem que receba alguns tiros. Ao invés de correr pela praia de um lado para o outro com certa liberdade, como ocorre em *Frontline*, aqui o jogador precisa alternar momentos de movimento com momentos de buscar cobertura atrás dos obstáculos colocados na praia pelos alemães, especialmente os ouriços tchecos que protegem a personagem das rajadas de metralhadora inimigas.[26]

De resto, a sequência ocorre de maneira bastante parecida com a abertura de *Frontline*, incluindo o objetivo de buscar os torpedos Bangalore e o de limpar um *bunker* alemão. Assim que essa missão é concluída, uma nova missão se apresenta, já no dia 7 de junho, em Bocage.

Sempre ficou evidente nos jogos da franquia que a ideia era criar um ambiente imersivo onde os jogadores pudessem sentir que estavam experienciando, ao menos parcialmente, o que os soldados aliados

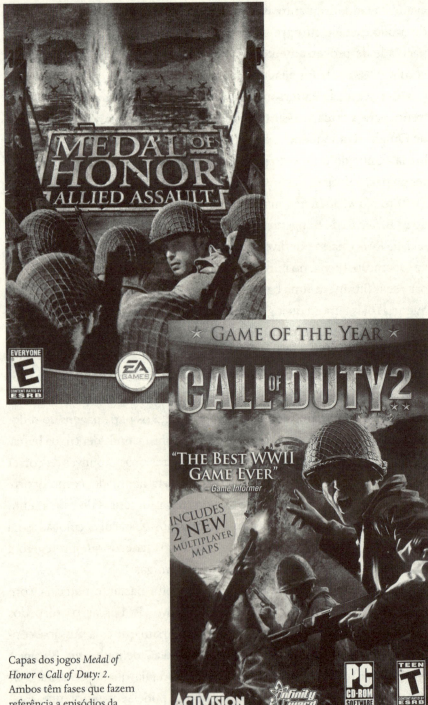

Capas dos jogos *Medal of Honor* e *Call of Duty: 2*. Ambos têm fases que fazem referência a episódios da tomada da Normandia.

desembarcando na Normandia viveram naquele dia 6 de junho. E, a julgar por algumas reações do público, podemos dizer que o jogo conseguiu gerar esse sentimento. Em um dos vídeos presentes no YouTube sobre *Frontline*, mais precisamente um que mostra a jogabilidade e a progressão da história do jogo, vemos comentários que endossam essa afirmação. Um dos jogadores afirma: "Lembro-me de ter ficado muito impressionado na primeira vez que vi esse jogo [...]. Eu pensei que parecia tão real como se fosse a vida real".[27] Outro vai mais além, afirmando que *Frontline* lhe apresentou a Segunda Guerra Mundial e o tornou obcecado por ela: "Este é o jogo que me levou para a Segunda Guerra Mundial. Anos e anos de jogos, filmes, pesquisas e obsessão por história e viagens começaram aqui. Louco".[28] Um terceiro comentarista aponta como *O resgate do soldado Ryan* e *Medal of Honor: Frontline* agiram em sinergia para capturar sua atenção: "Eu tinha acabado de assistir *O resgate do soldado Ryan*... então entrei nesse jogo e foi tão incrivelmente imersivo...".[29]

A franquia ia de vento em popa quando parte da equipe que trabalhava nela resolveu montar sua própria empresa, a Infinity Ward, onde não apenas seria criada a principal franquia rival de *Medal of Honor*, mas também uma das mais bem-sucedidas e mais longas franquias da história dos jogos: *Call of Duty*.

CALL OF DUTY

Call of Duty foi lançado em 2003, tendo sido desenvolvido pela produtora Infinity Ward e distribuído pela Activision. Criado por uma equipe que trazia alguns desenvolvedores da sua franquia concorrente, esse *game* apresentava algumas inovações em relação à franquia anterior, sendo que duas chamavam mais a atenção dos jogadores. A primeira delas era que, ao contrário de *Medal of Honor*, o jogador não atuava sozinho. Outros soldados, controlados pela inteligência artificial do jogo acompanham o jogador na maioria das missões, permitindo a este uma sensação de um combate empreendido de maneira coletiva, como normalmente ocorre em conflitos armados, em oposição a uma perspectiva tipicamente hollywoodiana do lobo solitário capaz de feitos impressionantes, algo pouco comum em guerras.

No entanto, a principal e mais interessante novidade que o jogo trazia era a possibilidade de jogar com personagens das três principais potências aliadas da Segunda Guerra Mundial. Enquanto em *Medal of Honor* você jogava apenas com um personagem estadunidense, em *Call of Duty* você tinha a possibilidade de jogar também com um personagem britânico e um soviético. No entanto, apesar de reconhecer o esforço soviético no enfrentamento dos nazistas, a campanha soviética – especialmente nas primeiras missões – carrega uma série de estereótipos negativos que são constantemente reiterados em mídias ocidentais. No caso de *Call of Duty*, é perceptível a qualquer jogador mais atento que essas primeiras missões são claramente inspiradas no filme *Círculo de fogo*, parcialmente inspirado nas memórias do atirador de elite soviético Vassili Zaitsev.

A campanha estadunidense começa com uma missão-tutorial, que tem como objetivo ensinar ao jogador os comandos mais básicos do jogo. Ela é ambientada no Acampamento Toccoa, na Geórgia, onde eram treinados os integrantes da 101ª Divisão Aerotransportada, incluindo aí o 506º Regimento de Infantaria Paraquedista, da qual faz parte o protagonista do jogo, o soldado Martin, membro da Companhia Baker. Vale lembrar que se trata do mesmo acampamento representado no primeiro episódio de *Band of Brothers* onde treinou a Companhia Easy.

Sendo Martin um paraquedista da 101ª Divisão Aerotransportada, ele salta atrás das linhas inimigas, como de fato ocorreu no Dia D. A maioria das fases desse jogo se iniciam com uma imagem do diário do personagem que o jogador controla, descrevendo sua situação ou a missão que vem pela frente. Na primeira missão após o treinamento, o diário de Martin diz o seguinte:

> Dia D 0020 Horas
>
> Ninguém parece ter caído onde deveria. Ainda não vi ninguém da minha unidade, mas felizmente me encontrei com alguns dos caras da Companhia Baker. Também temos homens das Companhias Able, Dog e Fox conosco... que bagunça.

> Estamos nos preparando para capturar a vila de Ste. Mère Église, a cerca de 8 km de Utah Beach. Estamos nos aproximando por um campo estreito com campos minados em cada lado.
>
> O capitão Foley diz que há dois pelotões de paraquedistas alemães naquela aldeia. Eu diria que temos uma luta séria pela frente.
>
> As estradas de Ste. Mère Église ligam a praia de Utah à principal rodovia da península, o que deve nos colocar no caminho do mais provável contra-ataque alemão.

Nessa primeira missão, o soldado Martin tem como principal objetivo posicionar um marcador que indique aos paraquedistas onde pousar. Na sequência, o soldado e seus colegas têm como principal objetivo destruir *Flakpanzers* (tanques adaptados com armas antiaéreas) e libertar Sainte-Mère-Église da presença alemã. Após um combate noturno que se arrasta até a manhã seguinte, o jogador é levado à missão seguinte, destinada a defender a então conquistada vila. Na entrada do diário referente à defesa de Sainte-Mère-Église, o soldado Martin escreve:

> Dia D, 05:00 horas
>
> Os garotos nas praias já devem ter desembarcado. Eles estão a apenas alguns quilômetros de distância, mas agora parece um milhão. Não temos rádio e estamos completamente sem comunicação. Capitão Foley estava certo. Enfrentamos um pelotão ou mais de paraquedistas alemães quando tomamos esta vila ontem à noite. Hoje a defendemos contra o contra-ataque alemão. Nossas defesas são todas roubadas: MG42s inimigos, Panzerfausts para defesa antitanque e a própria vila.
>
> A Força Aérea e a Marinha deram um show e tanto esta manhã arrasando naquelas praias. Uma coisa é certa, os alemães sabem que estamos aqui. Se isso significa que eles viram as costas e correm ou aparecem de repente que nem um enxame, estamos prestes a descobrir.

Outra missão que remete ao Dia D é claramente inspirada na missão da Companhia Easy de destruição da artilharia que atacava a praia de Utah, comandada por Dick Winters, retratada no episódio 2 de *Band of Brothers*.

Dois anos depois a Infinity Ward lançaria *Call of Duty 2*. Nele, a ordem das campanhas se inverte: o jogador começa com a campanha soviética, sendo a primeira missão mesclada com o tutorial, representando a Batalha de Moscou, e o restante da campanha se dá na Batalha de Stalingrado. A campanha britânica, por outro lado, ocorre majoritariamente no teatro norte-africano, com batalhas no Egito, Líbia e Tunísia. A exceção é uma única fase representando a Batalha de Caen ocorrida em 1944 durante a Operação Overlord. A campanha estadunidense, sendo a última, ganha ares de clímax, e começa justamente no desembarque em Pointe du Hoc, onde o jogador controla o cabo Bill Taylor. Antes que o jogador tenha a oportunidade de subir ele mesmo o desfiladeiro a sua frente, o personagem fica desorientado por uma explosão próxima, algo parecido com o que acontece com o capitão Miller em *O resgate do soldado Ryan*, até receber ajuda de outro soldado. Embora o jogador esteja no controle a maior parte do tempo, há alguns poucos momentos em que situações roteirizadas como essa ocorrem para contribuir com a experiência de imersão dos jogadores. Ao final das missões em Pointe du Hoc os jogadores ouvem um trecho do discurso que Ronald Reagan proferiu no local em 1984, acompanhado de uma música solene e heroica, o mesmo discurso que deu o pontapé inicial na mitificação do Dia D aos moldes do que temos hoje e cuja influência foi fundamental para a própria existência da franquia *Call of Duty*.

A tomada completa de Pointe du Hoc ocorreu apenas no dia 8 de junho, quando os Rangers finalmente receberam reforços. Até então, eles tiveram que defender sua posição dos diversos contra-ataques alemães, que causaram a maioria das baixas daquele grupo. Mas a ação frenética nas duas missões de *Call of Duty 2* que representam esta batalha passam ao jogador a impressão de que tudo teria ocorrido em algumas poucas horas. Afinal, ainda que se pretenda imersivo e comprometido com a história, *Call of Duty 2* permanece sendo um jogo de ação de ritmo rápido. Os diálogos e contextualizações históricas estão mais a serviço da ação e do entretenimento do que o contrário.

Uma característica comum em grande parte dos jogos de ambas as franquias – *Medal of Honor* e *Call of Duty* – é que os civis inexistem.

Não temos baixas entre não combatentes, porque eles simplesmente não aparecem em nenhum contexto. Dessa forma, não há qualquer questionamento sobre os danos colaterais, menos ainda há possibilidade de o jogador cometer crimes de guerra. Não que isso seja algo desejável, especialmente por se tratar de um produto para um público jovem, mas, dado o fato de que os jogadores dessas obras costumeiramente se sentem imersos na ação e discutem sobre como aprendem História através dos jogos, essa característica sanitiza as percepções civis sobre a guerra real.

No caso de Pointe du Hoc, por exemplo, sabemos que toda a tensão, medo e estresse causado pelos dois dias de ação colocaram os soldados em um estado mental propício a deixar quaisquer regras e convenções de lado. Alguns prisioneiros alemães que por um motivo ou outro se moviam de maneira brusca acabaram executados, pelo medo de que tentassem reagir após sua rendição. Alguns soldados estadunidenses que atuaram nesta batalha estavam convencidos de que civis franceses de ambos os sexos lutavam ao lado dos alemães, tendo um deles comentado: "Encontramos civis que estavam atirando em nós com fuzis alemães e servindo de observadores para artilharia. Nós os matamos".[30]

De acordo com os pesquisadores Ben Clarke, Christian Rouffaer e François Sénéchaud, esses jogos de tiro em primeira pessoa oferecem poucas reflexões sobre os dilemas morais enfrentados por soldados.[31] No caso da franquia *Call of Duty*, o mais próximo de uma punição por atos ilegais que o jogador recebe é ter que recomeçar o jogo no último *checkpoint* caso tenha matado seus próprios colegas com fogo amigo, enquanto a única recompensa por atos condizentes com as leis de guerra é uma mensagem elogiosa em tela (como ocorre em *Call of Duty: WW2*), que não afeta a história ou a jogabilidade de nenhuma maneira.

A campanha estadunidense do jogo segue pela Normandia para além do 6 de junho, e se encerra com um salto temporal para 24 de março de 1945, mais precisamente para a Batalha de Wallendar, durante a travessia do rio Reno rumo ao território alemão, parte da Operação Plunder.

GUERRA IMERSIVA: ROMANTISMO E PROPAGANDA

Call of Duty 2 foi colocado na lista da *IGN* dos cem maiores jogos FPS de todos os tempos na 47º posição – a mesma lista onde *Medal of Honor* estava posicionado em 25º lugar. De acordo com o texto que acompanha o jogo no site:

> Houve um tempo em que *Call of Duty* era o novo rosto dos jogos militares de tiro, salvando o gênero de uma monotonia de longa data. Ria se você quiser, mas a intensidade de *Call of Duty 2* e o respeito pelas muitas nações que deram vidas para vencer a Segunda Guerra Mundial foi uma mudança de ritmo bem-vinda em comparação com os jogos de tiro centrados no Ocidente que estavam inundando as prateleiras das lojas e saldões. A mecânica de tiro era notavelmente fluida, mesmo em um controlador analógico duplo, e as batalhas lineares prolongadas por centímetros de solo testavam sua mira e sua habilidade tática. Como o principal título de lançamento do Xbox 360, ele definiu o que se tornaria o tom da plataforma nos próximos anos.[32]

A franquia *Call of Duty* foi um fenômeno de vendas. Para entender o grau de seu sucesso, apelamos para os relatórios anuais *Essential facts about the computer and video game industry*, documentos elaborados pela Entertainment Software Association (ESA). A ESA foi fundada em 1994 como uma associação dedicada exclusivamente para que as empresas produtoras de jogos e consoles tivessem melhores dados mercadológicos. Entre seus membros, em 2004 – ano do primeiro relatório que usamos – estavam a Acclaim Entertainment, Activision, Atari, Buena Vista Games, Capcom USA, Eidos Interactive, Eletronic Arts, Konami, LucasArts, Microsoft, Nintendo, Sega, Sony, Square Enix, entre outros nomes conhecidos pelo público dos jogos eletrônicos.[33]

De acordo com o relatório de 2004 da ESA, *Call of Duty* foi o oitavo jogo mais vendido entre 2003 e 2004 para computadores,[34] posição que se repetiria no relatório do ano seguinte.[35] Já o relatório de 2006 colocava *Call of Duty 2* em décimo lugar no ranking dos mais vendidos para a mesma plataforma.[36]

Conforme o relatório de 2004, a idade média do jogador de jogos eletrônicos era de 29 anos; 34% dos jogadores teria menos de 18 anos, 46% teria entre 18 e 50 anos e 17% teria mais de 50 anos. Destes, 59% se identificavam como homens e 39% como mulheres (os 2% restantes não foram especificados).[37]

Entre os jogos de computador, os jogos de tiro – não é especificado se são em primeira pessoa ou terceira pessoa – abocanharam uma fatia de 13,5% das vendas totais de jogos daquele período, sendo o segundo gênero de jogos mais vendido, atrás apenas dos jogos de estratégia (27,2%). Nos consoles, os *first-person shooters* foram apenas 8,6% das vendas, uma vez que na época os FPS não eram tão populares entre jogadores de consoles quanto para os de computadores – algo que viria a mudar com o passar dos anos e o advento de novos *joysticks* e jogos mais adaptados para seu uso sem a ajuda de um teclado e um mouse.[38]

O relatório traz citações de diferentes fontes, autores e publicações, reforçando a importância e a consolidação da indústria dos *games* e a incorporação dos jogos ao cotidiano dos jovens. Uma delas é atribuída a Heather Newman e Jim Schaffer da empresa Knight Ridder:

> Este é o ano em que os *videogames* avançam ao lado de filmes, música, livros e teatro para se tornarem uma parte legítima, penetrante e persuasiva do tecido da América. Os jogos estão se movendo para o centro de nossas salas de estar... Eles estão se tornando uma força em outros tipos de entretenimento, gerando livros e filmes – e não o contrário. E os prós e contras dos jogos – seus assuntos, recursos e datas de lançamento – estão cada vez mais tirando a mídia tradicional das manchetes de entretenimento.[39]

É citado, entre outros, um artigo do *New York Times Magazine* de 21 de dezembro de 2003, escrito por Jonathan Dee, que afirma:

> Já houve uma mudança cultural tão furtiva quanto a representada pela ascensão do entretenimento interativo? Para qualquer um que atingiu a maioridade após, digamos, o lançamento do primeiro Sony Playstation em 1995, os *videogames* são tão centrais para o universo do entretenimento pop quanto filmes ou

música... Ninguém pensaria em negar que os *videogames* são grandes, mas poucos adultos fora do negócio têm uma compreensão de quão grandes eles se tornaram.[40]

De acordo com Johannes Breuer, Ruth Festk e Thorsten Quandt – pouco mais de uma década após o lançamento de *Medal of Honor* –, a Segunda Guerra Mundial era o conflito real mais representado em jogos eletrônicos, especialmente nos FPS entre 1992 e o início de 2011, abocanhando 62% do mercado contra 16% da Guerra do Vietnã, a segunda mais comum.[41] É importante lembrar que essa avaliação foi feita em 2011. De lá para cá muitos novos jogos FPS foram lançados e as porcentagens seriam diferentes. No artigo assinado por esses três autores, constava apenas um jogo representando a Primeira Guerra Mundial, por exemplo. De lá para cá muitos jogos sobre a Grande Guerra foram lançados, como *Battlefield 1*, *Verdun*, *Tannenberg*, *Isonzo*, *Beyond the Wire*, entre outros. Ainda assim, a proeminência de jogos de Segunda Guerra parece persistir, em grande medida pelo enorme impacto que os jogos aqui avaliados tiveram na indústria. A própria franquia *Call of Duty* veria outros jogos na Segunda Guerra como *Call of Duty: World At War*, de 2008, *Call of Duty: WW2*, de 2017 (que tinha a volta da invasão da praia de Omaha ao enredo de um jogo da franquia) e *Call of Duty: Vanguard*, de 2021. Apesar destes, a partir de *Call of Duty 4: Modern Warfare* (2007) a franquia passou focar em histórias fictícias passadas no presente, com alguns poucos jogos fugindo à regra – vide *Call of Duty: Black Ops*, que se passa durante a Guerra Fria.

Essa movimentação de migrar para o presente e visitar apenas pontualmente a Segunda Guerra Mundial aconteceu também com *Medal of Honor*. No entanto, essa franquia acabaria sendo deixada de lado, superada em fama, vendas e importância para o universo dos games pela concorrente. Ainda assim, em 2020 foi lançado *Medal of Honor: Above and Beyond*, que não teve o mesmo impacto que outros games, mesmo porque deve ser jogado com óculos de realidade virtual, um dispositivo custoso que acaba diminuindo a base de jogadores.

Em tempos recentes foi revelado, através de documentos liberados pelo Freedom of Information Act e obtidos pelo jornalista Tom Secker, que o Corpo de Fuzileiros Navais dos Estados Unidos (USMC) esteve envolvido desde 2010 na produção de games da franquia *Call of Duty*, fornecendo informações a respeito de técnicas e armamentos. De acordo com Secker, os jogos são um portal de recrutamento atraindo para as forças armadas parte dos jogadores, mesmo quando não são feitos anúncios explícitos.[42] Entre os quadros de lideranças da Activision Blizzard (atual proprietária da marca *Call of Duty*) estão figuras anteriormente envolvidas com serviços de inteligência e militares de peso que atuaram em administrações governamentais.[43] Embora a franquia de games não tenha tido, desde o começo, uma ligação tão estreita com interesses dos militares estadunidenses, *Call of Duty* atuou desde o começo no sentido de reverberar a memória nacional em torno da Segunda Guerra Mundial. Que isso teve um impacto importante na percepção pública a respeito do Dia D, especialmente entre os jovens, cremos ser inegável. Contudo, é impossível mensurar a escala desse impacto. Trata-se de uma franquia que, financeiramente, já ultrapassou 1 bilhão de dólares em lucro, sem contar os exemplares adquiridos de maneira ilegal por jogadores. Com isso, não só é difícil determinar um número confiável de jogadores como também saber quantos deles foram impactados pelas representações do Dia D a pronto de abraçar a memória nacional estadunidense sobre o evento. Mas seria ingênuo acreditar que tal impacto foi pequeno.

Algumas pistas nos são dadas por Joel Penney, professor de Comunicação e mídia da Montclair State University, que realizou uma pesquisa com o objetivo de entender como as narrativas de heroísmo dos soldados aliados são interpretadas pelo público usuário dos jogos, formado por sujeitos com diferentes visões e ideologias. Penney entrevistou 49 jogadores adultos de *Medal of Honor* e *Call of Duty* e 46 adultos de jogos de tiro em primeira e terceira pessoa de temas não relacionados à História, especialmente *Halo* e *Gears of War*. A busca por esses entrevistados se deu principalmente em fóruns on-line dedicados a esses jogos, o que acaba permitindo o acesso a pessoas de diferentes lugares (inclusive de fora dos Estados Unidos). Os participantes da pesquisa foram encorajados a escrever sobre seus sentimentos e opiniões em relação à política, à Guerra no Iraque e às Forças Armadas dos Estados Unidos; e para o grupo específico dos jogos com a temática da Segunda Guerra Mundial, foram feitas perguntas sobre seu interesse pelo assunto e sobre se suas percepções sobre este conflito mudaram depois de experimentar os jogos, e o mesmo foi perguntado com relação às forças armadas. Ao comparar os dois grupos, Penney constatou que, entre o grupo de jogadores dos jogos de Segunda Guerra, o número de sujeitos que se identificavam como conservadores e apoiavam a Guerra no Iraque era maior. Apenas uma parcela destes viam os jogos como mero escapismo, enquanto a vasta maioria dos integrantes desse grupo apontava a importância histórica do conteúdo do jogo. Alguns dos participantes afirmavam que jogar *Medal of Honor: Allied Assault* fazia com que eles se sentissem parte da batalha, como se estivessem eles mesmos na praia de Omaha. Entre esse grupo, 61% definiram a temática de Segunda Guerra Mundial como o fator mais importante para sua preferência pelo jogo, enquanto no outro grupo as temáticas dos jogos eram o mais importante para apenas 17% dos participantes.[44]

Entre o grupo de fãs de *Medal of Honor* e *Call of Duty*, 63% dos jogadores afirmavam aprender História nos jogos, com alguns apontando detalhes específicos como armas, locais e datas, e outros citando a experiência como um todo. Sobre aprender com os jogos, um dos entrevistados afirmou:

> Antes de *Call of Duty*, eu não conseguia fazer com que ele [meu filho] se interessasse pela Segunda Guerra Mundial. Agora ele é um aluno nota A em História na escola e adora ler e ouvir minhas histórias sobre a Segunda Guerra Mundial. Para mim, ele pega as páginas impressas em preto e branco de um livro e as traduz em um ambiente tridimensional interativo. Não há melhor maneira de "experimentar" a Segunda Guerra Mundial.[45]

A imersão é importante para os jogadores, e o crescente realismo gráfico dos jogos contribui para o sentimento de estar "experimentando o combate real", ainda que do conforto de suas poltronas. Nos últimos anos, os avanços tecnológicos no que concerne às capacidades de processamento dos componentes de computadores e consoles conferem aos jogos um grau de "fidelidade visual" inimaginável com os jogos tridimensionais de quinze ou vinte anos atrás. Quando observamos, por exemplo, as representações da invasão da praia de Omaha de dois jogos criados em épocas distintas – *Medal of Honor: Allied Assault*, de 2002, e *Call of Duty: WW2*, lançado 15 anos depois –, reconhecemos facilmente o quanto o design gráfico dos jogos eletrônicos evoluiu no sentido de contribuir para a imersão dos jogadores nas cenas de combate.

Em geral, os jogadores entrevistados apontam que seu "respeito pelos soldados da Segunda Guerra" aumentou após os jogos, e a maioria desses jogadores fazem parte dos autoproclamados conservadores. Se, por um lado, ter um olhar positivo sobre os militares não é uma adesão automática ao conservadorismo, as últimas décadas fizeram com que as coisas seguissem esse caminho, especialmente depois de guerras que causaram fissuras tão evidentes na sociedade estadunidense como a do Vietnã e a do Iraque. E ainda que os dados sejam poucos, a pesquisa de Penney nos dá algumas noções qualitativas de como esses jogos impactam seus jogadores, ou ao menos aqueles que mais se interessam por sua temática.

Tradicionalmente, as percepções a respeito das guerras por parte do público civil não combatente costumam ser moldadas por filmes, músicas, séries de TV e memórias. Contudo, com a crescente busca por realismo (e consequente imersão) no mundo dos jogos – especialmente em casos em que há participação militar real com consultoria, incentivo ou ainda propaganda escancarada, como os mencionados –, essas percepções mudam de patamar. Além disso, ao contrário das outras mídias citadas em que o espectador é um sujeito mais passivo, no caso dos jogos, ele se torna muito mais ativo, ou pelo menos tem essa sensação, já que, no decorrer do jogo, acredita estar tomando decisões a cada passo.

Conclusão

> *"Quem controla a narrativa, controla a história. Essa é uma mensagem poderosa. Os que a ignoram permanecerão cegos para a manipulação dos outros, mas os que a aceitarem [...] serão capazes de questionar o abuso da autoridade e assumir o controle do seu destino."*
>
> Ray Raphael[1]

> *"Apenas os mortos viram o fim da guerra."*
>
> George Santayana[2]

Do conforto de nossas poltronas em tempos de paz quase 80 anos após a invasão da Normandia, é dificílimo imaginar o horror de ser enviado no amanhecer de um dia nublado sobre um mar agitado para encarar o fogo de metralhadoras e rifles alemães defendendo a ideologia mais perversa que a humanidade gerou, sabendo da possibilidade de morrer antes mesmo de conseguir entrar em ação. Nem o mais realista dos filmes, nem o mais imersivo dos jogos, nem o mais detalhado relato de um ex-combatente pode nos dar uma noção do que é estar em uma situação como essa. Quando George A. Taylor, em plena invasão da praia de Omaha, disse a seus homens que existiam apenas "dois tipos de pessoas que ficam nesta praia: as que estão mortas e as que vão morrer", como alerta para que não ficassem parados mostrando-se alvos fáceis, a frase não era uma hipérbole.

A tática aliada para o estabelecimento de uma cabeça de praia na Normandia havia sido usada pelos mais diversos líderes militares durante incontáveis gerações: enviar mais soldados do que o inimigo seria supostamente capaz de derrotar. Em alguns casos, como a da carga de infantaria de Pickett no terceiro dia da Batalha de Gettysburg, essa tática resultou em derrotas decisivas. Em outros, como no Dia D, foi bem-sucedida.

Quando a mesma tática era empregada pelo Exército Vermelho, com o objetivo de dividir a linha de frente adversária e permitir ataques pelos flancos, era entendida como demonstração de incompetência militar e desdém pela vida humana, supostamente típicos do socialismo. Quando empregada pelas forças aliadas ocidentais na Segunda Guerra Mundial, foi lida com o ato supremo de bravura que salvou o mundo da tirania.

A operação, ainda que possa ter acelerado o fim da guerra na Europa e tenha resultado na libertação da França, tratou os danos causados aos habitantes da Normandia como meros efeitos colaterais. Cidades inteiras como Le Mans, Rennes, Saint-Lô, Flers, Le Havre, lotadas de civis, foram aniquiladas pelos bombardeios aliados que precederam a invasão terrestre, bem pouco eficientes em eliminar as linhas defensivas.

Também é preciso levar em conta – discussão já feita muitas vezes através dos anos tanto pela historiografia quanto nas disputas públicas pelas memórias da Segunda Guerra Mundial – a demora na abertura do segundo *front*, tão requisitado por Stalin. Os críticos aos Aliados ocidentais argumentam que a demora foi proposital para permitir que nazistas e comunistas se destruíssem, e que a abertura só aconteceu de fato quando os Aliados ocidentais entenderam que a derrota alemã era questão de tempo – deixar que a vitória em terra fosse reivindicada apenas pelos soviéticos seria terrível para seus interesses geopolíticos do pós-guerra. Já os defensores dos Aliados argumentam que a invasão era uma operação muito complicada, e fazê-la às pressas acarretaria uma derrota humilhante como havia sido o desastre da invasão de Dieppe em 1942.

Tanto os apologistas quanto os críticos dos Aliados parecem ter razão, uma vez que os argumentos não são exatamente excludentes entre si. Era, de fato, uma invasão muito arriscada que necessitaria de planejamento, e era de fato conveniente aos Estados Unidos e Reino Unido que a Alemanha e a União Soviética se destruíssem o máximo possível e que os louros da vitória não ficassem apenas com o Exército Vermelho e Stalin. Na questão do atraso da invasão, ainda pesaram os interesses britânicos no Mediterrâneo e na manutenção do seu império. Durante a guerra o líder soviético era vendido para o público estadunidense como o simpático *Uncle Joe* (Tio Joe), contudo, dentro do governo não havia ilusões de que a relação entre EUA e URSS pudesse ser melhor após a guerra do que fora anteriormente. O comunismo era e continuaria sendo visto como um dos maiores inimigos, possivelmente o maior, do modelo de democracia representativa liberal estadunidense, ainda que as contingências históricas daquele momento e a *Realpolitik* tenham forçado os Estados Unidos e a União Soviética a se aliar.

A mitificação do Dia D seria tão bem-sucedida que grande parte do mundo – ao menos entre aqueles que sabem o que foi a Segunda Guerra Mundial – esquece ou simplesmente nunca foi informada de que a Batalha de Stalingrado ou a campanha de Kursk, normalmente representada pelos embates em Prokhorovka no dia 12 de julho de 1943, foram pontos de virada muito mais significativos na derrota alemã do que a campanha da Normandia. E poucos dias depois do Dia D, mais precisamente em 22 de junho (para coincidir com o aniversário de três anos da Operação Barbarossa, a invasão do leste pelo Eixo de 1941), os soviéticos dariam início à Operação Bagration, responsável por estraçalhar a linha de frente alemã no leste, destruindo 28 das 34 divisões do Grupo de Exércitos Centro. É possível questionar se esta operação teria sido tão bem-sucedida se os alemães não tivessem que lutar em duas frentes, mas, se levarmos em conta que o sucesso estrondoso da Bagration se deu em apenas dois meses e que ela causou a maior derrota militar da história da Alemanha ocorrida em uma única operação, é difícil crer que os resultados seriam radicalmente diferentes caso o segundo *front* não tivesse sido aberto.

História contrafactual não é História, e discutir sobre o que poderia ter sido não muda o que de fato foi. Os estadunidenses afirmam que a derrota do Dia D teria mergulhado toda a Europa em algum tipo de tirania, nazista ou stalinista, enquanto os defensores do lado soviético alegam que a vitória sobre os alemães era inevitável, mesmo sem o segundo *front*. Contudo, diante do *soft power* estadunidense, a narrativa do Dia D salvador da Europa e do mundo se consolidou sem resistências mais significativas, especialmente após o fim da União Soviética.

É por essas e outras que este livro existe. Entendemos que a mitificação do Dia D transformou esse evento em um ás na manga de governos que buscam instrumentalizar o passado militar dos Estados Unidos todas as vezes que o cenário nacional ou internacional exige.

O Dia D sempre foi entendido como muito importante no esforço de guerra estadunidense, mas, como demonstrado aqui, só ganharia seu ar mitológico bem depois do evento, em um processo iniciado com celebrações de aniversário de pequeno porte, passando pelo lançamento do livro *O mais longo dos dias*, seguido de filme baseado na obra e a visita de Eisenhower nos anos 1960, tendo um arranque no aniversário de 40 anos com a presença e a mensagem de Ronald Reagan, o primeiro presidente estadunidense a comemorar um aniversário do evento *in loco*. O precedente histórico aberto pela administração Reagan, como vimos, inspiraria outros sujeitos, filhos da chamada "a maior das gerações" a agradecer e reconhecer a contribuição da geração de seus pais sob uma visão idealizada e idílica do mundo e do tempo em que eles viveram. Após a era Reagan estabelecer as fundações sólidas da construção do mito, principalmente nomes como Stephen E. Ambrose, Bill Clinton, Tom Brokaw e Steven Spielberg ajudaram a consolidá-lo, contando com a participação de outras figuras proeminentes como Tom Hanks e George W. Bush.

Em questão de alguns anos, quando os poucos sobreviventes do Dia D se forem, restarão apenas seus filhos, netos e bisnetos, e toda uma população carregada de memórias construídas coletivamente sob o jugo implacável de uma memória nacional. Não é possível dizer se o Dia D ainda terá tanto apelo público quanto teve nas últimas décadas, ou se a indústria cultural voltará a se debruçar sobre ele com a intensidade com que o fez nas últimas décadas. O fato é que a apropriação política desse evento incrementou a religião civil estadunidense, que exalta a "virtude do povo dos Estados Unidos" (e exige que ela se manifeste) diante da necessidade do sacrifício. Por ora, o soldado que desembarca na Normandia continua sendo o exemplo derradeiro do soldado-messias, e os aniversários do Dia D continuam sendo usados para estreitar relações com a Otan e amortizar quaisquer conflitos entre suas principais potências. Já a lembrança dos sacrifícios russos depende em boa parte das relações entre Estados Unidos e seus aliados europeus com a Rússia.

Resta continuar lidando de maneira crítica com relação aos esforços de mitificação e apropriação do passado. Afinal, qualquer noção de superioridade, seja racial, seja moral, seja nacional, não passa de mitificação e de um caminho para convencer nações a mergulhar na catástrofe de uma nova guerra.

Notas

Capítulo "A grande cruzada"

1. AMBROSE, Stephen E. *D Day: June 6, 1944: The Climatic Battle of World War II*. New York: Simon & Schuster, 1995, E-book, n.p.
2. WINTERS, Dick; KINGSEED, Cole. *Beyond Band of Brothers: the war memoirs of Major Dick Winters*. New York: Penguin, 2006, E-book.
3. BEEVOR, Antony. *A Segunda Guerra Mundial*. Rio de Janeiro: Record, 2015, p. 415-417.
4. GILBERT, Martin. *A Segunda Guerra Mundial: os 2.174 dias que mudaram o mundo*. Rio de Janeiro: Casa da Palavra, 2014, p. 477.
5. Idem.
6. BEEVOR, Antony. Op. cit., p. 427.
7. GILBERT, Martin. Op. cit., p. 478.
8. Idem, p. 483.
9. BEEVOR, Antony. Op. cit., p. 465.
10. GILBERT, Martin. Op. cit., p. 531.
11. BEEVOR, Antony. Op. cit., p. 469.
12. GILBERT, Martin. Op. cit., p. 491-492.
13. Idem, p. 491.
14. HOLLAND, James. *The Allies strike back, 1941-1943: The war in the West*. New York: Atlantic Monthly Press, 2017, p. 505 (tradução nossa).
15. MUNHOZ, Sidney J. *Guerra Fria: história e historiografia*. Curitiba: Appris, 2020, E-book, n.p.
16. Idem.
17. BEEVOR, Antony. Op. cit., p. 454.
18. Idem, p. 547-548.
19. FERRAZ, Francisco. *A Segunda Guerra Mundial*. São Paulo: Contexto, 2022, p. 112-113.
20. BEEVOR, Antony. Op. cit., p. 564.
21. Idem, p. 632.
22. Idem, p. 633.
23. AMBROSE, Stephen E. Op. cit., n.p.
24. HASTINGS, Max. *Inferno: o mundo em guerra 1939-1945*. Rio de Janeiro: Intrínseca, 2012, p. 551.

[25] BEEVOR, Antony. Op. cit., p. 638.
[26] AMBROSE, Stephen E. Op. cit., n.p.
[27] BEEVOR, Antony. *O Dia D*. São Paulo: Planeta, 2019, p. 17.
[28] Idem, p. 18.
[29] AMBROSE, Stephen E. Op. cit., n.p.
[30] BEEVOR, Antony. *O Dia D*, cit., p. 17.
[31] BERTONHA, João Fábio. *Patton: o herói polêmico da segunda guerra*. São Paulo: Contexto, 2015, p. 64-69.
[32] AMBROSE, Stephen E. Op. cit., n.p.
[33] BEEVOR, Antony. *O Dia D*, cit., p. 15-16.
[34] GILBERT, Martin. Op. cit., p. 660.
[35] AMBROSE, Stephen E. Op. cit., n.p.
[36] Idem.
[37] Idem.
[38] BEEVOR, Antony. *O Dia D*, cit., p. 45.
[39] Idem, p. 49-50.
[40] HASTINGS, Max. Op. cit., p. 559.
[41] AMBROSE, Stephen E. Op. cit., n.p. (tradução nossa).
[42] Idem.
[43] BEEVOR, Antony. *O Dia D*, cit., p. 50.
[44] BEEVOR, Antony. *O Dia D*, cit., p. 50-51.
[45] AMBROSE, Stephen E. Op. cit., n.p.
[46] GILBERT, Martin. Op. cit., p. 662.
[47] HOLMES, Richard. *D-Day Remembered: from the invasion to the liberation of Paris*. London: Andre Deutsch, 2014, p. 20-23.
[48] AMBROSE, Stephen E. Op. cit., n.p. (tradução nossa).
[49] Idem.
[50] BEEVOR, Antony. *O Dia D*, op. cit., p. 66.
[51] AMBROSE, Stephen E. Op. cit., n.p.
[52] BEEVOR, Antony. *O Dia D*, cit., p. 58.

Capítulo "Encontro marcado com o destino"

[1] AMBROSE, Stephen E. *Band of Brothers: companhia de heróis*. Rio de Janeiro: Bertrand Brasil, 2004, E-book, n.p.
[2] Conforme consta na introdução do livro de Webster, escrita por Stephen E. Ambrose. In: WEBSTER, David K. *Parachute Infantry: an American paratrooper's memoir of D-Day and the fall of the Third Reich*. New York: Bantan Dell, 2011, E-book, n.p.
[3] WEBSTER, David K. Op. cit., n.p. (tradução nossa).
[4] HOLLAND, James. *Normandy '44: D-Day and the Battle for France: a new history*. London: Bantam Press, 2019, E-book, n.p. (tradução nossa).
[5] WEBSTER, David K.. Op. cit., n.p. (tradução nossa).
[6] BEEVOR, Antony. *O Dia D*, cit., p. 40.
[7] WEBSTER, David K. Op. cit., n.p. (tradução nossa).
[8] BEEVOR, Antony. *O Dia D*, cit., p. 37-38.
[9] GARDNER, Ian; DAY, Roger. *Tonight we die as men: the untold story of Third Battalion 506 Parachute Infantry Regiment from Toccoa to D-Day*. New York: Osprey Publishing, 2010, p. 113-114 (tradução nossa).
[10] Idem, p. 131.
[11] LEE, Eloise. Here's The Chilling Letter General Eisenhower Drafted In Case The Nazis Won On D-Day. *Insider*, 2012 (tradução nossa). Disponível em: <https://www.businessinsider.com/d-day-in-case-of-failure-letter-by-general-eisenhower-2012-6>. Acesso em: 20 out. 2022.
[12] EISENHOWER, Dwight D. General Dwight D. Eisenhower's Order of the Day (1944). *National Archives*, 2022, n.p. Disponível em: <https://www.archives.gov/milestone-documents/general-eisenhowers-order-of-the-day>. Acesso em: 23 set. 2022 (tradução nossa).
[13] Idem (tradução nossa).
[14] GILBERT, Martin. Op. cit., p. 663.
[15] BEEVOR, Antony. *O Dia D*, cit., p. 64.
[16] WEBSTER, David K. Op. cit., n.p. (tradução nossa).

[17] BEEVOR, Antony. *A Segunda Guerra Mundial*, cit., p. 641.
[18] BEEVOR, Antony. *O Dia D*, cit., p. 66.
[19] AMBROSE, Stephen E. *D Day: June 6, 1944: The Climatic Battle of World War II*, cit., n.p.
[20] HOLMES, Richard. Op. cit., p. 26.
[21] Idem, p. 24.
[22] Idem, p. 28-29.
[23] BEEVOR, Antony. *O Dia D*, cit., p. 74.
[24] Idem, p. 75-76.
[25] Idem, p. 76.
[26] HOLMES, Richard. Op. cit., p. 32-33 (tradução nossa).
[27] BEEVOR, Antony. *O Dia D*, cit., p. 79-80.
[28] Idem, p. 82.
[29] Idem, p. 127.
[30] Idem, p. 85.
[31] Idem, p. 94.
[32] AMBROSE, Stephen E. *D Day: June 6, 1944*, cit., n.p.
[33] HOLMES, Richard. Op. cit., p. 9.
[34] BEEVOR, Antony. *O Dia D*, cit., p. 95-96.
[35] Idem, p. 97.
[36] HOLMES, Richard. Op. cit., p. 36.
[37] BEEVOR, Antony. *O Dia D*, cit., p. 102.
[38] HOLMES, Richard. Op. cit., p. 36-40.
[39] BEEVOR, Antony. *O Dia D*, cit., p. 129.
[40] Idem, p. 130.
[41] HOLMES, Richard. Op. cit., p. 42-44.
[42] BEEVOR, Antony. *O Dia D*, cit., p. 100.
[43] HOLMES, Richard. Op. cit., p. 46.
[44] BEEVOR, Antony. *A Segunda Guerra Mundial*, cit., p. 645.
[45] BAUMGARTEN, Harold. *D-Day Survivor: an autobiography*. Gretna: Pelican Publishing Company, 2006, E-book, n.p.
[46] BEEVOR, Antony. *O Dia D*, cit., p. 106-108.
[47] HASTINGS, Max. Op. cit., p. 554.
[48] BEEVOR, Antony. *O Dia D*, cit., p. 123.
[49] HOLMES, Richard. Op. cit., p. 50.
[50] BEEVOR, Antony. *O Dia D*, cit., p. 112-113.
[51] HOLMES, Richard. Op. cit., p. 50.
[52] HASTINGS, Max. Op. cit., p. 554.
[53] BEEVOR, Antony. *O Dia D*, cit., p. 138.
[54] HOLMES, Richard. Op. cit., p. 52.
[55] Idem, p. 52-54.
[56] BEEVOR, Antony. *O Dia D*, cit., p. 138-140.
[57] AMBROSE, Stephen E. *D Day: June 6, 1944*, cit., n.p.
[58] HOLMES, Richard. Op. cit., p. 54.
[59] BEEVOR, Antony. *O Dia D*, cit., p. 140-141.
[60] HOLMES, Richard. Op. cit., p. 55.
[61] Idem, p. 58-60.
[62] BEEVOR, Antony. *O Dia D*, cit., p. 143.
[63] Idem, p. 143-144.
[64] Idem, p. 146.
[65] HOLMES, Richard. Op. cit., p. 61.
[66] BEEVOR, Antony. *O Dia D*, cit., p. 148-149.
[67] Idem, p. 153.
[68] BEEVOR, Antony. *A Segunda Guerra Mundial*, cit., p. 646-647.
[69] HOLMES, Richard. Op. cit., p. 66.
[70] HASTINGS, Max. Op. cit., p. 556.
[71] DAVIES, Norman. *O levante de 44*. Rio de Janeiro: Record, 2006, p. 296.

[72] AMBROSE, Stephen E. *D Day: June 6, 1944*, cit., n.p.
[73] GILBERT, Martin. Op. cit., p. 663.
[74] HASTINGS, Max. Op. cit., p. 560.
[75] BEEVOR, Antony. *O Dia D*, cit., p. 134.
[76] Idem, p. 135.
[77] Idem, p. 158.
[78] Idem, p. 155-157.
[79] Idem, p. 158.
[80] HASTINGS, Max. Op. cit., p. 556.
[81] WORTMAN, Marc. Romanticizing D-Day ignores thousands of civilian deaths. *Daily Beast*, 2019. Disponível em: <https://www.thedailybeast.com/romanticizing-d-day-ignores-thousands-of-civilian-deaths>. Acesso em: 12 dez. 2022.
[82] GLANTZ, David. M. The Soviet-German War 1941-1945: myths and realities: a survey essay. *Tiger Prints*, 2001. Disponível em: <https://tigerprints.clemson.edu/sti_pubs/217/>. Acesso em: 13 dez. 2022.
[83] MUNHOZ, Sidney J. Op. cit., n.p.

Capítulo "Os messias da cidade sobre a colina"

[1] BELLAH, Robert N. Civil religion in America. *Robert N. Bellah*, 2013. Disponível em: <http://www.robertbellah.com/articles_5.htm>. Acesso em: 29 jun. 2020 (tradução nossa).
[2] HODGSON, Godfrey. *The myth of the American exceptionalism*. New Haven/London: Yale University Press, 2009, p. 1 (tradução nossa).
[3] KENNEDY, John F. Adress of President-elect John F. Kennedy delivered to a joint convention of the General Court of the Commonwealth of Massachusetts, January 9, 1961. *John F. Kennedy Presidential Library and museum*, 1961. Disponível em: <https://www.jfklibrary.org/archives/other-resources/john-f-kennedy-speeches/massachusetts-general-court-19610109> Acesso em: 19 jul. 2023 (tradução nossa).
[4] REAGAN, Ronald. Election Eve Address "A Vision for America". *The American Presidency Project*. 1980a. Disponível em: <https://www.presidency.ucsb.edu/documents/election-eve-address-vision-for-america> Aceso em: 19 jul. 2023 (tradução nossa).
[5] HODGSON, Godfrey. Op. cit., p. 10.
[6] RESTAD, Hilde E. *American Exceptionalism: an idea that made a nation and remade the world*. London/New York: Routledge, 2015, p. 3.
[7] Idem, p. 7.
[8] HODGSON, Godfrey. Op. cit., p. 28 (tradução nossa).
[9] Idem, p. 21-22.
[10] ROUSSEAU, J. J. *O contrato social: princípios do direito político*. 3. ed. São Paulo: Martins Fontes, 1999, p. 165-166.
[11] GIRARDET, Raoul. *Mitos e mitologias políticas*. São Paulo: Companhia das Letras, 1987, p. 147.
[12] BELLAH, Robert N. Op. cit., n.p. (tradução nossa).
[13] SQUIERS, Anthony. *The politics of the sacred in America: the role of civil religion in political practice*. New York: Springer, 2018, p. 20 (tradução nossa).
[14] BELLAH, Robert N. Op. cit., n.p. (tradução nossa).
[15] Idem, n.p.
[16] Idem, n.p.
[17] LINCOLN, A. The Gettysburg Address. *Cornell University*, 2013. Disponível em: <https://rmc.library.cornell.edu/gettysburg/good_cause/transcript.htm#:~:text=President%20Lincoln%20delivered%20the%20272,all%20men%20are%20created%20equal.>. Acesso em: 29 jun. 2020 (tradução nossa).
[18] AMERICAN Battlefield Trust. Civil War Casualties. *American Battlefield Trust*, s.d. Disponível em: <https://www.battlefields.org/learn/articles/civil-war-casualties>. Acesso em: 12 nov. 2020.
[19] HABERSKI Jr., Raymond. *God and War: American civil religion since 1945*. New Brunswick/New Jersey/London: Rutgers University Press, 2012, p. 11 (tradução nossa).
[20] Idem, p. 12.
[21] G.I. é uma sigla usada especificamente para se referir a militares dos Estados Unidos. Por uma questão didática, traduziremos a sigla por *soldado*, que não apenas é uma tradução correta, como também é um termo mais facilmente identificável pelo público geral.
[22] EBEL, Jonathan H. *G.I. Messiahs: soldiering, war and American civil religion*. New Haven: Yale University Press, 2015, p. 7 (tradução nossa).

²³ GIRARDET, Raoul. Op. cit., p. 88.
²⁴ HARARI, Yuval N. *The ultimate experience: battlefield revelations and the making of modern war culture, 1450-2000*. New York: Palgrave Macmillan, 2008, p. 29 (tradução nossa).
²⁵ LOWE, Keith. *Prisoners of History: what monuments to the Second World War tell us about our history and ourselves*. London: William Collins, 2020, E-book, n.p. (tradução nossa).
²⁶ Idem (tradução nossa).
²⁷ Idem.
²⁸ MOSSE, George L. *Fallen soldiers: reshaping the memory of the World Wars*. New York: Oxford University Press, 1991, p. 7 (tradução nossa).
²⁹ Idem, p. 17-18.
³⁰ Idem, p. 18.
³¹ Idem (tradução nossa).
³² Idem, p. 18-19 (tradução nossa).
³³ HARARI, Yuval N. Op. cit., p. 1.
³⁴ Idem, p. 21.
³⁵ Idem, p. 22 (tradução nossa).
³⁶ RAMSAY, Neil. "A lively school of writing": George Gleig, Moyle Sherer and the romantic military memoir. In: DWYER, Philip. G. (ed). *War Stories: The war memoir in History and Literature*. New York/Oxford: Berghahn Books, 2017, E-book, n.p. (tradução nossa).
³⁷ DWYER, Philip. Making sense of the muddle: war memoirs and the culture of remembering. In: _____. *War Stories: The war memoir in History and Literature*. New York/Oxford: Berghahn Books, 2017, E-book.
³⁸ HARARI, Yuval N. Op. cit., p. 25.
³⁹ DWYER, Philip. Op. cit.
⁴⁰ DOLSKI, Michael R.; EDWARDS, Sam; BUCKLEY, John. Introduction. In: _____ (ed). *D-Day in History and Memory: the Normandy landings in international remembrance and commemoration*. Denton: University of North Texas Press, 2014, E-book, n.p. (tradução nossa).
⁴¹ DWYER, Philip. Op. cit.
⁴² RAPHAEL, Ray. *Mitos sobre a fundação dos Estados Unidos: a verdadeira história da independência norte-americana*. Rio de Janeiro: Civilização Brasileira, 2006, p. 298.
⁴³ Como explica o capítulo 8 da obra de Raphael (Op. cit., p. 165-168).
⁴⁴ JOHNSON, Chalmers. *As aflições do império*. Rio de Janeiro: Record, 2007, p. 57.
⁴⁵ Idem, p. 51.
⁴⁶ Idem, p. 57.
⁴⁷ JEFFERSON, Thomas. "Thomas Jefferson to James Monroe, 19 June 1813". *Founders Online*. Disponível em: <https://founders.archives.gov/documents/Jefferson/03-06-02-0188>. Acesso em: 3 jul. 2018 (tradução nossa).
⁴⁸ LEWIS, Adrian. *The American culture of war: the history of U.S. Military Force from World War II to Operation Iraqi Freedom*. New York: Routledge, 2007, p. 11 (tradução nossa).
⁴⁹ Idem, p. 9.
⁵⁰ CHOMSKY, Noam. *Controle da mídia: os espetaculares feitos da propaganda*. Rio de Janeiro: Graphia, 2003, p. 11.
⁵¹ *Minutemen* era o nome dado aos colonos das 13 colônias que se organizavam em milícias para lutar contra os soldados britânicos durante o processo de independência dos Estados Unidos.
⁵² LEWIS, Adrian. Op. cit., p. 21 (tradução nossa).
⁵³ Idem, p. 16-17 (tradução nossa).
⁵⁴ EBEL, Jonathan H. Op. cit., p. 7 (tradução nossa).
⁵⁵ Idem.
⁵⁶ STEPHENSON, Michael. *The last full measure: how soldiers die in battle*. New York: Crown Publishers, 2016, E-book, n.p.
⁵⁷ BRINKLEY, Douglas. *The boys of Pointe Du Hoc: Ronald Reagan, D-Day and the U.S. Army 2nd Ranger Battalion*. New York: Harper Perennial, 2005, p. 148 (tradução nossa).
⁵⁸ GIRARDET, Raoul. Op. cit., p. 80-81.
⁵⁹ Idem, p. 81.
⁶⁰ Idem, p. 83.

⁶¹ ATWOOD, Paul L. *War and Empire: the American Way of Life*. London: Pluto Press, 2010, p. XII (tradução nossa).
⁶² KELLNER, Douglas. *A cultura da mídia: estudos culturais – identidade e política entre o moderno e o pós-moderno*. Bauru: Edusc, 2001, p. 9.
⁶³ LEWIS, Adrian. Op. cit., p. 5-6 (tradução nossa).
⁶⁴ LINENTHAL, Edward T. *Sacred ground: the Americans and their battlefields*. Chicago: University of Illinois Press, 1993, p. 5.
⁶⁵ KELLNER, Douglas. Op. cit., p. 256.
⁶⁶ CHOMSKY, Noam. *O que o Tio Sam realmente quer*. Brasília: Ed. UnB, 1999, p. 81-83.
⁶⁷ KARNAL, Leandro et al. *História dos Estados Unidos: das origens ao século XXI*. 2. ed. São Paulo: Contexto, 2010, p. 271.
⁶⁸ KELLNER, Douglas. Op. cit., p. 268.
⁶⁹ LEMBCKE, Jerry. *The spitting image: myth, memory, and the legacy of Vietnam*. New York/London: New York University Press, 1998, p. 3 (tradução nossa).
⁷⁰ Idem, p. 6 (tradução nossa).
⁷¹ Idem (tradução nossa).
⁷² Idem, p. 9 (tradução nossa).
⁷³ KELLNER, Douglas. Op. cit., p. 270.
⁷⁴ CHOMSKY, Noam. *Controle da mídia*, cit., p. 23.

Capítulo "O mito da 'boa guerra'"

¹ WEBSTER, David K. Op. cit., n.p. (tradução nossa).
² BODNAR, John. *The "good war" in American Memory*. Baltimore: Johns Hopkins University Press, 2010, p. 8.
³ GIRARDET, Raoul. Op. cit., p. 82.
⁴ Cf. ATWOOD, Paul L. Op. cit.; PAULWELS, Jacques R. *The myth of the good war: America in the Second World War*. 2. ed. Toronto: James Lorimer & Company, 2015; ROSE, Kenneth D. *Myth and the Greatest Generation: a social history of Americans in World War II*. New York: Routledge, 2008; BODNAR, John. Op. cit.
⁵ ATWOOD, Paul L. Op. cit., p. 139.
⁶ Idem, p. 143.
⁷ Sobre o papel do racismo na guerra no Pacífico, cf: DOWER, John. W. *War without Mercy: race and power in the Pacific War*. New York: Pantheon Books, 1986.
⁸ PAULWELS, Jacques R. Op. cit., p. 82.
⁹ Idem, p. 82-83.
¹⁰ ATWOOD, Paul L. Op. cit., p. 126-127. Sobre as atrocidades japonesas na Ásia, cf: HARRIS, Sheldon H. *Factories of Death: Japanese Biological Warfare, 1932-1945, and the American Cover-Up*. 2. ed. New York/London: Routledge, 2002; YOSHIAKI, Yoshimi. *Comfort Women: Sexual Slavery in the Japanese Military During World War II*. 2. ed. New York: Columbia University Press, 2002; CHANG, Iris. *The Rape of Nanking: The Forgotten Holocaust of World War II*. New York: Basic Books, 2011; NORMA, Caroline. *The Japanese Comfort Women and Sexual Slavery during the China and Pacific Wars*. London: Bloomsbury Academic, 2016; TANAKA, Yuki. *Japan's Comfort Women: Sexual Slavery and Prostitution during World War II and the US Occupation*. New York/London: Routledge, 2002.
¹¹ ROOSEVELT, Franklin D. The Four Freedoms. *American Rethoric*, 2021. Disponível em: <https://www.americanrhetoric.com/speeches/fdrthefourfreedoms.htm>. Acesso em: 6 out. 2022 (tradução nossa).
¹² ATWOOD, Paul L. Op. cit., p. 1 (tradução nossa).
¹³ PAULWELS, Jacques R. Op. cit., p. 31.
¹⁴ Idem, p. 32.
¹⁵ TOOZE, Adam. *O preço da destruição: construção e ruína da economia alemã*. Rio de Janeiro: Record, 2013, p. 135.
¹⁶ Idem.
¹⁷ Idem, p. 136.

[18] PAULWELS, Jacques R. Op. cit., p. 32.
[19] Idem, p. 33.
[20] Idem, p. 32-33.
[21] Sobre o papel da IBM no Holocausto, cf: BLACK, Edwin. *IBM and the Holocaust: the strategic alliance between Nazi Germany and America's most powerful corporation*. New York: Crown Publishers, 2001.
[22] PAULWELS, Jacques R. Op. cit., p. 37-38.
[23] ATWOOD, Paul L. Op. cit., p. 144.
[24] ENCICLOPÉDIA do Holocausto. United States Holocaust Memorial Museum. A viagem do "St. Louis". Disponível em: <https://encyclopedia.ushmm.org/content/pt-br/article/voyage-of-the-st-louis-1>. Acesso em: 10 out. 2022.
[25] PAULWELS, Jacques R. Op. cit., p. 39.
[26] ATWOOD, Paul L. Op. cit., p. 144.
[27] ROSE, Kenneth D. Op. cit., n.p. (tradução nossa).
[28] Idem, n.p. (tradução nossa).
[29] ATWOOD, Paul L. Op. cit., p. 125 (tradução nossa).
[30] Idem, p. 144 (tradução nossa).
[31] PAULWELS, Jacques R. Op. cit., p. 39.
[32] ATWOOD, Paul L. Op. cit., p. 137.
[33] TOOZE, Adam. Op. cit., p. 119.
[34] Idem.
[35] Idem, p. 121.
[36] Idem, p. 122.
[37] PAULWELS, Jacques R. Op. cit., p. 59.
[38] ATWOOD, Paul L. Op. cit., p. 137 (tradução nossa).
[39] BODNAR, John. Op. cit., p. 1 (tradução nossa).
[40] Idem, p. 10.
[41] Idem, p. 14.
[42] PAULWELS, Jacques R. Op. cit., p. 22-23 (tradução nossa).
[43] ROSE, Kenneth D. Op. cit., n.p. (tradução nossa).
[44] Idem n.p. (tradução nossa).
[45] Idem n.p. (tradução nossa).
[46] PAULWELS, Jacques R. op. cit., p. 2 (tradução nossa).
[47] BODNAR, Jonh. Op. cit, p. 26 (tradução nossa).
[48] Idem, p. 166 (tradução nossa).
[49] GALANTE, Alexandre. US Navy nomeia porta-aviões em homenagem a Doris Miller, herói da Segunda Guerra Mundial. *Poder Naval*, 2020. Disponível em: <https://www.naval.com.br/blog/2020/01/21/us-navy-nomeia-porta-avioes-em-homenagem-a-doris-miller-heroi-da-segunda-guerra-mundial/>. Acesso em: 13 out. 2022.
[50] McMANUS, John. *The Deadly Brotherhood: The American combat soldier in World War II*. New York: Ballantine Books, 2003, E-book.
[51] BODNAR, Jonh. Op. cit., p. 199 (tradução nossa).

Capítulo "O soldado real"
[1] GRAY, J. Glenn. *The Warriors: reflections of men in battle*. Lincoln/London: University of Nevada Press, 1998, p. 24 (tradução nossa).
[2] FUSSELL, Paul. *Wartime: understanding and behavior in the Second World War*. New York: Oxford University Press, 1989, E-book, n.p. (tradução nossa).
[3] BODNAR, Jonh. Op. cit., p. 56.
[4] KEEGAN, John. *A face da batalha*. Rio de Janeiro: Biblioteca do Exército, 2000, p. 51.
[5] McMANUS, John. Op. cit., n.p. (tradução nossa).
[6] FUSSELL, Paul. Op. cit., n.p. (tradução nossa).
[7] ROSE, Kenneth D. Op. cit., n.p. (tradução nossa).
[8] FUSSELL, Paul. Op. cit., n.p. (tradução nossa).
[9] WINTERS, Dick; KINGSEED, Cole. *Op. cit.*, n.p. (tradução nossa).
[10] Idem, n.p. (tradução nossa).

[11] *Foxhole* é, literalmente, "buraco de raposa" ou "toca de raposa", um buraco cavado no chão pelos soldados para ficarem mais protegidos em posições que precisam ser defendidas, podendo também ser crateras causadas por artilharia usadas com essa finalidade. No entanto, o termo é comumente traduzido como "trincheira". Uma vez que a imagem de uma trincheira no senso comum costuma ser construída a partir de fotos e filmes sobre a Primeira Guerra Mundial – e levando em conta que as trincheiras da Segunda Guerra são bastante diferentes –, decidimos usar o termo original para evitar confusões.
[12] WEBSTER, David K. Op. cit., n.p. (tradução nossa).
[13] Idem, n.p. (tradução nossa).
[14] ROSE, Kenneth D. Op. cit., n.p. (tradução nossa).
[15] Idem, n.p. (tradução nossa).
[16] Idem, n.p. (tradução nossa).
[17] McMANUS, John. Op. cit., n.p. (tradução nossa).
[18] WINTERS, Dick; KINGSEED, Cole. Op. cit., n.p. (tradução nossa).
[19] HYNES, Samuel. *The Soldier's Tale: bearing witness to modern war*. New York: Penguin Books, 1997, p. 9 (tradução nossa).
[20] GRAY, J. Glenn. Op. cit., p. 40 (tradução nossa).
[21] Idem, p. 42.
[22] Idem, p. 44.
[23] HYNES, Samuel. Op. cit., p. 10 (tradução nossa).
[24] NEITZEL, Sönke; WELZER, Harald. *Soldados: sobre lutar, matar e morrer*. São Paulo: Companhia das Letras, 2014, p. 23-24.
[25] Idem, p. 26.
[26] Idem, p. 35.
[27] Idem, p. 37.
[28] Idem, p. 34-35.
[29] Idem, p. 37.
[30] Idem, p. 43-45.
[31] Idem, p. 116-117.
[32] SLEDGE, E. B. *With the Old Breed at Peleliu and Okinawa*. New York: Ballantine Books, 2007, E-book, n.p. (tradução nossa).
[33] Idem.
[34] Sobre a trajetória de Doss, cf: DOSS, Frances M. *Soldado desarmado: o herói que resgatou até o último homem*. Tatuí: Casa Publicadora Brasileira, 2016.
[35] SLEDGE, E. B. Op., cit., n.p. (tradução nossa).
[36] McMANUS, John. Op. cit.
[37] FUSSELL, Paul. Op. cit.
[38] McMANUS, John. Op. cit.
[39] FUSSELL, Paul. Op. cit., n.p. (tradução nossa).
[40] Idem, n.p. (tradução nossa).
[41] Idem, n.p. (tradução nossa).
[42] GROSSMAN, Dave. *Matar!: um estudo sobre o ato de matar e o preço cobrado do combatente e da sociedade*. Rio de Janeiro: Biblioteca do Exército, 2007, p. 88-89.
[43] ROSE, Kenneth D. Op. cit., n.p. (tradução nossa).
[44] FANTINA, Robert. *Desertion and the American soldier, 1776-2006*. New York: Algora Publishing, 2006, n.p. (tradução nossa).
[45] BODNAR, Jonh. Op. cit., p. 22.
[46] FUSSELL, Paul. Op. cit., n.p.
[47] WEBSTER, David K. Op. cit., n.p. (tradução nossa).
[48] GRAY, J. Glenn. Op. cit., p. 61 (tradução nossa).
[49] Idem, p. 71 (tradução nossa).
[50] ARMY Information Branch, A.S.F. *A pocket guide to France*, 1944. Disponível em: <https://lib.digitalnc.org/record/26304>. Acesso em: 14 out. 2022, p. 19-20.
[51] GRAY, J. Glenn. Op. cit., p. 71 (tradução nossa).
[52] ARMY, Op. cit., p. 20 (tradução nossa).
[53] Idem.
[54] AMBROSE, Stephen E. *D Day: June 6, 1944*. cit., n.p.

55 BODNAR, Jonh. Op. cit., p. 30.
56 ARMY, Op. cit., p. 17 (tradução nossa).
57 Idem.
58 ROSE, Kenneth D. Op. cit., n.p.
59 FUSSELL, Paul. Op. cit.
60 ARMY, op. cit., p. 16 (tradução nossa).
61 WEBSTER, David K. Op. cit.
62 Idem, n.p. (tradução nossa).
63 DWYER, Philip. Op. cit., n.p. (tradução nossa).
64 Idem n.p. (tradução nossa).
65 WINTER, Jay. War memoirs, witnessing and silence. In: DWYER, Philip. G. (ed). *War Stories: The war memoir in History and Literature*. New York/Oxford: Berghahn Books, 2017, E-book.
66 Idem, n.p. (tradução nossa).
67 DOLSKI, Michael R.; EDWARDS, Sam; BUCKLEY, John. Op. cit.
68 MENESES, U. T. B. de. A História, Cativa da Memória? Para um Mapeamento da Memória no Campo das Ciências Sociais. *Revista do Instituto de Estudos Brasileiros*, São Paulo, n. 34, p. 9-23. dez. 1992, p. 15.
69 Idem.
70 LANDSBERG, Alison. *Prosthetic Memory: The transformation of American remembrance in the age of mass culture*. New York: Columbia University Press, 2004, p. 25-26.
71 WINTER, Jay. *Remembering War: The Great War between Memory and History in the twentieth century*. New Haven/London: Yale University Press, 2006, p. 2 (tradução nossa).

Capítulo "O Dia D após o 6 de junho"

1 ROSE, Kenneth D. Op. cit., n.p. (tradução nossa).
2 ROOSEVELT, Franklin D. A "Mighty Endeavor:" D-Day. *Franklin D. Roosevelt Presidential Library and Museum*, n.p. Disponível em: <https://www.fdrlibrary.org/d-day#:~:text=Almighty%20God%3A%20Our%20sons%2C%20pride,hearts%2C%20steadfastness%20in%20their%20faith.>. Acesso em: 20 out. 2022 (tradução nossa).
3 Idem, n.p. (tradução nossa).
4 Idem, n.p. (tradução nossa).
5 Idem, n.p. (tradução nossa).
6 DOLSKI, Michael R.; EDWARDS, Sam; BUCKLEY, John. Op. cit.
7 Idem.
8 DELANEY, Kate. The Many Meanings of D-Day. *European journal of American studies*, p. 1-9, 7 fev. 2012. Disponível em: <https://journals.openedition.org/ejas/9544>. Acesso em: 9 dez. 2022.
9 DOLSKI, Michael R.; EDWARDS, Sam; BUCKLEY, John. Op. cit.
10 Para uma explicação mais aprofundada sobre as desavenças entre os líderes aliados e De Gaulle, cf: BEEVOR, Antony. *O Dia D*, cit.,.
11 DOLSKI, Michael R.; EDWARDS, Sam; BUCKLEY, John. Op. cit.
12 O *Memorial Day* foi um feriado criado originalmente para lembrar dos mortos da Guerra de Secessão, tendo sido comemorado pela primeira vez em 1868. Depois, foi estendido a todos os militares que morreram a serviço das forças armadas. Originalmente ele era comemorado no dia 30 de maio, mas hoje é comemorado na última segunda-feira do mês de maio nos Estados Unidos. Cf: LIBRARY of Congress. Today in History: May 30. Disponível em: <https://www.loc.gov/item/today-in-history/may-30/>. Acesso em: 20 out. 2022.
13 DOLSKI, Michael R. "Portal of Liberation": D-Day Myth as American Self-Afirmation. In: _____; EDWARDS, Sam; BUCKLEY, John (ed). *D-Day in History and Memory: The Normandy landings in international remembrance and commemoration*. Denton: University of North Texas Press, 2014, E-book, n.p. (tradução nossa).
14 "Operação Netuno" é o nome dado à fase marítima da Operação Overlord, incluindo aí o desembarque nas praias em 6 de junho de 1944.
15 ROGERS, Kyle. D-Day 75th Anniversary – The Bedford Boys. *The Uncommon Wealth*, 2019. Disponível em: <https://uncommonwealth.virginiamemory.com/blog/2019/06/05/d-day-75th-anniversary-the-bedford-boys/>. Acesso em: 20 out. 2022.
16 DOLSKI, Michael R. Op. cit., n.p. (tradução nossa).

[17] LYNCH, Angela. D-Day through the decades: 1954 commemoration. *The National D-Day Memorial*, 2014. Disponível em: <https://www.dday.org/2014/01/14/d-day-through-the-decades-1954-commemoration/>. Acesso em: 20 out. 2022.
[18] DOLSKI, Michael R. Op. cit.
[19] LYNCH, Angela. Op. cit.
[20] DELANEY, Kate. op. cit.
[21] Idem, n.p. (tradução nossa).
[22] LYNCH, Angela. Op. cit., n.p. (tradução nossa).
[23] DOLSKI, Michael R. Op. cit.
[24] Idem.
[25] BOOKS: Love Before D-Day. *Time*, 1955. Disponível em <https://content.time.com/time/subscriber/article/0,33009,807462,00.html> Acesso em: 6 ago. 2023.
[26] O DIA D. Direção de Henry Koster. Produção de Charles Brackett. Estados Unidos: 20th Century Fox, 1956.
[27] TIME. "Cinema: The New Pictures", 18 jun. 1956. *Time*, 1956. Disponível em: <https://content.time.com/time/subscriber/article/0,33009,862276,00.html>. Acesso em: 6 ago. 2023 (tradução nossa).
[28] CROWTHER, Bosley. Screen: War Through a Rosy Lens; 'D-Day, Sixth of June,' or Love in London Robert Taylor Stars in Film at Roxy The Cast. *The New York Times*, 1956. Disponível em: <https://www.nytimes.com/1956/05/30/archives/screen-war-through-a-rosy-lens-dday-sixth-of-june-or-love-in-london.html>. Acesso em: 6 ago. 2023 (tradução nossa).
[29] VARIETY Staff. "D-Day: The Sixth of June", 1955. Disponível em: <https://variety.com/1955/film/reviews/d-day-the-sixth-of-june-1200418073/>. Acesso em: 6 ago. 2023 (tradução nossa).
[30] VARIETY Staff. "D-Day: The Sixth of June", 1955. Disponível em: <https://variety.com/1955/film/reviews/d-day-the-sixth-of-june-1200418073/> Acesso em: 6 ago. 2023. (tradução nossa).
[31] IMDB. "The Longest Day". Disponível em: <https://www.imdb.com/title/tt0056197/>. Acesso em: 26 nov. 2022.
[32] TIME. "Cinema: Operation Overblown", 1962. Disponível em: <https://content.time.com/time/subscriber/article/0,33009,827910-1,00.html>. Acesso em: 26 nov. 2022.
[33] O MAIS longo dos dias. Direção de Ken Annakin, Andrew Marton e Bernhard Wicki. Produção de Darryl F. Zanuck. Estados Unidos: 20th Century-Fox, 1962.
[34] Idem.
[35] FULLER, Samuel; FULLER, Christa L.; RUDES, Jerome H. *A third face: my tale of writing, fighting, and filmmaking*. New York: Applause Theatre & Cinema Books, 2002, E-book, n.p.
[36] EBERT, Roger. 'All war stories are told by survivors': An interview with Samuel Fuller. *RogerEbert.com*, 1980. Disponível em <https://www.rogerebert.com/interviews/all-war-stories-are-told-by-survivors-an-interview-with-samuel-fuller> Acesso em: 4 ago. 2023 (tradução nossa).
[37] AGONIA e glória. Direção de Samuel Fuller. Produção de Lorimar. Estados Unidos: United Artists, 1980.
[38] Idem.
[39] FULLER, Samuel; FULLER, Christa L.; RUDES, Jerome H. Op. cit., n.p.
[40] PAINTON, Frederick. D-Day: Daisies from the Killing Ground. *Time*, v. 123, n. 22, p. 29, maio 1984 (tradução nossa).
[41] FULLER, Samuel; FULLER, Christa L.; RUDES, Jerome H. Op. cit., n.p. (tradução nossa).
[42] Idem.
[43] EBERT, Roger. Op. cit. (tradução nossa).
[44] SCHICKEL, Richard. Op. cit. (tradução nossa).
[45] TIME. "Cinema: Best of 1980", cit. (tradução nossa).
[46] BRADSHAW, Peter. The Big Red One. *The Guardian*, 2005. Disponível em <https://www.theguardian.com/theguardian/2005/apr/29/5>. Acesso em: 4 ago. 2023 (tradução nossa).
[47] PAINTON, Frederick. Op. cit. (tradução nossa).
[48] NELAN, Bruce W. Ike's invasion. *Time*, v. 143, n. 23, p. 42, jun. 1994 (tradução nossa).
[49] Idem (tradução nossa).
[50] FULLER, Samuel; FULLER, Christa L.; RUDES, Jerome H. Op. cit., n.p. (tradução nossa).
[51] EBERT, Roger. Op. cit. (tradução nossa).
[52] FULLER, Samuel; FULLER, Christa L.; RUDES, Jerome H. Op. cit., n.p. (tradução nossa).
[53] EBERT, Roger. Op. cit. (tradução nossa).

⁵⁴ BRINKLEY, Douglas. Op. cit., p. 100 (tradução nossa).
⁵⁵ BULLINGER, Johnathan M. *Reagan's "Boys" and the Children of the Greatest Generation*: U.S. World War II Memory, 1984 and Beyond. New York: Routledge, 2020, E-book.
⁵⁶ BRINKLEY, Douglas. Op. cit., p. 100.
⁵⁷ THE NEW YORK Times Magazine. "Eisenhower recalls the ordeal of D-Day assault 20 years ago", 1964, n.p. Disponível em: <https://www.nytimes.com/1964/06/06/archives/eisenhower-recalls-the-ordeal-of-dday-assault-20-years-ago.html>. Acesso em: 21 set. 2022 (tradução nossa).
⁵⁸ DOLSKI, Michael R.; EDWARDS, Sam; BUCKLEY, John. Op. cit.
⁵⁹ CBS NEWS. "His Grandfather's war: David Eisenhower on the general and D-Day", 2019. Disponível em: <https://www.cbsnews.com/news/general-dwight-david-eisenhower-and-d-day/>. Acesso em: 21 set. 2022.
⁶⁰ DOLSKI, Michael R.; EDWARDS, Sam; BUCKLEY, John. Op. cit.
⁶¹ NATIONAL D-Day Memorial. "D-Day through the decades: 1974 commemoration", 2014. Disponível em: <https://www.dday.org/2014/01/14/d-day-through-the-decades-1954-commemoration/>. Acesso em: 20 out. 2022.
⁶² CARTER, Jimmy. Normandy, France remarks of the President and President Giscard d'Estaing on visiting the site of the D-Day Landings. *The American Presidency Project*, 1978, n.p. Disponível em: <https://www.presidency.ucsb.edu/documents/normandy-france-remarks-the-president-and-president-giscard-destaing-visiting-the-site-the>. Acesso em: 21 set. 2022 (tradução nossa).

Capítulo "Rangers, Reagan e religião civil"

¹ NOONAN, Peggy. *What I saw at the revolution*: a political life in the Reagan era. New York: Random House, 1990, p. 83 (tradução nossa).
² NEW YORK HISTORICAL SOCIETY. Presidential ad: "It's Morning Again in America" Ronald Reagan (R) v Walter Mondale (D) [1984–PRIDE], 2020. Disponível em: <https://www.youtube.com/watch?v=pUMqic2IcWA>. Acesso em: 29 jul. 2023 (tradução nossa).
³ THE AMERICAN Presidency Project, 1980. Disponível em: <https://www.presidency.ucsb.edu/statistics/elections/1980>. Acesso em: 22 set. 2022.
⁴ FEUERHEAD, Peter. Jimmy Carter and the Meaning of Malaise. *JSTOR Daily*, 2018. Disponível em: <https://daily.jstor.org/jimmy-carter-and-the-meaning-of-malaise/>. Acesso em: 29 set. 2022.
⁵ Idem, p. 84-85.
⁶ VETERANS of Foreign Wars. "About Us".. Disponível em: <https://vfw.org/about-us>. Acesso em: 22 set. 2022 (tradução nossa).
⁷ REAGAN, Ronald. Peace: Restoring the Margin of Safety. *Ronald Reagan Presidential Library & Museum*, 1980b. Disponível em: <https://www.reaganlibrary.gov/archives/speech/peace-restoring-margin-safety>. Acesso em: 22 set. 2022 (tradução nossa).
⁸ Idem (tradução nossa).
⁹ Idem (tradução nossa).
¹⁰ BODNAR, Jonh. Op. cit., p. 60.
¹¹ Idem, p. 62.
¹² GIRARDET, Raoul. Op. cit., p. 105.
¹³ Idem, p. 98 (tradução nossa).
¹⁴ BRINKLEY, Douglas. Op. cit., p. 3 (tradução nossa).
¹⁵ Idem (tradução nossa).
¹⁶ Idem.
¹⁷ REAGAN, Ronald. *Peace*, cit., n.p. (tradução nossa).
¹⁸ BRINKLEY, Douglas. Op. cit., p. 102 (tradução nossa).
¹⁹ REAGAN, Ronald. Radio Address to the Nation of the Trip to Europe. *Ronald Reagan Presidential Library & Museum*, 1982a. Disponível em: <https://www.reaganlibrary.gov/archives/speech/radio-address-nation-trip-europe>. Acesso em: 21 set. 2022 (tradução nossa).
²⁰ Idem.
²¹ Idem (tradução nossa).
²² Idem (tradução nossa).
²³ DELANEY, Kate. Op. cit., n.p. (tradução nossa).

[24] REAGAN, Ronald. Remarks Commemorating the 38th Anniversary of the Normandy Invasion, D-Day. *Ronald Reagan Presidential Library & Museum*, 1982b, n.p. Disponível em: <https://www.reaganlibrary.gov/archives/speech/remarks-commemorating-38th-anniversary-normandy-invasion-d-day>. Acesso em: 21 set. 2022 (tradução nossa).

[25] DOWNING, Taylor. *1983: Reagan, Andropov and a World on the Brink*. New York: Di Capo Press, 2018; McLAUGHLIN, Daniel. US-Russia relations face a new age of uncertainty. *The Irish Times*, 2017. Disponível em: <https://www.irishtimes.com/news/world/us-russia-relations-face-a-new-age-of-uncertainty-1.3049157>. Acesso em: 21 set. 2022.

[26] Idem.
[27] Idem.
[28] Idem.
[29] Idem (tradução nossa).
[30] Idem.
[31] Idem.

[32] KAPLAN, Fred. Apocalypse averted: the world came much closer to a nuclear war than we realized in 1983. *Slate*, 2021. Disponível em: <https://slate.com/news-and-politics/2021/02/able-archer-nuclear-war-reagan.html>. Acesso em: 21 set. 2022.

[33] NATIONAL Security Archive. "President's Foreign Intelligence Advisory Board. The Soviet "War Scare", 2015. Disponível em: <https://nsarchive.gwu.edu/document/21038-4-pfiab-report-2012-0238-mr>. Acesso em: 21 set. 2022 (tradução nossa).

[34] RONALD Reagan Presidential Library & Museum. Public Papers of Ronald Reagan June 1983. Disponível em: <https://www.reaganlibrary.gov/archives/speech/public-papers-ronald-reagan-june-1983>. Acesso em: 21 set. 2022.

[35] BRINKLEY, Douglas. Op. cit., p. 8 (tradução nossa).
[36] Idem, p. 139.
[37] Idem, p. 177 (tradução nossa).
[38] MORROW, Lance. June 6, 1944. *Time*, v. 123, n. 22, p. 10-11, maio 1984 (tradução nossa).
[39] FRIEDRICH, Otto. Every man was a hero. *Time*, v. 123, n. 22, p. 12-27, maio 1984 (tradução nossa).
[40] BRINKLEY, Douglas. Op. cit., p. 120.
[41] Idem, p. 124.
[42] NOONAN, Peggy. Op. cit., p. 83-84 (tradução nossa).
[43] GIRARDET, Raoul. Op. cit., p. 180.
[44] NOONAN, Peggy. Op. cit., p. 86.
[45] Idem, p. 87.

[46] REAGAN, Ronald. Remarks at a Ceremony Commemorating the 40th Anniversary of the Normandy Invasion, D-Day. Ronald Reagan Presidential Library & Museum, 1984a. Disponível em: <https://www.reaganlibrary.gov/archives/speech/remarks-ceremony-commemorating-40th-anniversary-normandy-invasion-d-day>. Acesso em: 29 set. 2022.

[47] NOONAN, Peggy. Op. cit., p. 87.
[48] BRINKLEY, Douglas. Op. cit., p. 181.

[49] REAGAN, Ronald. Remarks at a Ceremony Commemorating the 40th Anniversary of the Normandy Invasion, cit. (tradução nossa). No original: "Europe was enslaved, and the world prayed for its rescue. Here in Normandy the rescue began".

[50] Idem (tradução nossa).
[51] LINENTHAL, Edward. Op. cit., p. 5 (tradução nossa).
[52] REAGAN, Ronald. Remarks at a Ceremony Commemorating the 40th Anniversary of the Normandy Invasion, cit.op (tradução nossa).
[53] Idem.
[54] Idem.
[55] GIRARDET, Raoul. Op. cit., p. 149 (tradução nossa).
[56] REAGAN, Ronald. Remarks at a Ceremony Commemorating the 40th Anniversary of the Normandy Invasion, cit. (tradução nossa).
[57] Idem.
[58] Idem.
[59] Idem.

⁶⁰ Idem.
⁶¹ Idem.
⁶² NOONAN, Peggy. Op. cit., p. 89 (tradução nossa).
⁶³ Idem.
⁶⁴ Idem.
⁶⁵ BRINKLEY, Douglas. Op. cit., p. 159-160.
⁶⁶ Idem, p. 160-161 (tradução nossa).
⁶⁷ Idem, p. 162 (tradução nossa).
⁶⁸ REAGAN, Ronald. Union, cit.
⁶⁹ BRINKLEY, Douglas. Op. cit., p. 175 (tradução nossa).
⁷⁰ REAGAN, Remarks at a Ceremony Commemorating the 40th Anniversary of the Normandy Invasion, cit. (tradução nossa).
⁷¹ Idem (tradução nossa).
⁷² Idem (tradução nossa).
⁷³ Idem (tradução nossa).
⁷⁴ Idem (tradução nossa).
⁷⁵ Idem (tradução nossa).
⁷⁶ DELANEY, Kate. Op. cit.
⁷⁷ APPLE JR., R.W. New stirrings of patriotism. *The New York Times Magazine*, 1983. Disponível em: <https://www.nytimes.com/1983/12/11/magazine/new-stirrings-of-patriotism.html>. Acesso em: 21 set. 2022.
⁷⁸ BRINKLEY, Douglas. Op. cit., p. 6.
⁷⁹ Idem, p. 11-12.
⁸⁰ Idem, p. 6.
⁸¹ Idem, p. 7 (tradução nossa).
⁸² Idem, p. 9 (tradução nossa).
⁸³ Idem.
⁸⁴ BROKAW, Tom. *The Greatest Generation*. New York: Random House, 2000, E-book, n.p. (tradução nossa).
⁸⁵ BRINKLEY, Douglas. Op. cit., p. 10-11.
⁸⁶ DELANEY, Kate. Op. cit.
⁸⁷ ATLAS of U.S. Presidential Elections. 1984 Presidential General Election Results, 1984. Disponível em: <https://uselectionatlas.org/RESULTS/index.html>. Acesso em: 30 set. 2022.
⁸⁸ PHELPS, Jordyn. With Normandy visit, Trump continues presidential pilgrimage begun by Reagan. *ABC News*, 2019. Disponível em: <https://abcnews.go.com/Politics/normandy-visit-trump-continues-presidential-pilgrimage-begun-reagan/story?id=63323590>. Acesso em: 22 set. 2022.
⁸⁹ FORDHAM, Evie. Biden snubs D-Day's 77th anniversary, angering veterans. *Fox News*, 2021. Disponível em: <https://www.foxnews.com/politics/president-biden-d-day-77th-anniversary-veterans-angry>. Acesso em: 22 set. 2022.
⁹⁰ Idem.
⁹¹ BETZ, Bradford. President Biden issues end-of-day statement honoring 78th anniversary of D-Day. *Fox News*, 2022. Disponível em: < https://www.foxnews.com/politics/biden-white-house-anniversary-d-day-normandy >. Acesso em: 22 set. 2022.

Capítulo "A maior das mitificações"

¹ FILMSISNOW Movie Bloopers & Extras. Saving Private Ryan (1998) Behind the scenes of Steven Spielberg WWII Movie 2021. Disponível em: <https://www.youtube.com/watch?v=c-M1klmXjqI>. Acesso em: 14 dez. 2022 (tradução nossa).
² BULLINGER, Johnathan M. Op. cit.
³ Idem.
⁴ AMBROSE, Stephen E. *Band of Brothers: companhia de heróis*, cit.
⁵ Idem.
⁶ Idem.
⁷ BULLINGER, Johnathan M. Op. cit.

[8] Idem.
[9] C-SPAN. "Booknotes. D-Day: June 6", 1944, 1994. Disponível em: <https://www.c-span.org/video/?57267-1/historian-stephen-ambrose-discusses-d-day-june-6-1944>. Acesso em: 6 dez. 2022 (tradução nossa).
[10] AMBROSE, Stephen E. *D Day: June 6, 1944*, cit., n.p. (tradução nossa).
[11] Idem (tradução nossa).
[12] Idem (tradução nossa).
[13] Idem (tradução nossa).
[14] WINTERS, Dick; KINGSEED, Cole. Op. Op. cit., n.p. (tradução nossa).
[15] BAUMGARTEN, Harold. Op. cit., n.p. (tradução nossa).
[16] NOLA. "A War Story: The history of the National World War II Museum in New Orleans", 2019. Disponível em: <https://www.nola.com/300/article_8dadb6df-bcfe-56ce-ba8f-ff92c0551a8a.html>. Acesso em: 9 dez. 2022.
[17] BULLINGER, Johnathan M. Op. (tradução nossa).
[18] NOLA. Op. cit.
[19] BULLINGER, Johnathan M. Op. cit., n.p. (tradução nossa).
[20] Idem, n.p. (tradução nossa).
[21] FUKUYAMA, Francis. *O fim da história e o último homem*. Rio de Janeiro: Rocco, 1992.
[22] HUNTINGTON, Samuel. *O choque das civilizações e a cecomposição da Nova Ordem Mundial*. Rio de Janeiro: Objetiva, 1997.
[23] BULLINGER, Johnathan M. Op. cit., n.p. (tradução nossa).
[24] Idem.
[25] Idem.
[26] NELAN, Bruce W. Op. cit. (tradução nossa).
[27] MARANISS, David. Clinton's life shaped by early turmoil. *The Washington Post*, 1992. Disponível em: <https://www.washingtonpost.com/archive/politics/1992/01/26/clintons-life-shaped-by-early-turmoil/a013a130-f462-4266-824d-2de0e9dbf7cb/>. Acesso em: 9 dez. 2022.
[28] DEVROY, Ann. Clinton Honors D-Day Sacrifice. *The Washington Post*, 1994. Disponível em: <https://www.washingtonpost.com/archive/politics/1994/06/07/clinton-honors-d-day-sacrifice/de2aa6cf-0016-4487-b730-fd54203ac05e/>. Acesso em: 6 dez. 2022.
[29] BRODER, John M. 'They Gave Us Our World,' Clinton Says of D-Day GIs: Europe: He speaks at U.S. cemetery in Normandy on 50th anniversary of landings. But veterans are true stars of tableau; he asks them to stand and he applauds them. *Los Angeles Times*, 1994. Disponível em: <https://www.latimes.com/archives/la-xpm-1994-06-07-mn-3478-story.html>. Acesso em: 6 dez. 2022.
[30] BULLINGER, Johnathan M. Op. cit.
[31] LIU, Eric. The Message of D-Day. *The Atlantic*, 2014. Disponível em: <https://www.theatlantic.com/politics/archive/2014/06/d-dayforever/371993/>. Acesso em: 6 dez. 2022 (tradução nossa).
[32] CLINTON, Bill. Remarks on the 50th Anniversary of D-Day at Pointe du Hoc in Normandy, France. *The American Presidency Project*, 1994. Disponível em: <https://www.presidency.ucsb.edu/documents/remarks-the-50th-anniversary-d-day-pointe-du-hoc-normandy-france>. Acesso em: 6 dez. 2022 (tradução nossa).
[33] Idem (tradução nossa).
[34] Idem (tradução nossa).
[35] Idem (tradução nossa).
[36] Idem (tradução nossa).
[37] Idem (tradução nossa).
[38] Idem (tradução nossa).
[39] Idem (tradução nossa).
[40] LIU, Eric. Op. cit., n.p. (tradução nossa).
[41] CLINTON, Bill. Op. cit., n.p. (tradução nossa).
[42] Idem (tradução nossa).
[43] Idem (tradução nossa).
[44] Idem (tradução nossa).

⁴⁵ Idem (tradução nossa).
⁴⁶ Idem (tradução nossa).
⁴⁷ DEVROY, Ann. Op. cit.
⁴⁸ BAUMGARTEN, Harold. Op. cit., n.p. (tradução nossa).
⁴⁹ STONE, Andrea. 'These men saved the world': Veterans cry for dead and themselves. *USA Today*, 1994. Disponível em: <https://www.usatoday.com/story/news/nation/2022/09/07/d-day-50th-anniversary-veterans/7939418001/?gnt-cfr=1>. Acesso em: 8 dez. 2022 (tradução nossa).
⁵⁰ ILSE, Jess. Milestones of a Monarch: The Queen marks the 50th anniversary of D-Day. *Royal Central*, 2022. Disponível em: <https://royalcentral.co.uk/uk/milestones-of-a-monarch-the-queen-marks-the-50th-anniversary-of-d-day-174187/>. Acesso em: 8 dez. 2022 (tradução nossa).
⁵¹ LIU, Eric. Op. cit., n.p. (tradução nossa).
⁵² DEVROY, Ann. Op. cit., n.p. (tradução nossa).
⁵³ BULLINGER, Johnathan M. Op. cit., n.p. (tradução nossa).
⁵⁴ BROKAW, Tom. Op. cit.
⁵⁵ Idem (tradução nossa).
⁵⁶ Idem (tradução nossa).
⁵⁷ Idem (tradução nossa).
⁵⁸ Idem (tradução nossa).
⁵⁹ BULLINGER, Johnathan M. Op. cit., n.p. (tradução nossa).
⁶⁰ Idem.
⁶¹ BROKAW, Tom. Op. cit., n.p. (tradução nossa).
⁶² PRUITT, Sarah. 8 Most Contentious US Presidential Elections. *History*, 2020. Disponível em: <https://www.history.com/news/most-contentious-u-s-presidential-elections>. Acesso em: 10 dez. 2022.
⁶³ BUSH, George W. Remarks by the President at Dedication of the National D-Day Memorial. *The White House - President George W. Bush*, 2001. Disponível em: <https://georgewbush-whitehouse.archives.gov/news/releases/2001/06/20010606-2.html>. Acesso em: 10 dez. 2022 (tradução nossa).
⁶⁴ Idem (tradução nossa).
⁶⁵ Idem (tradução nossa).
⁶⁶ Idem (tradução nossa).
⁶⁷ SANGER, David E. Bush honors D-Day troops at dedication of memorial. *The New York Times*, 2001,. Disponível em: <https://www.nytimes.com/2001/06/07/us/bush-honors-d-day-troops-at-dedication-of-memorial.html>. Acesso em: 10 dez. 2022 (tradução nossa).
⁶⁸ VOGEL, Steve. 'You have raised a fitting memorial'. *The Washington Post*, 2001. Disponível em: <https://www.washingtonpost.com/archive/politics/2001/06/07/you-have-raised-a-fitting-memorial/3771f751-a3fe-4979-912a-449e9eb17f45/>. Acesso em: 10 dez. 2022.
⁶⁹ ASSOCIATED PRESS. Leaders honor D-Day veterans in Normandy. *NBC News*, 2001. Disponível em: <https://www.nbcnews.com/id/wbna5144550>. Acesso em: 10 dez. 2022 (tradução nossa).
⁷⁰ NEUMAN, Johanna. Former President Reagan Dies at 93. *Los Angeles Times*, 2004. Disponível em: <https://web.archive.org/web/20131027024205/https://latimes.com/news/obituaries/la-reagan,0,2289200.story>. Acesso em: 10 dez. 2022.
⁷¹ BRINKLEY, Douglas. Op. cit., p. 218 (tradução nossa).
⁷² Idem, p. 221 (tradução nossa).
⁷³ BUSH, George W. Remarks on the 60th Anniversary of D-Day in Colleville-sur-Mer. *The White House - President George W. Bush*, 2004b. Disponível em: <https://georgewbush-whitehouse.archives.gov/news/releases/2004/06/20040606.html>. Acesso em: 10 dez. 2022 (tradução nossa).
⁷⁴ Idem, n.p.
⁷⁵ Idem.
⁷⁶ *Blockbuster* (algo como "arrasa-quarteirão" em tradução livre) é um termo que se refere a filmes e livros produzidos com o intuito de atingir grande público e performar grande sucesso comercial. O conceito teria surgido a partir do sucesso estrondoso de *Tubarão* (1975), dirigido pelo próprio Spielberg em um de seus primeiros trabalhos, e surge do fato de as filas para as exibições do filme darem voltas nas quadras em que estão os cinemas.

Capítulo "Dia D *blockbuster*"

1. EBERT, Roger. Op., cit.
2. WEINRAUB, Bernard. Film: Steven Spielberg Faces the Holocaust. *The New York Times*, 1993. Disponível em: <https://archive.nytimes.com/www.nytimes.com/books/97/06/15/reviews/spielberg-holocaust.html>. Acesso em: 9 jun 2022.
3. Idem.
4. McBRIDE, Joseph. *Steven Spielberg*: a biography. 2. ed. Jackson: University Press of Mississippi, 2010, p. 424-425.
5. WEI, Tian; YANI, Yang. Interview with Thomas Keneally, author of 'Schindler's Ark'. *CGTN*, 2017. Disponível em: <https://news.cgtn.com/news/3d497a4e3541444e/index.html>. Acesso em: 9 jun. 2022 (tradução nossa).
6. Idem.
7. McBRIDE, Joseph. Op. cit., p. 424 (tradução nossa).
8. Idem, p. 416.
9. EBERT, Roger. Empire of the Sun. RogerEbert.com, 1987. Disponível em: <https://www.rogerebert.com/reviews/empire-of-the-sun-1987>. Acesso em: 22 ago. 2022 (tradução nossa). (tradução nossa).
10. HINSON, Hal. Empire of the Sun. *Washington Post*, 1987. Disponível em: <https://www.washingtonpost.com/wp-srv/style/longterm/movies/videos/empireofthesunpghinson_a0a8cf.htm>. Acesso em: 22 ago. 2022 (tradução nossa).
11. McBRIDE, Joseph. Op. cit., p. 429.
12. WEINRAUB, Bernard. Op. cit.
13. McBRIDE, Joseph. op. cit., p. 431.
14. FORSBERG, Myra. Spielberg at 40: the man and the child. *New York Times Books*, 1988. Disponível em: <https://archive.nytimes.com/www.nytimes.com/books/97/06/15/reviews/spielberg-turns40.html>. Acesso em: 22 ago 2022 (tradução nossa).
15. Idem, n.p. (tradução nossa).
16. McBRIDE, Joseph. Op. cit., p. 435 (tradução nossa).
17. APPELO, Tim. Bill Clinton on "Schindler's List". *Entertainment Weekly*, 1993. Disponível em: <https://ew.com/article/1993/12/17/bill-clinton-schindlers-list/>. Acesso em: 9 jun. 2022 (tradução nossa).
18. SPIELBERG, Steven. Steven Spielberg Wins Best Directing: 1994 Oscars, 2008. Disponível em: <https://www.youtube.com/watch?v=7bRNEZVNVSs>. Acesso em: 9 jun. 2022 (tradução nossa).
19. McBRIDE, Joseph. Op. cit., p. 416.
20. Idem, p. 441.
21. LaPORTE, Nicole. *The men who would be king: an almost epic tale of moguls, movies, and a company called DreamWorks*. New York: Houghton Mifflin Harocurt, 2010, E-book., n.p.
22. McBRIDE, Joseph. Op. cit., p. 444.
23. TAYLOR, Drew. The Disney Renaissance Didn't Happen Because of Jeffrey Katzenberg; It Happened In Spite of Him. *Collider*, 2020. Disponível em: <https://collider.com/jeffrey-katzenberg-disney-renaissance-impact-influence-explained/>. Acesso em: 20 ago 2022.
24. RUSSEL, James. *Generation X-Box: how videogames invaded Hollywood*. East Sussex: Yellow Ant, 2012, n.p.
25. LaPORTE, Nicole. Op. cit., n.p. (tradução nossa). No original: "I felt very strongly that this is a story they should know about [...]. And my other children should know about it, too. It was a very emotional story to tell".
26. Idem, n.p. (tradução nossa).
27. Idem.
28. Idem.
29. TOPEL, Fred. Tom Hanks once said the 'Saving Private Ryan' cast would sleep in the grass between takes. Cheat Sheet, 2021. Disponível em: <https://www.cheatsheet.com/entertainment/tom-hanks-saving-private-ryan-cast-sleep-in-the-grass.html/>. Acesso em: 23 ago 2022 (tradução nossa).
30. GIPSON, Johnell. Tom Hanks says 'Saving Private Ryan' was an 'Uncomfortable movie to make'; 'It was a very, very tactile experience'. *Cheatsheet*, 2020. Disponível em: <https://www.cheatsheet.com/entertainment/tom-hanks-says-saving-private-ryan-was-an-uncomfortable-movie-to-make-it-was-a-very-very-tactile-experience.html/>. Acesso em: 23 ago. 2022 (tradução nossa).
31. Idem, n.p.
32. LaPORTE, Nicole. Op. cit.

[33] McBRIDE, Joseph. Op. cit., p. 463-464.
[34] Idem, p. 464.
[35] BULLINGER, Johnathan M. Op. cit.
[36] McBRIDE, Joseph. Op. cit, p. 461.
[37] Idem, n.p.
[38] BULLINGER, Johnathan M. Op. cit.
[39] O RESGATE do soldado Ryan. Direção: Steven Spielberg. Produção: Steven Spielberg, Ian Bryce, Mark Gordon e Gary Levinsohn. Estados Unidos: DreamWorks SKG e Paramount Pictures, 1998. (100m44s).
[40] Idem, (159min43s).
[41] LaPORTE, Nicole. Op. cit.
[42] EBERT, Roger. Saving Private Ryan. RogerEbert.com, 1998. Disponível em: <https://www.rogerebert.com/reviews/saving-private-ryan-1998>. Acesso em: 13 dez. 2022 cit. (tradução nossa).
[43] HUNTER, Stephen. Spielberg's War: It's Hell. *Washington Post*, 1998. Disponível em: <https://www.washingtonpost.com/wp-srv/style/movies/reviews/savingprivateryanhunter.htm>. Acesso em: 13 dez. 2022 (tradução nossa).
[44] Idem, n.p. (tradução nossa).
[45] MASLIN, Janet. Panoramic and personal visions of war's anguish. *The New York Times*, 1998. Disponível em: <https://www.nytimes.com/1998/07/24/movies/film-review-panoramic-and-personal-visions-of-war-s-anguish.html>. Acesso em: 13 dez. 2022 (tradução nossa).
[46] SCHMICH, Mary. Spielberg movie helps us save part of ourselves. *Chicago Tribune*, 1998. Disponível em: <https://www.chicagotribune.com/news/ct-xpm-1998-08-02-9808020188-story.html>. Acesso em: 8 dez. 2022 (tradução nossa).
[47] Idem, n.p. (tradução nossa).
[48] THOMAS, William. Saving Private Ryan review. *Empire*, 2000. Disponível em: <https://www.empireonline.com/movies/reviews/saving-private-ryan-review/>. Acesso em: 13 dez. 2022 (tradução nossa).
[49] McBRIDE, Joseph. Op. cit., p. 467 (tradução nossa).
[50] SARRIS, Andrew. Who is Spielberg to claim his is the real war? *Observer*, 1998. Disponível em: <https://observer.com/1998/07/who-is-spielberg-to-claim-his-is-the-real-war/>. Acesso em: 13 dez. 2022 (tradução nossa).
[51] FUSSELL, Paul. Uneasy Company. *Slate*, 2001. Disponível em: <https://slate.com/culture/2001/09/uneasy-company.html>. Acesso em: 12 dez. 2022 (tradução nossa).
[52] LABRECQUE, Jeff. D-Day: Saving Private Ryan sent me overseas. What film's done the same for you?. *Entertainment Weekly*, 2011. Disponível em: <https://ew.com/article/2011/06/06/saving-private-ryan-dday/>. Acesso em: 8 dez. 2022 (tradução nossa).
[53] LaPORTE, Nicole. Op. cit.
[54] McBRIDE, Joseph. Op. cit., p. 468.
[55] NATIONAL Endowment for the Humanities. National Humanities Medal. *National Endowment For the Humanities*, 2020. Disponível em: <https://www.neh.gov/taxonomy/term/246?page=0>. Acesso em: 13 dez. 2022.
[56] McBRIDE, Joseph. Op. cit, p. 468 (tradução nossa).
[57] Idem.
[58] BULLINGER, Johnathan M. Op. cit.
[59] WINTERS, Dick; KINGSEED, Cole. Op. cit., n.p. (tradução nossa).
[60] Idem, n.p. (tradução nossa).
[61] Idem, n.p. (tradução nossa).
[62] Idem, n.p. (tradução nossa).
[63] Idem.
[64] *Airborne* é o termo original para se referir aos soldados aerotransportados. O termo, inclusive, aparece por escrito na insígnia da 101ª Divisão Aerotransportada (*Airborne Division*). Nos casos em que o termo aparecer isolado, manteremos a grafia original.
[65] Sacos tristes (*"sad sacks"*, no original) era uma gíria da época para se referir a soldados ineptos ou de pouca competência. Era uma versão mais curta da expressão *sad sack of shit* (saco triste de merda) usada comumente no meio militar.
[66] WINTERS, Dick; KINGSEED, Cole. Op. cit., n.p. (tradução nossa).
[67] O DIA DOS DIAS. In: *BAND of Brothers*. Criação de Steven Spielberg e Tom Hanks. Direção de Richard Loncraine. Estados Unidos, HBO, 2001. 51 min, son., color. Episódio 2. Série exibida pela HBO Max. Acesso em: 15 dez. 2022.

68. WINTERS, Dick; KINGSEED, Cole. op. cit., n.p. (tradução nossa).
69. WEBSTER, David K. Op. cit., n.p. (tradução nossa).
70. JAMES, Caryn. TV Weekend; an intricate tapestry of a heroic age. *The New York Times*, 2001. Disponível em: <https://www.nytimes.com/2001/09/07/movies/tv-weekend-an-intricate-tapestry-of-a-heroic-age.html>. Acesso em: 15 dez. 2022.
71. CLINTON, Paul. Enlist TV for 'Band of Brothers'. *CNN*, 2001. Disponível em: <https://web.archive.org/web/20080321052240/http://archives.cnn.com/2001/SHOWBIZ/TV/09/07/band.brothers/index.html>. Acesso em: 15 dez. 2022 (tradução nossa).
72. FUSSELL, Paul. Uneasy Company, cit., n.p. (tradução nossa).
73. JAMES, Caryn. Op. cit. (tradução nossa).
74. SHALES, Tom. 'Band of Brothers': ragged WWII saga off to a slow march. *The Washington Post*, 2001. Disponível em: <https://www.washingtonpost.com/archive/lifestyle/2001/09/08/band-of-brothers-ragged-wwii-saga-off-to-a-slow-march/4a25b6f3-14f7-49b4-96aa-d1b7fd1d9b86/?noredirect=on>. Acesso em: 15 dez. 2022.
75. LYMAN, Rick. Fewer soldiers march on screen; after attacks, filmmakers weigh wisdom of military stories. *The New York Times*, 2001. Disponível em: <https://www.nytimes.com/2001/10/16/movies/fewer-soldiers-march-onscreen-after-attacks-filmmakers-weigh-wisdom-military.html>. Acesso em: 15 dez. 2022.
76. BEATTY, Sally. HBO's 'Band of Brothers' draws series' smallest audience for finale. *The Wall Street Journal*, 2001. Disponível em: <https://www.wsj.com/articles/SB1005087812651291880>. Acesso em: 15 dez. 2022.

Capítulo "Dia D interativo"

1. BRIGHTON, Terry. *Patton, Montgomery, Rommel: Masters of War*. New York: Crown Publishers, 2009, E-book, n.p.
2. RUSSEL, James. Op. cit.
3. SMITH, Aaron. New Mexico city finds buried treasure of Atari games. *CNN Business*, 2015. Disponível em: <https://money.cnn.com/2015/09/01/technology/atari-et/index.html/>. Acesso em: 15 jun 2022.
4. RUSSEL, James. Op. cit.
5. Idem, n.p. (tradução nossa).
6. Idem (tradução nossa).
7. Idem (tradução nossa).
8. Idem (tradução nossa).
9. RAMSAY, Debra. Brutal Games: Call of Duty and the Cultural Narrative of World War II. *Cinema Journal*, Texas, v. 54, n. 2, p. 96-97, dez./fev. 2015.
10. RUSSEL, James. Op. cit.
11. Idem.
12. Idem.
13. Idem.
14. *Cutscene*, também conhecida como *cinemática*, é uma sequência narrativa previamente roteirizada onde o jogo tira o controle das personagens das mãos do jogador com a finalidade narrativa de contar partes de sua história. Às vezes a *cutscene* pode ser um vídeo de narração com imagens diversas; em outros casos ela pode ser um vídeo com atores reais interpretando personagens; por vezes ela é uma animação 3D com gráficos superiores ao dos momentos do jogo em que o jogador tem o controle, como em uma cena de filme animado; em muitos outros casos, contudo, ela pode ser desenvolvida a partir dos próprios personagens e ambiente tridimensional do jogo, onde não há diferença gráfica entre o ambiente regular do mesmo e o que é mostrado na *cutscene*, exceto pelo fato de o jogador não conseguir controlar sua personagem nesses momentos.
15. MEDAL of Honor. Redwood City, Estados Unidos. *Electronic Arts*, 1999. 1 jogo eletrônico.
16. Idem, n.p.
17. U.S. DEPARTMENT OF DEFENSE. Description of Medals. *U.S. Department of Defense*, s.d.. Disponível em: <https://valor.defense.gov/description-of-awards/>. Acesso em: 01 out. 2022 (tradução nossa).
18. MEDAL. Op. cit.
19. IGN Staff. WWII G.I. *IGN*, 1999. Disponível em: <https://www.ign.com/articles/1999/08/10/wwii-gi>. Acesso em: 15 dez. 2022.
20. RUSSEL, James. Op. cit.
21. Idem, n.p. (tradução nossa).

[22] IGN. Top 100 first-person shooters. *IGN*, s.d., n.p. Disponível em: <https://www.ign.com/lists/shooters/20>. Acesso em: 1º out. 2022 (tradução nossa).
[23] IGN. Top 25 games of all time: complete list. *IGN*, 2002. Disponível em: <https://www.ign.com/articles/2002/01/23/top-25-games-of-all-time-complete-list>. Acesso em: 1º out. 2022.
[24] MEDAL of Honor: Frontline. Redwood City, Estados Unidos. *Electronic Arts*, 2002b. 1 jogo eletrônico.
[25] Idem.
[26] MEDAL of Honor: Allied Assault. Redwood City, Estados Unidos. *Electronic Arts*, 2002a. 1 jogo eletrônico.
[27] AFGuidesHD. Medal of Honor Frontline Gameplay Walkthrough Part 1 - Normandy Landings. 11 dez. 2016 Disponível em: <https://www.youtube.com/watch?v=G7QwlMH1slk>. Acesso em: 1º out. 2022 (tradução nossa).
[28] Idem (tradução nossa).
[29] Idem (tradução nossa).
[30] BEEVOR, Antony. *O Dia D*, cit., p. 118.
[31] CLARKE, B.; ROUFFAER, C.; SÉNÉCHAUD, F. Beyond the Call of Duty: why shouldn't video game players face the same dilemmas as real soldiers? *International Review of the Red Cross*, Genebra, v. 94, n. 886, p. 737, 2012.
[32] IGN. Top 100 first-person shooters, cit. (tradução nossa).
[33] ESA. Essential Facts about the computer and video game industry: 2004 sales, demographics and usage data. *Entertainment Software Association*, 2004, p. 12. Disponível em: <https://pt.scribd.com/document/125494009/ESA-Essential-Facts-2004>. Acesso em: 22 set. 2022.
[34] Idem, p. 5.
[35] ESA. Essential Facts about the computer and video game industry: 2005 sales, demographics and usage data. Entertainment Software Association, 2005, p. 12. Disponível em: <https://pt.scribd.com/document/125495226/ESA-Essential-Facts-2005>. Acesso em: 22 set. 2022.
[36] ESA. Essential Facts about the computer and video game industry: 2006 sales, demographics and usage data. *Entertainment Software Association*, 2006, p. 5. Disponível em: <https://library.princeton.edu/sites/default/files/2006.pdf>. Acesso em: 22 set. 2022.
[37] ESA, Essential Facts about the computer and video game industry: 2004 sales, cit., p. 2.
[38] Idem, p. 3.
[39] Idem (tradução nossa).
[40] Idem, p. 10 (tradução nossa).
[41] BREUER Johannes; FRANK, Ruth; QUANDT, Thorsten. In the army now: narrative elements and realism in military first-person shooters. *DIGRA*, 2011. Disponível em: <http://www.digra.org/digital-library/publications/in-the-army-now-narrative-elements-and-realism-in-military-first-person-shooters/>. Acesso em: 1 nov. 2022.
[42] MACLEOD, Alan. Call of Duty is a government psyop: these documents prove it. *Mint Press News*, 2022. Disponível em: <https://www.mintpressnews.com/call-of-duty-is-a-government-psyop-these-documents-prove-it/282781/>. Acesso em: 14 dez. 2022.
[43] Idem.
[44] PENNEY, Joel. "No better way to 'Experience' World War II". In: HUNTEMANN, Nina B.; PAYNE, Matthew T. (ed) *Joystick soldiers: the politics of play in military video games*. New York: Routledge, 2010, E-book.
[45] Idem, n.p. (tradução nossa).

"Conclusão"

[1] RAPHAEL, Ray. Op. cit., p. 299.
[2] SANTAYANA, George. *Soliloquies in England and later soliloquies*. New York: Charles Scribner's Sons, 1922, E-book, n.p. (tradução nossa).

Referências

Discursos

BUSH, George W. Remarks by the President at Dedication of the National D-Day Memorial. *The White House* – President George W. Bush, 2001. Disponível em: <https://georgewbush-whitehouse.archives.gov/news/releases/2001/06/20010606-2.html>. Acesso em: 10 dez. 2022.

_____. Announcing the Death of Ronald Reagan. *The White House* – President George W. Bush, 2004a. Disponível em: <https://georgewbush-whitehouse.archives.gov/news/releases/2004/06/20040606-1.html>. Acesso em: 10 dez. 2022.

_____. Remarks on the 60th Anniversary of D-Day in Colleville-sur-Mer. *The White House* – President George W. Bush, 2004b. Disponível em: <https://georgewbush-whitehouse.archives.gov/news/releases/2004/06/20040606.html>. Acesso em: 10 dez. 2022.

CARTER, Jimmy. Normandy, France remarks of the President and President Giscard d'Estaing on visiting the site of the D-Day Landings. *The American Presidency Project*, 1978. Disponível em: <https://www.presidency.ucsb.edu/documents/normandy-france-remarks-the-president-and-president-giscard-destaing-visiting-the-site-the>. Acesso em: 21 set. 2022.

CLINTON, Bill. Remarks on the 50th Anniversary of D-Day at Pointe du Hoc in Normandy, France. *The American Presidency Project*, 1994. Disponível em: <https://www.presidency.ucsb.edu/documents/remarks-the-50th-anniversary-d-day-pointe-du-hoc-normandy-france>. Acesso em: 6 dez. 2022.

_____. Remarks on the 50th Anniversary of D-Day at the United States Cemetery in Colleville-sur-Mer, France, 1944. *GovInfo*. Disponível em: <https://www.govinfo.gov/content/pkg/PPP-1994-book1/html/PPP-1994-book1-doc-pg1044.htm>. Acesso em: 6 dez. 2022.

KENNEDY, John F. Adress of President-elect John F. Kennedy delivered to a joint convention of the General Court of the Commonwealth of Massachusetts, January 9, 1961. *John F. Kennedy Presidential Library and museum*. 1961. Disponível em: <https://www.jfklibrary.org/archives/other-resources/john-f-kennedy-speeches/massachusetts-general-court-19610109>. Acesso em: 19 jul. 2023.

LINCOLN, A. The Gettysburg Address. *Cornell University*. 2013. Disponível em: <https://rmc.library.cornell.edu/gettysburg/good_cause/transcript.htm#:~:text=President%20Lincoln%20delivered%20the%20272,all%20men%20are%20created%20equal.>. Acesso em: 29 jun. 2020.

REAGAN, Ronald. Election Eve Address "A Vision for America". *The American Presidency Project*, 1980a. Disponível em: <https://www.presidency.ucsb.edu/documents/election-eve-address-vision-for-america>. Acesso em: 19 jul. 2023.

_____. Peace: Restoring the Margin of Safety. *Ronald Reagan Presidential Library & Museum*, 1980b. Disponível em: <https://www.reaganlibrary.gov/archives/speech/peace-restoring-margin-safety>. Acesso em: 22 set. 2022.

_____. Radio Address to the Nation of the Trip to Europe. *Ronald Reagan Presidential Library & Museum*, 1982a. Disponível em: <https://www.reaganlibrary.gov/archives/speech/radio-address-nation-trip-europe>. Acesso em: 21 set. 2022.

_____. Remarks Commemorating the 38th Anniversary of the Normandy Invasion, D-Day. *Ronald Reagan Presidential Library & Museum*, 1982b. Disponível em: <https://www.reaganlibrary.gov/archives/speech/remarks-commemorating-38th-anniversary-normandy-invasion-d-day>. Acesso em: 21 set. 2022.

_____. Address Before a Joint Session of the Congress Reporting on the State of the Union. *Ronald Reagan Presidential Library & Museum*, 1982c. Disponível em: <https://www.reaganlibrary.gov/archives/speech/address-joint-session-congress-reporting-state-union>. Acesso em: 30 set. 2022.

_____. Remarks at a Ceremony Commemorating the 40th Anniversary of the Normandy Invasion, D-Day. *Ronald Reagan Presidential Library & Museum*, 1984a. Disponível em: <https://www.reaganlibrary.gov/archives/speech/remarks-ceremony-commemorating-40th-anniversary-normandy-invasion-d-day>. Acesso em: 29 set. 2022.

_____. Remarks at a United States-France Ceremony Commemorating the 40th Anniversary of the Normandy Invasion, D-Day. *Ronald Reagan Presidential Library & Museum*, 1984b. Disponível em: <https://www.reaganlibrary.gov/archives/speech/remarks-united-states-france-ceremony-commemorating-40th-anniversary-normandy>. Acesso em: 25 out. 2022.

ROOSEVELT, Franklin D. The Four Freedoms. *American Rethoric*, 2021. Disponível em: <https://www.americanrhetoric.com/speeches/fdrthefourfreedoms.htm>. Acesso em: 06 out 2022.

_____. A "Mighty Endeavor:" D-Day. *Franklin D. Roosevelt Presidential Library and Museum*. Disponível em: <https://www.fdrlibrary.org/d-day#:~:text=Almighty%20God%3A%20Our%20sons%2C%20pride,hearts%2C%20steadfastness%20in%20their%20faith.>. Acesso em: 20 out. 2022.

Revistas impressas

FRIEDRICH, Otto. "Every man was a hero". *Time*, v. 123, n. 22, p. 12-27, maio 1984.
MORROW, Lance. June 6, 1944. *Time*, v. 123, n. 22, p. 10-11, maio 1984.
NELAN, Bruce W. Ike's invasion. *Time*, v. 143, n. 23, p. 42, jun. 1994.
PAINTON, Frederick. D-Day: Daisies from the Killing Ground. *Time*, v. 123, n. 22, p. 28-32, maio 1984.

Documentos online

ARMY Information Branch, A.S.F. *A pocket guide to France*, 1944. Disponível em: <https://lib.digitalnc.org/record/26304>. Acesso em: 14 out. 2022.

EISENHOWER, Dwight D. General Dwight D. Eisenhower's Order of the Day (1944). *National Archives*, 2022. Disponível em: <https://www.archives.gov/milestone-documents/general-eisenhowers-order-of-the-day>. Acesso em: 23 set. 2022.

ESA. Essential Facts about the computer and video game industry: 2004 sales, demographics and usage data. *Entertainment Software Association*, 2004. Disponível em: <https://pt.scribd.com/document/125494009/ESA-Essential-Facts-2004>. Acesso em: 22 set. 2022.

_____. Essential Facts about the computer and video game industry: 2005 sales, demographics and usage data. *Entertainment Software Association*, 2005. Disponível em: <https://pt.scribd.com/document/125495226/ESA-Essential-Facts-2005>. Acesso em: 22 set. 2022.

_____. Essential Facts about the computer and video game industry: 2006 sales, demographics and usage data. *Entertainment Software Association*, 2006. Disponível em: <https://library.princeton.edu/sites/default/files/2006.pdf>. Acesso em: 22 set. 2022.

NATIONAL Security Archive. President's Foreign Intelligence Advisory Board. The Soviet "War Scare". *National Security Archive*, 2015. Disponível em: <https://nsarchive.gwu.edu/document/21038-4-pfiab-report-2012-0238-mr>. Acesso em: 21 set. 2022.

Filmes e séries

AGONIA e Glória. Direção: Samuel Fuller. Produção: Lorimar. Estados Unidos: United Artists, 1980.
BAND of Brothers. Criação: Steven Spielberg e Tom Hanks. Estados Unidos, HBO, 2001. son., color. Série exibida pela HBO Max.

DIA D. Direção: Henry Koster. Produção: Charles Brackett. Estados Unidos: 20th Century Fox, 1956.
O MAIS longo dos dias. Direção: Ken Annakin, Andrew Marton e Bernhard Wicki. Produção: Darryl F. Zanuck. Estados Unidos: 20th Century-Fox, 1962.
O RESGATE do soldado Ryan. Direção: Steven Spielberg. Produção: Steven Spielberg, Ian Bryce, Mark Gordon e Gary Levinsohn. Estados Unidos: DreamWorks SKG e Paramount Pictures, 1998.

Jogos eletrônicos

CALL of Duty. Los Angeles, Estados Unidos. Infinity Ward, 2003. 1 jogo eletrônico.
CALL of Duty 2. Santa Mônica, Estados Unidos. Activision, 2005. 1 jogo eletrônico.
CALL of Duty: WW2. Santa Mônica, Estados Unidos. Activision, 2017. 1 jogo eletrônico.
MEDAL of Honor. Redwood City, Estados Unidos. Electronic Arts, 1999. 1 jogo eletrônico.
MEDAL of Honor: Allied Assault. Redwood City, Estados Unidos. Electronic Arts, 2002a. 1 jogo eletrônico.
MEDAL of Honor: Frontline. Redwood City, Estados Unidos. Electronic Arts, 2002b. 1 jogo eletrônico.

Memórias

BAUMGARTEN, Harold. *D-Day Survivor*: an autobiography. Gretna: Pelican Publishing Company, 2006, E-book.
SLEDGE, E. B. *With the Old Breed at Peleliu and Okinawa*. New York: Ballantine Books, 2007, E-book.
WEBSTER, David K. *Parachute infantry*: an American paratrooper's memoir of D-Day and the fall of the Third Reich. New York: Bentam Dell, 2008. E-book.
WINTERS, Dick; KINGSEED, Cole. *Beyond Band of Brothers*: the war memoirs of Major Dick Winters. New York: Penguin, 2006. E-book.

Bibliografia

AMBROSE, Stephen E. *D Day, June 6, 1944*: The Climatic Battle of World War II. New York: Simon & Schuster, 1995. E-book.
_____. *Band of Brothers*: companhia de heróis. Rio de Janeiro: Bertrand Brasil, 2004. E-book.
_____. *Pegasus Bridge*: June 6, 1944. New York: Simon & Schuster, 2013.
_____. *Crazy Horse and Custer*: The Parallel Lives of Two American Warriors. New York: Open Road Media, 2014.
_____. *Eisenhower Volume 1*: Soldier, General of the Army, President-Elect, 1890-1952. New York: Simon & Schuster, 2014.
_____. *Eisenhower Volume 2*: The President. New York: Simon & Schuster, 2014.
_____. *Nixon*: The Education of a Politician, 1913-1962. New York: Simon & Schuster, 2014.
_____. *Nixon*: The Triumph of a Politician, 1962-1972. New York: Simon & Schuster, 2014.
_____. *Nixon*: Ruin and Recovery, 1973-1990. New York: Simon & Schuster, 2014.
ARMSTRONG, Karen. *Breve história do mito*. São Paulo: Companhia das Letras, 2005.
ATWOOD, Paul L. *War and Empire*: The American Way of Life. London: Pluto Press, 2010.
BEEVOR, Antony. *A Segunda Guerra Mundial*. Rio de Janeiro: Record, 2015.
_____. *O Dia D*. São Paulo: Planeta, 2019.
BERTONHA, João Fábio. *Patton*: o herói polêmico da segunda guerra. São Paulo: Contexto, 2015.
BLACK, Edwin. *IBM and the Holocaust*: the strategic alliance between Nazi Germany and America's most powerful corporation. New York: Crown Publishers, 2001.
BODNAR, John. *The "good war" in American Memory*. Baltimore: Johns Hopkins University Press, 2010.
BOWDEN, Lurlene. *The Replica of the WWII Ration Cook Book*: A Cook Book From The Greatest Generation. Austin: White Bird Publication, 2015.
BRIGHTON, Terry. *Patton, Montgomery, Rommel*: Masters of War. New York: Crown Publishers, 2009. E-book.
BRINKLEY, Douglas. *The boys of Pointe Du Hoc*: Ronald Reagan, D-Day and the U.S. Army 2nd Ranger Battalion. New York: Harper Perennial, 2005.
BROKAW, Tom. *The Greatest Generation*. New York: Random House, 2000, E-book.
_____. *The Greatest Generation speaks*. New York: Random House, 2000.
_____. *An Album of Memories*: Personal histories from the Greatest Generation. New York: Random House, 2002.
BULLINGER, Johnathan M. *Reagan's "Boys" and the Children of the Greatest Generation*: U.S. World War II Memory, 1984 and Beyond. New York: Routledge, 2020, E-book.

CANNON, Lou. *President Reagan*: The Role of a Lifetime. New York: PublicAffairs, 2000.

CARLSON, Elwood. *The Lucky Few*: Between the Greatest Generation and the Baby Boom. Tallahassee: Springer, 2008.

CHANG, Iris. *The Rape of Nanking*: The Forgotten Holocaust of World War II. New York: Basic Books, 2011.

CHOMSKY, Noam. *Controle da mídia*: os espetaculares feitos da propaganda. Rio de Janeiro: Graphia, 2003.

_____. *O que o Tio Sam realmente quer*. Brasília: Ed. UnB, 1999.

CLAUSEWITZ, Carl von. *Da Guerra*. 3. ed. São Paulo: WMF Martins Fontes, 2010.

COGGIOLA, Osvaldo. *A revolução iraniana*. São Paulo: Editora Unesp, 2008.

DAVIES, Norman. *O levante de 44*. Rio de Janeiro: Record, 2006.

DOLSKI, Michael; EDWARDS, Sam; BUCKLEY, John (ed). *D-Day in History and Memory*: The Normandy landings in International Remembrance and Commemoration. Denton: University of North Texas Press, 2014, E-book.

DOSS, Frances M. *Soldado desarmado*: o herói que resgatou até o último homem. Tatuí: Casa Publicadora Brasileira, 2016.

DOWER, John. W. *War without Mercy*: Race and Power in the Pacific War. New York: Pantheon Books, 1986.

DOWNING, Taylor. *1983*: Reagan, Andropov and a World on the Brink. New York: Di Capo Press, 2018. E-book.

DWYER, Philip. G. (ed). *War Stories*: The War Memoir in History and Literature. New York e Oxford: Berghahn Books, 2017. E-book.

EBEL, Jonathan H. *G.I. Messiahs*: Soldiering, War and American Civil Religion. New Haven: Yale University Press, 2015.

FANTINA, Robert. *Desertion and the American Soldier, 1776-2006*. New York: Algora Publishing, 2006.

FERRAZ, Francisco C. *A Segunda Guerra Mundial*. São Paulo: Contexto, 2022.

FUKUYAMA, Francis. *O fim da história e o último homem*. Rio de Janeiro: Rocco, 1992.

FULLER, Samuel; FULLER, Christa L.; RUDES, Jerome H. *A Third Face*: my tale of writing, fighting, and filmmaking. New York: Applause Theatre & Cinema Books, 2002. E-book.

FUSSELL, Paul. *Wartime*: understand and behavior in the Second World War. New York: Oxford University Press, 1989. E-book.

GAMBONE, Michael D. *The Greatest Generation Comes Home*: The Veteran in American Society. College Station: Texas A&M University Press, 2005.

GARDNER, Ian; DAY, Roger. *Tonight We Die as Men*: the untold story of Third Battalion 506 Parachute Infantry Regiment from Toccoa to D-Day. New York: Osprey Publishing, 2010.

GILBERT, Martin. *A Segunda Guerra Mundial*: os 2.174 dias que mudaram o mundo. Rio de Janeiro: Casa da Palavra, 2014.

GIRARDET, Raoul. *Mitos e mitologias políticas*. São Paulo: Companhia das Letras, 1987.

GRAY, J. Glenn. *The Warriors*: reflections of men in battle. Lincoln/London: University of Nevada Press, 1998.

GROSSMAN, Dave. *Matar!*: um estudo sobre o ato de matar e o preço cobrado do combatente e da sociedade. Rio de Janeiro: Biblioteca do Exército, 2007.

HABERSKI Jr., Raymond. *God and War*: American civil religion since 1945. New Brunswick, New Jersey e London: Rutgers University Press, 2012.

HARARI, Yuval N. *The Ultimate Experience*: battlefield revelations and the making of modern war culture, 1450-2000. New York: Palgrave Macmillan, 2008.

HARRIS, Sheldon H. *Factories of Death*: Japanese Biological Warfare, 1932-1945, and the American Cover-Up. 2. ed. New York e London: Routledge, 2002.

HASTINGS, Max. *Inferno*: o mundo em guerra 1939-1945. Rio de Janeiro: Intrínseca, 2012.

HOLLAND, James. *Normandy '44*: D-Day and the Battle for France: a new history. London: Bantam Press, 2019. E-book.

_____. *The Allies Strike Back, 1941-1943*: The war in the West. New York: Atlantic Monthly Press, 2017.

HODGSON, Godfrey. *The Myth of the American Exceptionalism*. New Haven e London: Yale University Press, 2009.

HOLMES, Richard. *D-Day Remembered*: from the invasion to the liberation of Paris. London: Andre Deutsch Books, 2014.

HUNTEMANN, Nina B.; PAYNE, Matthew T. (ed.). *Joystick Soldiers*: the politics of play in military video games. New York: Routledge, 2010. E-book.

HUNTINGTON, Samuel. *O choque das civilizações e a recomposição da Nova Ordem Mundial*. Rio de Janeiro: Objetiva, 1997.

HVAL, Cindy. *War Bonds*: Love Stories from the Greatest Generation. Havertown: Casemate Publishers, 2015.
HYNES, Samuel. *The Soldier's Tale*: bearing witness to modern war. New York: Penguin Books, 1997.
JOHNSON, Chalmers. *As aflições do império*. Rio de Janeiro: Record, 2007.
KARNAL, Leandro et al. *História dos Estados Unidos:* das origens ao século XXI. 2. ed. São Paulo: Contexto, 2010.
KEEGAN, John. *A face da batalha*. Rio de Janeiro: Biblioteca do Exército, 2000.
_____. *Uma história da guerra*. São Paulo: Companhia das Letras, 2006.
KELLNER, Douglas. *A cultura da mídia*: estudos culturais: identidade e política entre o moderno e o pós-moderno. Bauru: Edusc, 2001.
LANDSBERG, Alison. *Prosthetic Memory*: The transformation of American remembrance in the age of mass culture. New York: Columbia University Press, 2004.
LaPORTE, Nicole. *The Men Who Would be King*: an almost epic tale of moguls, movies, and a company called DreamWorks. New York: Houghton Mifflin Harocurt, 2010. E-book.
LEMBCKE, Jerry. *The spitting image*: myth, memory, and the legacy of Vietnam. New York/London: New York University Press, 1998.
LEWIS, Adrian. *The American Culture of War*: the history of U.S. Military Force from World War II to Operation Iraqi Freedom. New York: Routledge, 2007.
LINENTHAL, Edward T. *Sacred Ground*: the Americans and their battlefields. Chicago: University of Illinois Press, 1993.
LOWE, Keith. *Prisoners of History:* what monuments to the Second World War tell us about our history and ourselves. London: William Collins, 2020. E-book.
MASSON, Philippe. *A Segunda Guerra Mundial*: história e estratégias. São Paulo: Contexto, 2010.
McBRIDE, Joseph. *Steven Spielberg*: a biography. 2 ed. Jackson: University Press of Mississippi, 2010.
McMANUS, John. *The Deadly Brotherhood*: The American combat soldier in World War II. New York: Ballantine Books, 2003. E-book.
METTLER, Suzanne. *Soldiers to Citizens*: The G.I. Bill and the Making of the Greatest Generation. Oxford: Oxford University Press, 2007.
MOSSE, George L. *Fallen Soldiers*: reshaping the memory of the World Wars. New York: Oxford University Press, 1991.
MUNHOZ, Sidney J. *Guerra Fria*: história e historiografia. Curitiba: Appris, 2020. E-book.
NEITZEL, Sönke; WELZER, Harald. *Soldados*: sobre lutar, matar e morrer. São Paulo: Companhia das Letras, 2014.
NOONAN, Peggy. *What I Saw at the Revolution*: a political life in the Reagan era. New York: Random House, 1990.
NORMA, Caroline. *The Japanese Comfort Women and Sexual Slavery during the China and Pacific Wars*. London: Bloomsbury Academic, 2016.
OLIVEIRA, Dennison de. *Para entender a Segunda Guerra Mundial*: síntese histórica. Curitiba: Juruá, 2020.
PAULWELS, Jacques R. *The Myth of the Good War*: America in the Second World War. 2 ed. Toronto: James Lorimer & Company LTD., 2015.
PECKHAM, Howard H.; SNYDER, Shirley A. *Letters from the Greatest Generation*: writing home in WWII. Bloomington: Indiana University Press, 2016.
RAPHAEL, Ray. *Mitos sobre a fundação dos Estados Unidos*: a verdadeira história da independência norte-americana. Rio de Janeiro: Civilização Brasileira, 2006.
RESTAD, Hilde E. *American Exceptionalism*: an idea that made a nation and remade the world. London e New York: Routledge, 2015.
ROSE, Kenneth D. *Myth and the Greatest Generation*: a social history of Americans in World War II. New York: Routledge, 2008.
ROUSSEAU, J. J. *O contrato social*: princípios do direito político. 3. ed. Martins Fontes: São Paulo, 1999.
RUSSEL, James. *Generation X-Box*: how videogames invaded Hollywood. East Sussex: Yellow Ant, 2012.
RYAN, Cornelius. *O mais longo dos dias*. Porto Alegre: L&PM, 2013.
SANTAYANA, George. *Soliloquies in England and Later Soliloquies*. New York: Charles Scribner's Sons, 1922. E-book.
SQUIERS, Anthony. *The Politics of the Sacred in America*: the role of civil religion in political practice. New York: Springer, 2018.
STEPHENSON, Michael. *The Last Full Measure*: how soldiers die in battle. New York: Crown Publishers, 2016. E-book. n.p.
TANAKA, Yuki. *Japan's Comfort Women*: Sexual Slavery and Prostitution during World War II and the US Occupation. New York e London: Routledge, 2002.

TOOZE, Adam. *O preço da destruição*: construção e ruína da economia alemã. Rio de Janeiro: Record, 2013.

WINTER, Jay. *Remembering War*: The Great War between Memory and History in the twentieth centurt. New Have e London: Yale University Press, 2006.

YOSHIAKI, Yoshimi. *Comfort Women*: Sexual Slavery in the Japanese Military During World War II. 2 ed. New York: Columbia University Press, 2002.

Artigos de revistas acadêmicas

BREUER Johannes; FRANK, Ruth; QUANDT, Thorsten. In the army now: narrative elements and realism in military first-person shooters. *DIGRA*, 2011. Disponível em: <http://www.digra.org/digital-library/publications/in-the-army-now-narrative-elements-and-realism-in-military-first-person-shooters/>. Acesso em: 1 nov. 2022.

CLARKE, B.; ROUFFAER, C.; SÉNÉCHAUD, F. Beyond the Call of Duty: why shouldn't video game players face the same dilemmas as real soldiers? *International Review of the Red Cross*, Genebra, v. 94, n. 886, p. 711-737, 2012.

DELANEY, Kate. The Many Meanings of D-Day. *European journal of American studies*, p. 1-9, 7 fev. 2012. Disponível em: <https://journals.openedition.org/ejas/9544>. Acesso em: 9 dez. 2022.

HARLOW, Rachel M. Souvenir Battlefields: how presidents use rhetoric of place to shape the American ethos. *American Communication Journal*, Odessa, v. 18, n. 1, p. 45-62, 2016.

MENESES, U. T. B. de. A História, Cativa da Memória? Para um Mapeamento da Memória no Campo das Ciências Sociais. *Revista do Instituto de Estudos Brasileiros*, São Paulo, n. 34, p. 9-23, dez. 1992.

RAMSAY, Debra. Brutal Games: Call of Duty and the Cultural Narrative of World War II. *Cinema Journal*, Texas, v. 54, n. 2, p. 94-113, dez/fev. 2015.

Matérias, notícias, resenhas e documentos on-line

AFGuidesHD. Medal of Honor Frontline Gameplay Walkthrough Part 1 - Normandy Landings, 11 dez. 2016. Disponível em: <https://www.youtube.com/watch?v=G7QwlMH1slk>. Acesso em: 1 out. 2022.

AMERICAN Battlefield Trust. "Civil War Casualties". Disponível em: <https://www.battlefields.org/learn/articles/civil-war-casualties>. Acesso em: 12 nov. 2020.

APPELO, Tim. "Bill Clinton on 'Schindler's List'", 1993. Disponível em: <https://ew.com/article/1993/12/17/bill-clinton-schindlers-list/>. Acesso em: 09 jun. 2022.

APPLE JR., R. W. "New stirrings of patriotism", 1983. Disponível em: <https://www.nytimes.com/1983/12/11/magazine/new-stirrings-of-patriotism.html>. Acesso em: 21 set. 2022.

ASSOCIATED PRESS. "Leaders honor D-Day veterans in Normandy", 2001. Disponível em: <https://www.nbcnews.com/id/wbna5144550>. Acesso em: 10 dez. 2022.

ATLAS of U.S. "Presidential Elections. "Presidential General Election Results", 1984. Disponível em: <https://uselectionatlas.org/RESULTS/index.html>. Acesso em: 30 set. 2022.

BEATTY, Sally. HBO's 'Band of Brothers' draws series' smallest audience for finale. *The Wall Street Journal*, 2001. Disponível em: <https://www.wsj.com/articles/SB1005087812651291880>. Acesso em: 15 dez. 2022.

BELLAH, Robert N. Civil religion in America. *Robert N. Bellah*, 2013. Disponível em: <http://www.robertbellah.com/articles_5.htm>. Acesso em: 29 jun. 2020.

BETZ, Bradford. President Biden issues end-of-day statement honoring 78th anniversary of D-Day. *Fox News*, 2022. Disponível em: <https://www.foxnews.com/politics/biden-white-house-anniversary-d-day-normandy>. Acesso em: 22 set. 2022.

BRADSHAW, Peter. The Big Red One. *The Guardian*, 2005. Disponível em: <https://www.theguardian.com/theguardian/2005/apr/29/5> Acesso em: 4 ago. 2023.

BRODER, John M. 'They Gave Us Our World,' Clinton Says of D-Day GIs: Europe: He speaks at U.S. cemetery in Normandy on 50th anniversary of landings. But veterans are true stars of tableau; he asks them to stand and he applauds them. *Los Angeles Times*, 1994. Disponível em: <https://www.latimes.com/archives/la-xpm-1994-06-07-mn-3478-story.html>. Acesso em: 6 dez. 2022.

C-SPAN. Booknotes. D-Day: June 6, 1944. *C-SPAN*, 1994. Disponível em: <https://www.c-span.org/video/?57267-1/historian-stephen-ambrose-discusses-d-day-june-6-1944>. Acesso em: 6 dez. 2022.

CBS News. "His grandfather's war: David Eisenhower on the general and D-Day", 2019. Disponível em: <https://www.cbsnews.com/news/general-dwight-david-eisenhower-and-d-day/>. Acesso em: 21 set. 2022.

CLINTON, Paul. Enlist TV for 'Band of Brothers'. *CNN*, 2001. Disponível em: <https://web.archive.org/web/20080321052240/http://archives.cnn.com/2001/SHOWBIZ/TV/09/07/band.brothers/index.html>. Acesso em: 15 dez. 2022.

CROWTHER, Bosley. Screen: War Through a Rosy Lens; 'D-Day, Sixth of June,' or Love in London Robert Taylor Stars in Film at Roxy The Cast. *The New York Times*, 1956. Disponível em: <https://www.nytimes.com/1956/05/30/archives/screen-war-through-a-rosy-lens-dday-sixth-of-june-or-love-in-london.html>. Acesso em: 06 ago. 2023.

DEVROY, Ann. Clinton Honors D-Day Sacrifice. *The Washington Post*, 1994. Disponível em: <https://www.washingtonpost.com/archive/politics/1994/06/07/clinton-honors-d-day-sacrifice/de2aa6cf-0016-4487-b730-fd54203ac05e/>. Acesso em: 6 dez. 2022.

EBERT, Roger. 'All war stories are told by survivors': An interview with Samuel Fuller. *RogerEbert.com*, 1980. Disponível em: <https://www.rogerebert.com/interviews/all-war-stories-are-told-by-survivors-an-interview-with-samuel-fuller>. Acesso em: 04 ago. 2023.

_____. Empire of the Sun. *RogerEbert.com*, 1987. Disponível em: <https://www.rogerebert.com/reviews/empire-of-the-sun-1987>. Acesso em: 22 ago. 2022.

_____. Saving Private Ryan. *RogerEbert.com*, 1998. Disponível em: <https://www.rogerebert.com/reviews/saving-private-ryan-1998>. Acesso em: 13 dez. 2022.

_____. War stories, as told by a survivor. *RogerEbert.com*, 2004. Disponível em: <https://www.rogerebert.com/reviews/great-movie-the-big-red-one-1980>. Acesso em: 4 ago. 2023.

ENCICLOPÉDIA do Holocausto. United States Holocaust Memorial Museum. A viagem do "St. Louis". Disponível em: <https://encyclopedia.ushmm.org/content/pt-br/article/voyage-of-the-st-louis-1>. Acesso em: 10 out. 2022.

FEUERHEAD, Peter. Jimmy Carter and the Meaning of Malaise. *JSTOR Daily*, 2018. Disponível em: <https://daily.jstor.org/jimmy-carter-and-the-meaning-of-malaise/>. Acesso em: 29 set. 2022.

FILMSISNOW Movie Bloopers & Extras. Saving Private Ryan (1998) Behind the scenes of Steven Spielberg WWII Movie, 2021. Disponível em: <https://www.youtube.com/watch?v=c-M1klmXjqI>. Acesso em: 14 dez. 2022.

FORDHAM, Evie. Biden snubs D-Day's 77th anniversary, angering veterans. *Fox News*, 2021. Disponível em: <https://www.foxnews.com/politics/president-biden-d-day-77th-anniversary-veterans-angry>. Acesso em: 22 set. 2022.

FORSBERG, Myra. Spielberg at 40: the man and the child. *New York Times Books*, 1988. Disponível em: <https://archive.nytimes.com/www.nytimes.com/books/97/06/15/reviews/spielberg-turns40.html>. Acesso em: 22 ago. 2022.

FRIENDLY, David T. Academy hist racism accusation. *The Times*, 1986. Disponível em: <https://web.archive.org/web/20210905111245/https://www.latimes.com/archives/la-xpm-1986-03-27-ca-1097-story.html>. Acesso em: 9 jun. 2022.

FUSSELL, Paul. Uneasy Company. *Slate*, 2001. Disponível em: <https://slate.com/culture/2001/09/uneasy-company.html>. Acesso em: 12 dez. 2022.

GALANTE, Alexandre. US Navy nomeia porta-aviões em homenagem a Doris Miller, herói da Segunda Guerra Mundial. *Poder Naval*, 2020. Disponível em: <https://www.naval.com.br/blog/2020/01/21/usnavy-nomeia-porta-avioes-em-homenagem-a-doris-miller-heroi-da-segunda-guerra-mundial/>. Acesso em: 13 out. 2022.

GIPSON, Johnell. Tom Hanks says 'Saving Private Ryan' was an 'Unconfortable movie to make' – 'It was a very, very tactile experience'. *Cheatsheet*, 2020. Disponível em: <https://www.cheatsheet.com/entertainment/tom-hanks-says-saving-private-ryan-was-an-uncomfortable-movie-to-make-it-was-a-very-very-tactile-experience.html/>. Acesso em: 23 ago. 2022.

GLANTZ, David. M. The Soviet-German War 1941-1945: myths and realities: a survey essay. *Tiger Prints*, 2001. Disponível em: <https://tigerprints.clemson.edu/sti_pubs/217/>. Acesso em: 13 dez. 2022.

HINSON, Hal. Empire of the Sun. *Washington Post*, 1987. Disponível em: <https://www.washingtonpost.com/wp-srv/style/longterm/movies/videos/empireofthesunpghinson_a0a8cf.htm>. Acesso em: 22 ago. 2022.

HUNTER, Stephen. Spielberg's War: It's Hell. *The Washington Post*, 1998. Disponível em: <https://www.washingtonpost.com/wp-srv/style/movies/reviews/savingprivateryanhunter.htm>. Acesso em: 13 dez. 2022.

IGN. "Top 25 games of all time: complete list", 2002. Disponível em: <https://www.ign.com/articles/2002/01/23/top-25-games-of-all-time-complete-list>. Acesso em: 1º out. 2022.

_____. Top 100 first-person shooters. Disponível em: <https://www.ign.com/lists/shooters/20>. Acesso em: 1 out. 2022.

IGN Staff. WWII G.I., 1999. Disponível em: <https://www.ign.com/articles/1999/08/10/wwii-gi>. Acesso em: 15 dez. 2022.

ILSE, Jess. Milestones of a Monarch: The Queen marks the 50th anniversary of D-Day. *Royal Central*, 2022. Disponível em: <https://royalcentral.co.uk/uk/milestones-of-a-monarch-the-queen-marks-the-50th-anniversary-of-d-day-174187/>. Acesso em: 8 dez. 2022.

IMDB. The Longest Day. Disponível em: <https://www.imdb.com/title/tt0056197/>. Acesso em: 26 nov. 2022.

JAMES, Caryn. TV Weekend; an intricate tapestry of a heroic age. *The New York Times*, 2001. Disponível em: <https://www.nytimes.com/2001/09/07/movies/tv-weekend-an-intricate-tapestry-of-a-heroic-age.html>. Acesso em: 15 dez. 2022.

JEFFERSON, Thomas. Thomas Jefferson to James Monroe, 19 June 1813. *Founders Online*. Disponível em: <https://founders.archives.gov/documents/Jefferson/03-06-02-0188>. Acesso em: 3 jul. 2018.

KAPLAN, Fred. Apocalypse averted: the world came much closer to a nuclear war than we realized in 1983. *Slate*, 2021. Disponível em: <https://slate.com/news-and-politics/2021/02/able-archer-nuclear-war-reagan.html>. Acesso em: 21 set. 2022.

LABRECQUE, Jeff. D-Day: Saving Private Ryan sent me overseas. What film's done the same for you? *Entertainment Weekly*, 2011. Disponível em: <https://ew.com/article/2011/06/06/saving-private-ryan-dday/>. Acesso em: 8 dez. 2022.

LEE, Eloise. Here's The Chilling Letter General Eisenhower Drafted In Case The Nazis Won On D-Day. *Insider*, 2012. Disponível em: <https://www.businessinsider.com/d-day-in-case-of-failure-letter-by-general-eisenhower-2012-6>. Acesso em: 20 out. 2022.

LIBRARY of Congress. Today in History: May 30. Disponível em: <https://www.loc.gov/item/today-in-history/may-30/>. Acesso em: 20 out. 2022.

LIU, Eric. The Message of D-Day. *The Atlantic*, 2014. Disponível em: <https://www.theatlantic.com/politics/archive/2014/06/d-dayforever/371993/>. Acesso em: 6 dez. 2022.

LYMAN, Rick. Fewer soldiers march on screen; after attacks, filmmakers weigh wisdom of military stories. *The New York Times*, 2001. Disponível em: <https://www.nytimes.com/2001/10/16/movies/fewer-soldiers-march-onscreen-after-attacks-filmmakers-weigh-wisdom-military.html>. Acesso em: 15 dez. 2022.

LYNCH, Angela. D-Day through the decades: 1954 commemoration. *The National D-Day Memorial*, 2014. Disponível em: <https://www.dday.org/2014/01/14/d-day-through-the-decades-1954-commemoration/>. Acesso em: 20 out. 2022.

McLAUGHLIN, Daniel. US-Russia relations face a new age of uncertainty. *The Irish Times*, 2017. Disponível em: <https://www.irishtimes.com/news/world/us-russia-relations-face-a-new-age-of-uncertainty-1.3049157>. Acesso em: 21 set. 2022.

MACLEOD, Alan. Call of Duty is a government psyop: these documents prove it. *Mint Press News*, 2022. Disponível em: <https://www.mintpressnews.com/call-of-duty-is-a-government-psyop-these-documents-prove-it/282781/>. Acesso em: 14 dez. 2022.

MARANISS, David. Clinton's life shaped by early turmoil. *The Washington Post*, 1992. Disponível em: <https://www.washingtonpost.com/archive/politics/1992/01/26/clintons-life-shaped-by-early-turmoil/a013a130-f462-4266-824d-2de0e9dbf7cb/>. Acesso em: 9 dez. 2022.

MASLIN, Janet. Panoramic and personal visions of war's anguish. *The New York Times*, 1998. Disponível em: <https://www.nytimes.com/1998/07/24/movies/film-review-panoramic-and-personal-visions-of-war-s-anguish.html>. Acesso em: 13 dez. 2022.

MOORE, Roger. Classic film review: So how is "The Big Red One" holding up? *Movie Nation*, 2023. Disponível em: <https://rogersmovienation.com/2023/05/27/classic-film-review-so-how-is-the-big-red-one-holding-up/>. Acesso em: 4 maio 2023.

NATIONAL D-Day Memorial. "D-Day through the decades: 1974 commemoration", 2014. Disponível em: <https://www.dday.org/2014/01/14/d-day-through-the-decades-1954-commemoration/>. Acesso em: 20 out. 2022.

NATIONAL Endowment for the Humanities. "National Humanities Medal", 2020. Disponível em: <https://www.neh.gov/taxonomy/term/246?page=0>. Acesso em: 13 dez. 2022.

NAYMAN, Adam. '1917' and the Trouble with War Movies. *The Ringer*, 2020. Disponível em: <https://www.theringer.com/movies/2020/1/29/21112768/war-movies-1917-dunkirk-saving-private-ryan-apocalypse-now>. Acesso em: 14 dez. 2022.

NELAN, Bruce W. Ike's Invasion. *Time*, 1994. Disponível em: <https://content.time.com/time/subscriber/article/0,33009,980837-1,00.html>. Acesso em: 8 dez. 2022.

NEUMAN, Johanna. Former President Reagan Dies at 93. *Los Angeles Times*, 2004. Disponível em: <https://web.archive.org/web/20131027024205/https://latimes.com/news/obituaries/la-reagan,0,2289200.story>. Acesso em: 10 dez. 2022.

NOLA. A war story: The history of the National World War II Museum in New Orleans, 2019. Disponível em: <https://www.nola.com/300/article_8dadb6df-bcfe-56ce-ba8f-ff92c0551a8a.html>. Acesso em: 9 dez. 2022.

PHELPS, Jordyn. With Normandy visit, Trump continues presidential pilgrimage begun by Reagan. *ABC News*, 2019. Disponível em: <https://abcnews.go.com/Politics/normandy-visit-trump-continues-presidential-pilgrimage-begun-reagan/story?id=63323590>. Acesso em: 22 set. 2022.

PRUITT, Sarah. 8 Most Contentious US Presidential Elections. *History*, 2020. Disponível em: <https://www.history.com/news/most-contentious-u-s-presidential-elections>. Acesso em: 10 dez. 2022.

ROGERS, Kyle. D-Day 75th Anniversary – The Bedford Boys. *The Uncommon Wealth*, 2019. Disponível em: <https://uncommonwealth.virginiamemory.com/blog/2019/06/05/d-day-75th-anniversary-the-bedford-boys/>. Acesso em: 20 out. 2022.

RONALD Reagan Presidential Library & Museum. "Public Papers of Ronald Reagan, June 1983". Disponível em: <https://www.reaganlibrary.gov/archives/speech/public-papers-ronald-reagan-june-1983>. Acesso em: 21 set. 2022.

SANGER, David E. Bush honors D-Day troops at dedication of memorial. *The New York Times*, 2001. Disponível em: <https://www.nytimes.com/2001/06/07/us/bush-honors-d-day-troops-at-dedication-of-memorial.html>. Acesso em: 10 dez. 2022.

SARRIS, Andrew. Who is Spielberg to claim his is the real war? *Observer*, 1998. Disponível em: <https://observer.com/1998/07/who-is-spielberg-to-claim-his-is-the-real-war/>. Acesso em: 13 dez. 2022.

SHALES, Tom. 'Band of Brothers': ragged WWII saga off to a slow march. *The Washington Post*, 2001. Disponível em: <https://www.washingtonpost.com/archive/lifestyle/2001/09/08/band-of-brothers-ragged-wwii-saga-off-to-a-slow-march/4a25b6f3-14f7-49b4-96aa-d1b7fd1d9b86/?noredirect=on>. Acesso em: 15 dez. 2022.

SHALES, Tom. 'Band of Brothers': ragged WWII saga off to a slow march. *The Washington Post*, 2001. Disponível em: <https://www.washingtonpost.com/archive/lifestyle/2001/09/08/band-of-brothers-ragged-wwii-saga-off-to-a-slow-march/4a25b6f3-14f7-49b4-96aa-d1b7fd1d9b86/?noredirect=on>. Acesso em: 15 dez. 2022.

SCHICKEL, Richard. Cinema: Belated Victory. *Time*, 1980. Disponível em: <https://content.time.com/time/subscriber/article/0,33009,924335-2,00.html>. Acesso em: 4 ago. 2023.

SCHMICH, Mary. Spielberg movie helps us save part of ourselves. *Chicago Tribune*, 1998. Disponível em: <https://www.chicagotribune.com/news/ct-xpm-1998-08-02-9808020188-story.html>. Acesso em: 8 dez. 2022.

SMITH, Aaron. New Mexico city finds buried treasure of Atari games. *CNN Business*, 2015. Disponível em: <https://money.cnn.com/2015/09/01/technology/atari-et/index.html/>. Acesso em: 15 jun. 2022.

SPIELBERG, Steven. "Steven Spielberg Wins Best Directing: 1994 Oscars"., 2008. Disponível em: <https://www.youtube.com/watch?v=7bRNEZVNVSs>. Acesso em: 9 jun. 2022.

STONE, Andrea. 'These men saved the world': Veterans cry for dead and themselves. *USA Today*, 1994. Disponível em: <https://www.usatoday.com/story/news/nation/2022/09/07/d-day-50th-anniversary-veterans/7939418001/?gnt-cfr=1>. Acesso em: 8 dez. 2022.

TAYLOR, Drew. The Disney Renaissance Didn't Happen Because of Jeffrey Katzenberg; It Happened In Spite of Him. *Collider*, 2020. Disponível em: <https://collider.com/jeffrey-katzenberg-disney-renaissance-impact-influence-explained/>. Acesso em: 20 ago. 2022.

THE AMERICAN Presidency Project. "1980". Disponível em: <https://www.presidency.ucsb.edu/statistics/elections/1980>. Acesso em: 22 set. 2022.

THE NEW YORK Times Magazine. "Eisenhower recalls the ordeal of D-Day assault 20 years ago", 1964. Disponível em: <https://www.nytimes.com/1964/06/06/archives/eisenhower-recalls-the-ordeal-of-dday-assault-20-years-ago.html>. Acesso em: 21 set. 2022.

THOMAS, William. Saving Private Ryan review. *Empire*, 2000. Disponível em: <https://www.empireonline.com/movies/reviews/saving-private-ryan-review/>. Acesso em: 13 dez. 2022.

TIME. Books: "Love Before D-Day", 1955. Disponível em: <https://content.time.com/time/subscriber/article/0,33009,807462,00.html>. Acesso em: 6 ago. 2023.

_____. "Cinema: Best of 1980", 1981. Disponível em: <https://content.time.com/time/subscriber/article/0,33009,922329,00.html>. Acesso em: 5 ago. 2023.

_____. "Cinema: Operation Overblown", 1962. Disponível em: <https://content.time.com/time/subscriber/article/0,33009,827910-1,00.html>. Acesso em: 26 nov. 2022.

_____. "Cinema: The New Pictures, Jun. 18, 1956", 1956. Disponível em: <https://content.time.com/time/subscriber/article/0,33009,862276,00.html>. Acesso em: 6 ago. 2023.

TOPEL, Fred. Tom Hanks once said the 'Saving Private Ryan' cast would sleep in the grass between takes. *Cheat Sheet*, 2021. Disponível em: <https://www.cheatsheet.com/entertainment/tom-hanks-saving-private-ryan-cast-sleep-in-the-grass.html/>. Acesso em: 23 ago. 2022.

U.S. DEPARTMENT OF DEFENSE. Description of Medals. Disponível em: <https://valor.defense.gov/description-of-awards/>. Acesso em: 1º out. 2022.

VARIETY Staff. "D-Day: The Sixth of June",, 1955. Disponível em: <https://variety.com/1955/film/reviews/d-day-the-sixth-of-june-1200418073/>. Acesso em: 6 ago. 2023.

VETERANS of Foreign Wars. "About Us". Disponível em: <https://vfw.org/about-us>. Acesso em: 22 set. 2022.

VOGEL, Steve. 'You have raised a fitting memorial'. *The Washington Post*, 2001. Disponível em: <https://www.washingtonpost.com/archive/politics/2001/06/07/you-have-raised-a-fitting-memorial/3771f751-a3fe-4979-912a-449e9eb17f45/>. Acesso em: 10 dez. 2022.

WEI, Tian; YANI, Yang. Interview with Thomas Keneally, author of 'Schindler's Ark'. *CGTN*, 2017. Disponível em: <https://news.cgtn.com/news/3d497a4e3541444e/index.html>. Acesso em: 9 jun. 2022.

WEINRAUB, Bernard. Film: Steven Spielberg Faces the Holocaust. *The New York Times*, 1993. Disponível em: <https://archive.nytimes.com/www.nytimes.com/books/97/06/15/reviews/spielberg-holocaust.html>. Acesso em: 9 jun. 2022.

WORTMAN, Marc. Romanticizing D-Day ignores thousands of civilian deaths. *Daily Beast*, 2019. Disponível em: <https://www.thedailybeast.com/romanticizing-d-day-ignores-thousands-of-civilian-deaths>. Acesso em: 12 dez. 2022.

O autor

Icles Rodrigues é historiador, doutor em História pela Universidade Federal de Santa Catarina (UFSC). Além de realizar pesquisas na área de História Contemporânea, é especialista em História Pública Digital. Criador do canal de divulgação histórica *Leitura ObrigaHISTÓRIA* no YouTube, apresenta o podcast *História FM* e realizou os documentários independentes *Legado negado: a escravidão no Brasil em um guia incorreto* e *Vestindo Histórias*, ambos disponíveis no YouTube. É coautor do livro *Novos combates pela História*, também publicado pela Contexto.

GRÁFICA PAYM
Tel. [11] 4392-3344
paym@graficapaym.com.br